Research of
Child Poverty
Findings from
Survey on
Children's Living
Conditions

子どもの貧困調査

子どもの生活に関する
実態調査から
見えてきたもの

山野則子 編著

明石書店

● ● ● はじめに ● ● ●

なぜ「調査」に焦点化するのか

　第1章において詳細を述べるが、現在、子どもの貧困に関する大きなムーブメントが起きている。すでに「子どもの貧困とは」という文献は多数出版されるようになった。そして、NPO、地域住民など様々に幅広く動きが生じている。1990年代から2000年代初頭に、孤立という現代的課題に、親たちの主体的な活動として、共同の子育て、支え合う子育てなどが地域でさかんになり、子育てサークルが広まった社会現象に、ある意味で似ている。子育てサークルは、その後、子育て支援に行政が動き出し、主体的な活動というよりは、経験のある人たちを支援者として行政が活用して、展開していった。ここで明らかなのは、結果、孤立の数値が減少したわけではなく、共同の子育てが広がったわけでもないことである。つまり、本質的な改善につながらなかったのではないか。
　今回のムーブメントも同様にならないのか、結果、子どもの生活に改善が見られない、格差是正にならないということが生じないか、懸念される。国として本気で貧困撲滅を手掛けていけるか、社会は本気で子どもの貧困問題を自己責任論でなく社会の問題として受け止めることができるのか、にかかっている。
　こういった国や社会を動かすためにも、各地における活動は有用であるのは間違いない。本著は、そこに、①子どもの実態を広く把握すること、②今後の議論を実態調査に基づく議論にすること、③施策策定に対して、データに基づく評価を行って策定、実施、改善を繰り返すような取り組みをもたらすこと、つまりデータに基づく議論の展開を提示するものである。
　①②③が実現するということは、子どもたちが、当たり前に実態を把握でき、自分自身のおかれた状況を「しんどい」と言える、そして言われたほうも受け止められる、子どもにとって温かいまち、社会を作ることである。あるいは、子どもを持つ親が制度やサービスを利用することは「恥ずかしい」ことではなく、「しんどい」と言える、そして声を発したことが偏見の助長となるのではなく、当たり前に制度やサービスにつながる、そんな社会づくりが求められている。まさに子どもの最善の利益を保障する社会をどう作るか、国、自治体、

研究者、我々大人すべてに求められている。

本著の構成

　本著は、2016年度大阪府共同調査に関わったメンバーで、まとめたものである。すでに調査票作成時、計画策定時と幾度となく、議論を重ねてきた。メンバーの専門性は、児童福祉、社会政策、公的扶助、社会心理、医療社会学、データサイエンス、多文化共生とばらばらである。多角的で違った視点による議論展開となった。

　第1部において、子どもの貧困調査の意義や貧困概念を明らかにし、はく奪指標と3つのキャピタルの関連を示すという新たな挑戦をしている。1点目のはく奪指標は、過去の調査を参考にしながら、10万件というデータ数だからこそ明らかに示すことができた。また、3つのキャピタルの欠如として定義される子どもの貧困概念を大量データから実証的にその関係を明らかにした。これらは、メンバー間で長い間議論しながら作成し、分析を進めてきた成果である。

　第2部では、生活上のニーズに着目して貧困の諸相を明らかにする目的で作成している。所得格差、労働、住宅、生活、ひとり親世帯の生活、子どもの生活、外国につながる子どもの生活、健康・つながり、子どもの健康格差、つながり格差、就学前の親と子どもの実態、そしてモデル的にはく奪指標を用いた検討を試みた。終章では、政策提言として就労支援の限界、所得保障の制度上の課題、子どもに関する施策を述べながら調査・施策・評価が循環することの重要性でまとめている。

　データを分析する中で、データに突き動かされる感覚になるほど、子どもたちの実態は切実であった。私たちはこの声を何とか社会に伝える、社会を変革していく動きを作ることに責任を感じた。本著の作成作業によって、どのくらいそれができるのか、あるいはできたのか、自信は全くないが、様々にご意見、ご批判をいただけたら幸いである。

　政府は、今後全国調査を実施しようとしているが、本著に示す貧困の概念、示してきた視点、調査自体のプロセス、方法、意義の考え方などトータルに本調査の結晶を是非とも活かしてほしい。各自治体においても計画策定が努力義務になった今こそ、実態調査、調査に基づく計画策定、施策の実施、評価とい

う流れを作るチャンス、自治体内の子どもや家庭の状態を少しでもよくしていくチャンスと捉えて、形だけでなく、実態に促して本気で一歩でも改善にチャレンジしていただきたい。本著を活かして検討していただけたらありがたい。

　　　　　　　　　　　　　　　　　　　　　　大阪府立大学　山野　則子

もくじ

はじめに　3

第1部
貧困概念と貧困調査

第1章　子どもの生活実態調査の意義　13
山野則子

1　本著の目的 …………………………………………………………… 14
2　子どもの貧困に関する動向 ………………………………………… 15
3　子どもの生活実態調査とは ………………………………………… 17
4　子どもの貧困対策にかかる自治体調査の重要点：大阪の調査から ……… 20
5　子どもの貧困のとらえ方 …………………………………………… 24
6　具体的な調査手続き ………………………………………………… 25
7　子どもの生活実態と施策の架け橋 ………………………………… 29

第2章　貧困概念とはく奪指標　33
所 道彦・小林智之

1　子どもの貧困：何を問題とするのか？ …………………………… 34
2　子どもの貧困：なぜ問題とするのか？ …………………………… 34
3　生活構造と貧困 ……………………………………………………… 35
4　「貧困」の構造 ……………………………………………………… 36
5　貧困をどうとらえるか ……………………………………………… 37
6　本調査の分析のフレームワークについて ………………………… 39
7　はく奪指標の作成（世帯の経験から） …………………………… 42
8　今後の課題 …………………………………………………………… 47

第3章 3つのキャピタルの関連　　49
山野則子

1 子どもの貧困と親の貧困　　50
2 子どもの貧困の構造に関する先行研究　　50
3 3つのキャピタルの欠如：親と子どもの関連　　53
4 モデル構築の意義と今後の課題　　57

第2部
貧困の諸相——生活上のニーズに着目して

第4章 所得格差と貧困　　63

●I 所得と労働
所 道彦

1 所得・世帯・雇用の状況　　64
2 家計状況　　70
3 所得階層と社会生活　　72
4 まとめ：所得と雇用　　77

●II 住宅
嵯峨嘉子

1 子どもの生活環境としての住宅　　79
2 世帯の経済状況と住宅の所有形態　　81
3 政策的課題　　83

第5章 生活と貧困　　85

●I ひとり親世帯の子どもおよび親の生活
嵯峨嘉子

1 世帯の状況　　86
2 ひとり親世帯の経済状況　　88
3 子どもの生活状況　　93
4 まとめ：本調査に見るひとり親世帯の特徴　　100

●II 日常に見る子どもの生活 　　　　　　　　　　　　　　　山野則子

1　先行研究 ………………………………………………………………… 102
2　自己肯定感の要因 ……………………………………………………… 103
3　子どもの生活に及ぼす全体像 ………………………………………… 107
4　詳細な実態 ……………………………………………………………… 115
5　考察 ……………………………………………………………………… 130

●III 外国につながる子どもの生活　　　　　　　　　　山下剛徳・酒井滋子

1　なぜ外国につながる子どもの調査が必要なのか …………………… 136
2　調査の対象と対象人数 ………………………………………………… 137
3　外国につながる子どもの貧困状況 …………………………………… 138
4　調査の限界 ……………………………………………………………… 159
5　まとめ …………………………………………………………………… 161

第6章 健康・つながりと貧困　　　　　　　　　　　　　　　　165

●I 子どもの健康格差 　　　　　　　　　　　　　　　　　　駒田安紀

1　問題の背景と目的 ……………………………………………………… 166
2　小中学生、男女ごとにみた生活習慣と自覚症状、肥満度 ………… 168
3　はく奪得点と健康格差 ………………………………………………… 179
4　貧困がメンタルヘルスにもたらす影響 ……………………………… 182
5　まとめ …………………………………………………………………… 191

●II つながり格差 　　　　　　　　　　　　　　　　　　　　小林智之

1　人づきあいを制限する貧困の働き …………………………………… 196
2　貧困の連鎖における人づきあいの効用 ……………………………… 199
3　今後の展望 ……………………………………………………………… 208

第7章 就学前の子どもと貧困　　　　213

● I　就学前の親と子どもの実態　　　　山野則子

1　「就学前」の意味 …………………………………………………… 214
2　子どもたちの置かれた生活実態 …………………………………… 215
3　危惧されること ……………………………………………………… 229

● II　はく奪指標を用いた検討　　　　小林智之

1　貧困の連鎖と就学前教育 …………………………………………… 233
2　就学前の子どもを持つ世帯 ………………………………………… 235
3　はく奪指標得点 ……………………………………………………… 237
4　貧困と親子のこころとからだ ……………………………………… 238
5　貧困と親子関係 ……………………………………………………… 242
6　今後の展望 …………………………………………………………… 245

＊

終章　政策提言　　　　249

● I　就労支援の限界と所得保障の重要性　　　　所 道彦

1　労働市場の現状と雇用・就労による貧困対策の限界 …………… 250
2　サービス給付と住宅保障 …………………………………………… 252
3　就労支援から所得保障への転換 …………………………………… 252
4　国に求められる貧困対策 …………………………………………… 254
5　まとめ ………………………………………………………………… 255

● II　子育て世帯を支える所得保障制度　　　　嵯峨嘉子

1　就学援助制度 ………………………………………………………… 257
2　医療費に対する補助制度 …………………………………………… 258
3　児童扶養手当 ………………………………………………………… 259

4	生活保護制度	260
5	子育て世帯における所得保障制度の課題	262

● Ⅲ　調査・施策・評価が循環する設計　　　　　　　　　　　山野則子

1	国の貧困政策への動き	264
2	大阪調査との関連：沖縄の事業評価から	268
3	総合的考察：改善すべきは何か	271

おわりに　278

第 1 部
貧困概念と貧困調査

第1章

子どもの生活実態調査の意義

山野 則子

1 本著の目的

　貧困問題は、社会福祉学としては、当然古くから取り組まれてきた課題であることは言うまでもない。しかし、「子どもの貧困」として子どもに焦点化して意識され始めたのは、2008年に出版された阿部彩氏の『子どもの貧困』という著書が皮切りであろう。

　その後、近年では、2008年当初とは違って、実践をベースにした取り組み報告や事例報告が公表され、出版も多くなされてきた。そして、子どもの貧困対策の検討を目的とした「子どもの生活に関する実態調査」が全国各地で行われるようになった。どこも手探りであり、単年度予算で動いているため、その意義などを深く掘り下げる余裕すらない。つまり、実証的に子どもの貧困を明らかにした学術著書は多くはない。

　そのような中で、本研究室では、2016年度に約10万件におよぶ大阪府下の自治体から「子どもの生活に関する実態調査」を受託し実施してきた（大阪府立大学 2017）。困窮状態の程度により、子どもの気持ちや考え方、行動等に違いが見受けられることを明らかにしてきた（大阪府ほか独自に調査実施した13自治体の「子どもの生活に関する実態調査」の報告書は等価可処分所得に基づく困窮度からの単純集計、クロス集計を基本とした内容で、各自治体にすでに提出し、多い自治体では600頁にもおよぶ大作が公表されている）。この調査は、大阪府内大阪市含む43自治体を網羅した調査であること、約10万件の回収データであること、自治体によっては対象年令の悉皆であり回収率100％近いところもあったことなど、その規模において、またその手法において、他に例のないものとなった（すでにテレビに複数回報道されている）。

　本書の目的は、単なる貧困の実態を表すのではなく、また調査報告ではなく、調査の前段階からのプロセス、地方自治体と研究者の協働、施策への展開についても触れ、まさに「子どもの貧困に関する調査」について多面的に提示する。日本の子どもの貧困研究に示唆を与え得るものを提示していくことである。最も大きなポイントは、今までは、明確に実証はされていなかった3つのキャピタルの欠如として子どもの貧困の構造を示すこと、もう1つは、はく奪指標について提示をしていくこと、の2点がポイントである。もちろん、これだけの

データであるからこそ明らかになった、所得と労働、家族形態、子どもの生活、外国につながる子どもの生活、健康、つながり、就労前の子どもなどについて、各章において実証的に示していく。何が明らかになって何が明らかにならなかったのか、これらをどう活かして、我々はどこに向かっていけばいいのか、など考察していくこととする。

キーワードは、「子どもの貧困に関する調査」であり、「子どもの貧困とは」ではない。

2 子どもの貧困に関する動向

まず、先述した著作について動向を整理すると、学術的には、2007年12月「貧困研究会」（2015年学術団体と認定）が立ち上がり、2008年4月『子どもの貧困』の本が初めて出版され、2008年10月、貧困研究会による『貧困研究』という雑誌、同年に複数子どもの貧困に関する本が出版され、社会に取り上げられることになった。読み物として、実態を明らかにするもの、事例や事件を子どもの貧困という切り口で切り込んだもの、が続々と出版され続けている。実践の取り組みについても、子ども食堂や学習支援などNPOをはじめボランタリーに様々な取り組みが生じ、まとめられている。これらの出版の経緯を見ると、盛んになってきたのは法的な動きの後と考えられる（表1-1）。

次に、法的な動きを確認する。「子どもの貧困対策の推進に関する法律」（以下、子どもの貧困対策法）は、生活保護基準の引き下げや扶養義務の強化等の動きが加速し、2013年1月開会の第183回国会では生活保護法一部改正案が審議される中、成立した。そのきっかけは、2013年2月13日の第183回国会・衆議院予算委員会において、2013年8月から実施が予定されている生活保護基準の引き下げが子どもの進学や修学の継続、修学旅行への参加などに与える影響についての言及、子どもの貧困の連鎖が拡大してしまう懸念の表明があったことにある。そして、わずか4、5か月という短期間に政治的な合意形成がなされ、第183回国会において成立し、2014年1月に施行された。基本理念として「子ども等に対する教育の支援、生活の支援、就労の支援、経済的支援等の施策を、子どもの将来がその生まれ育った環境によって左右されることのない

表1-1　子どもの貧困に関する文献数の推移

出版年	文献数（合計）	文献種類		内容内訳（件数）
2005	2	書籍	1	事例（1）
		論文	1	実践報告（1）
2006	5	書籍	1	学術（1）
		論文	4	事例（2）、学術（2）
2007	4	書籍	1	事例（1）
		論文	3	事例（1）、学術（2）
2008	24	書籍	3	事例（2）、学術（1）
		論文	21	事例（12）、学術（7）、実践報告（2）
2009	95	書籍	3	事例（2）、白書（1）
		論文	92	事例（71）、学術（21）
2010	118	書籍	5	事例（1）、学術（2）、実践報告（2）
		論文	113	事例（78）、学術（32）、実践報告（3）
2011	85	書籍	6	事例（4）、実践報告（2）
		論文	79	事例（54）、学術（23）、実践報告（2）
2012	34	書籍	4	事例（1）、学術（1）、実践報告（1）、白書（1）
		論文	30	事例（18）、学術（12）
2013	53	書籍	6	事例（4）、学術（1）、実践報告（1）
		論文	47	事例（35）、学術（8）、実践報告（2）
2014	72	書籍	4	事例（2）、学術（2）
		論文	68	事例（42）、学術（27）
2015	120	書籍	13	事例（8）、学術（4）、実践報告（1）
		論文	107	事例（80）、学術（28）
2016	146	書籍	9	事例（7）、学術（1）、実践報告（1）
		論文	137	事例（103）、学術（33）、実践報告（1）
2017	202	書籍	11	事例（7）、学術（2）、実践報告（1）、白書（1）
		論文	191	事例（115）、学術（73）、実践報告（3）
全体の合計	953	書籍	71	事例（45）、学術（14）、実践報告（9）、白書（3）
		論文	950	事例（648）、学術（286）、実践報告（16）

作成：林萍萍

社会を実現することを旨として講ずることにより、推進されなければならない」（第2条）と規定している。2014年8月「子供の貧困対策の大綱」が出された。貧困の世代間連鎖の解消と積極的な人材育成、子供に視点を置いた切れ目のない施策の実施、子供の貧困の実態を踏まえた対策の推進、子供の貧困に関する指標を設定しその改善に向けて取り組む、など4点を中心に方針が明記された。筆者もこの議論に参加した1人であり、議論から、すべての子どもたちに等しく支援につながる機会を与えられるよう、「学校をプラットフォームと

した総合的な子供の貧困対策の推進」という方策でまとめられた。つまり、ちょうど生活保護基準の改悪が進められている時期に、子どもの貧困に関する法律や大綱が成立するという矛盾を含みながら動きが生じた。まさに「子ども」というレトリックが作用したと湯澤（2015）が批判するように、今までと違う問題を取り扱うかのようなムーブメントを国にも世間にも呼び起こしたと言えよう。政府や民間の動きを受けて、各自治体において子どもの貧困対策が議論され、すでに各自治体によって様々な方策が打ち出され始めることとなった。

　さらに法律の5年後の見直しによって、2019年6月、第198回国会において、子どもの貧困対策の推進に関する法律の一部を改正する法律が可決された。目的規定に、①子どもの「将来」だけでなく「現在」に向けた対策であること、②貧困解消に向けて、児童の権利条約の精神に則り推進すること、が追加され、基本理念に、①子どもの年齢等に応じて、その意見が尊重され、その最善の利益が優先考慮され、健やかに育成されること、②各施策を子どもの状況に応じ包括的かつ早期に講ずること、③貧困の背景に様々な社会的要因があることを踏まえることが示された。

　こうして、子どもの貧困が広く知られ、社会問題化されつつある。施策と対応は大人にも子どもにももちろん必要だという立場を取りながら、子ども家庭福祉の立場から考えると、「親の貧困」という大人の付属物としての理解ではなく、子どもを主語に生活を見直し、子どもの最善の利益を理念に、まさに社会の課題として引き受け、親を勇気づけられ再生できる地域共生社会の実現に進めることができる重要なタームではないかと考える。ただし、日本において子育ての第一義的責任が親にあるという立場をとる以上、本当に改善していくのか疑問が残る。フィンランドのように子育ての責任は国であるという状況を作り出さなければ、押しつけるだけの地域活用になる可能性も見据えなければならない。

3　子どもの生活実態調査とは

　この社会現象は、長い貧困研究や活動の歴史の中で、まだ緒についたばかりの不安定なものと言えよう。一時の流行に終わらせない、持続可能なものとし

て、社会を意識化し続け、本質を見失わない取り組みが必要であろう。

　貧困問題は大人に焦点化されていたために、子どもの日々の生活にどのくらい思いを馳せて考えることがあっただろうか。子ども家庭福祉の立場から、筆者は「子ども」に焦点化した「子どもの貧困」はようやく市民権を得たという思いである。

　そこで、持続可能なものにする1つとして、子どもの貧困をしっかりとらえることが重要ではないかと考える。その方法として生活実態調査は有用となるであろう。有用なものにするために、この調査への向き合い方も含めて、議論を続けてきた。「子どもの貧困とは」ではなく、「子どもの貧困に関する調査とは」という意識で、子どもや家族の様々な生活をデータからその実態を明らかにすることが重要と考える。さらに、それが施策に結びつかなければならない。そもそも以下のように、国の法律に基づいて行われている、という点にも、子どもの貧困対策における実態調査の重要性がある。

　さらに2019年の改正によって市町村自治体においても計画策定が努力義務となり、本著のポイントである指標に関する研究が記述された。

◆子どもの貧困対策の推進に関する法律（2014年1月）
　第十四条　国及び地方公共団体は、子どもの貧困対策を適正に策定し、及び実施するため、子どもの貧困に関する調査及び研究その他の必要な施策を講ずるものとする。

◆子供の貧困対策に関する大綱（2014年8月）
第5　子供の貧困に関する調査研究等
　これまで我が国においては、子供の貧困に関する調査研究が必ずしも十分に行われてきたとはいえない状況にある。上記第2の基本的な方針を踏まえ、今後の対策推進に資するよう、以下に掲げるような子供の貧困に関する調査研究等に取り組むこととする。
　1　子供の貧困の実態等を把握・分析するための調査研究
　子供たちが置かれる貧困の実態や、そのような子供たちが実際に受けている各種の支援の実態を適切に把握し、分析するための調査研究を継続的

に実施する。また、今後、子供の貧困対策として様々な施策が実施されることになるが、それらの施策の実施状況や対策の効果等の検証・評価に資するよう、子供の貧困対策の効果等に関する調査研究の実施について検討する。

2 子供の貧困に関する新たな指標の開発に向けた調査研究

子供の貧困に関する指標については上記第3に掲げているところであるが、子供の貧困対策を今後さらに適切に推進していくため、必要となる新たな指標の開発に向けた調査研究の実施について検討する。

3 子供の貧困対策に関する情報の収集・蓄積、提供

国や地方公共団体における子供の貧困対策の企画・立案、実施に資するよう、子供の貧困の実態や国内外の調査研究の成果等子供の貧困対策に関する情報の収集・蓄積を行う。また、地方公共団体が地域における子供の貧困の実態、地域の実情を踏まえた対策を企画・立案、実施できるよう、全国的な子供の貧困の実態や特色ある先進施策の事例など必要な情報提供に努める。

◆子どもの貧困対策の推進に関する法律の一部を改正する法律（2019年6月）

第9条　都道府県計画等

2　市町村は、大綱（都道府県計画が定められているときは、大綱及び都道府県計画）を勘案して、当該市町村における子どもの貧困対策についての計画（次項において「市町村計画」という。）を定めるよう努めるものとする。

第14条

国及び地方公共団体は、子どもの貧困対策を適正に策定し、及び実施するため、子どもの貧困に関する指標に関する研究その他の子どもの貧困に関する調査及び研究その他の必要な施策を講ずるものとする。

4 子どもの貧困対策にかかる自治体調査の重要点：大阪の調査から

　自治体が行う実態調査を単に調査ととらえずに、子どもの貧困対策策定のプロセスの一環としてとらえるべきであろう。大阪調査の特徴を例に挙げ、重要点を整理する。

　大阪調査のポイントは、自治体と研究者の協働である。その内容は、①自治体と研究者の前段階からの問題意識の共有、②広域自治体の牽引による複数自治体の合同実施、③研究者と自治体の協働体制の形成、④自治体委員として研究者チームの結成と共有、⑤参加自治体の共通調査項目の作成、⑥自治体と研究者による施策づくりまでの共有、である。以下、詳細を実際に照らして記載する。これらは、国の大綱の改正案に影響を与え、自治体と研究者の協働、自治体同士の協働、研究者同士の協働に示唆を与えるものと考える。

①広域自治体と研究者の前段階からの問題意識の共有（表1-2）

　大阪府では、子どもの貧困対策を視野に、2015年3月大阪府子ども総合計画に「学校という場をプラットフォームに」というイメージ図を記載し、2015年度子どもの貧困部会立ち上げ、2016年度子どもの生活実態調査の実施を決定した。その前身として、筆者は大阪府子ども審議会会長でもあったため、2014年度、国の動きを意識して、子どもの貧困に関する対策を話し合う場として、福祉部局と教育委員会担当者（小中高校所管や特別支援所管の関係者）が集まる場の設定を提案し、初めは筆者も入る形で大阪府施策策定部署が実現した。これは、のちの庁内関係部局・室・課で構成する子どもの貧困を考える関係課長会議となった。教育と福祉が価値や手法が異なるがゆえに葛藤になりやすく、どの自治体も共通して調査実施、施策策定、施策実施のいずれの段階においても課題にあがる。早い段階でこの会合を実現したことの意義は大きい。そして、2014年3月の大阪府子ども総合計画「学校プラットフォームのイメージ図」の掲示につながっていった。

　さらに2015年度から子どもの貧困に関する実態調査に関する相談を受け、大阪府とともに大阪府内自治体に対して共同して調査実施をすることを呼びかけ、この調査を進めるための説明会に取り組んできた。結果、別途予算化した

表1-2　大阪の子どもの実態調査、子どもの貧困対策施策実施へのプロセス
―大阪府と大阪府立大学の協働―

年　度	政府への働きかけと協働作り
2014年度	子どもの貧困への共通認識を持つ段階
	子ども施策審議会会長として、子どもの貧困に関する対策を話し合う場の提案をし、大阪府が福祉と教育委員会が集まる場が設定（庁内会議）
2015年3月	大阪府子ども総合計画「学校プラットフォームのイメージ図」掲示
2015年度	子どもの貧困に関する施策の骨格形成段階
	子どもの貧困部会設立（大阪府）
2016年度	子どもの貧困に関する実態把握段階
	子どもの実態調査実施（受託）
2016年3月	各市町村への合同説明会
2016年4月～5月	貧困の定義や施策につなぐ調査項目の検討
2016年6月	大阪府立大学が大阪府、大阪市、ほか13市町から受託共同実施するための規定、要項を作り、契約を結ぶ
2016年7月	先行実施自治体と調整会議（8月後発自治体と調整会議）
2016年7月～9月	子どもの実態調査実施（学校の協力を得る）
2016年9月～随時	中間報告発表、調査結果の検討
2017年2月	報告書の内容、プランへ向けて懇談会
2017年3月	報告書完成
2017年度	子どもの貧困に関する施策の実施段階
	大阪府が大阪府モデル事業子どもの未来応援ネットワーク開始。企画や実施内容に助言するアドバイザーを担い、子どもの未来応援ネットワークモデル事業取組事例研究会3回に参画

注：調査実施のための説明会、分析のための検討会を各自治体と複数回実施
　　子どもの生活実態調査とは別に以下も委託実施
　　大阪府：2016年7月調査施設退所者調査、9月関係機関調査
　　箕面市：子どもの実態と支援後を評価するデータによる評価システム作成に関する調査、
　　　　　　関係機関調査
　　門真市：関係機関調査

大阪市と府内12自治体とともに、そして大阪府が残りの府内30自治体を網羅する形で調査実施を進めることが可能になった。

②広域自治体の牽引による複数自治体の合同実施

まずは子どもの生活実態調査の意義、子どもの貧困の考え方など共通認識になるように、広域自治体が管内自治体を招集して会合を持つことが重要である。当然、当初の説明会には参加したが、調査は実施しなかった自治体も複数ある。しかし、小さな自治体ではどのようにしていいかわからないし、調査受託してくれる資源もわからないという発言が内閣府「子供の貧困対策に関する有識者

会議」でなされた。このような都道府県の広域自治体が牽引して、モデル提示やこの動きを作ることは非常に重要である。

　この牽引していく方向性は、2019年8月子供の貧困対策に関する有識者会議における提言にも取り上げられ、大綱の改正案に示されている。

③研究者と自治体の協働体制の形成

　研究者と自治体が作成段階から協働することである。調査票への意見、結果分析への意見を聞き、調整のための会議を大阪府・大阪市と複数回開催し、このプロセスに各自治体は府を通じて参加、重要ポイントについては、さらに各自治体と合同会合を持ちながら進める動きとなった。調査票作成については、本研究室が別の自治体から受託を受けて困窮者支援施策のために作成した調査票や、すでに実施した自治体がホームページに挙げている調査票等を参考に議論し、様々な尺度も検討し、週に1回ペースの夜遅くまでの会合となった。仮作成した調査票のプリテストも実施自治体内で行い、実際の意見も採択するなど限られた時間内で改善も試みた。

④自治体委員として研究者チームの結成と共有

　子どもの貧困対策部会の研究者チームとして調査に取り組んだことは、調査をわかりやすくさせ、課題意識を共有しやすい利点がある。部会そのものの意見が調査票に反映できたり、部会と調査票作成チームの議論が連動、継続して、検討が行えた。府内の自治体はほぼ全自治体、全回部会を傍聴していた（2016年度部会を4回、2017年度1回実施）。この方向づけも広域自治体の役割として意義は大きい。毎回、委員6名ほどの議論に、府内自治体複数名とマスコミ合わせて50から100名傍聴者という異様な光景であったが、調査に関わる研究者がチームとして自治体の意向や検討のプロセスを共有することは自治体側のみならず研究者側にとっても多様な角度からの意見を共に把握でき、進めるポイントであった。これらは非常に手間がかかる作業工程ではあるが、府内をすべて網羅したこと、共通の調査票で実施したことから、このプロセスを可能にし、ここで府内全域で貧困や調査に対する認識を共有したことの意義は大きい。

写真1-1　大阪府主催子どもの貧困対策取り組み事例研究会（於：大阪府立大学）

⑤参加自治体の共通調査項目の作成

　各自治体がばらばらに実施し、結果を見せても共通の指標にならず、この数値がどうなのか、意味があるのか、よくわからない実態も少なくない。各自治体単位だけでは、せっかく協力してもらった貴重なデータであるにもかかわらず、子どもの生活実態そのものに実証的に言えることが少なくなってしまう可能性がある。

　広域自治体が牽引して、管内の自治体を取りまとめ、独自項目は残しつつも大枠は同じ調査票で実施することができると、コスト削減にもつながり、有効ではないかと考える。もちろん、国として共通項目を示すべきであろう。今回の調査は、約10万件というデータ数であり、統計的にも耐えうる結果を示したと考える（大阪府立大学 2017）。

⑥自治体と研究者による施策づくりまでの共有

　大阪府は、調査結果を踏まえて、2017年度から「子ども未来応援ネットワークモデル事業」として門真市をモデル市とし、筆者をアドバイザーとして、ほか3名の研究仲間も増員した中学校区ごとのサポート体制を作り、地域ベースの取り組みをともに始めた。ここでも広域自治体、市、地域、研究者という、様々な葛藤を乗り越える、新たな協働のモデルづくりをモデル市拠点に始めることになった（表2-1）▶1。

　また、写真1-1に示すように、大阪府が、このモデル自治体の取り組みをバックアップし、その自治体の動きをほかの自治体と共有しながら、広められるよう、「子どもの未来応援ネットワークモデル事業取組事例研究会」として、引き続き調査委託を受けた筆者とともに歩むことになった。

つまり、調査結果から導かれた施策について、大阪府が府内自治体を巻き込んで工夫や失敗を共有しながら、府内全自治体が取り組みやすいように牽引し、研究者がそれをバックアップする関係である（山野 2018a）。研究者にとっても、調査のみ実施して終わるのではなく、施策作りの試行錯誤に伴奏し、ともに苦労しながら取り組んでいくことを役割として認識することが必要である。まさに後述する実装科学であり、現場と研究の協働であり、それによって新しい知見が生み出されるものである（山野 2018b）。

5 子どもの貧困のとらえ方

　詳細は次章に譲るが、調査実施に向けて、子どもの貧困については以下の考えに基づいて実施することを明確にした。現在、多く用いられている相対的貧困率は、その国の貧困線未満の所得で暮らす相対的貧困の17歳以下の子どもの存在および生活状況を指している。OECDや厚生労働省調査の貧困率には等価可処分所得の中央値の50％が使用されているが、絶対的なものではなく、EU、ユニセフ（ただし、常に60％基準採用ではない）は公式の貧困基準のひとつに中央値の60％を使用している。その意味でも60％のラインも見えるように困窮度に分けて検討することにした。子どもの相対的貧困率については、発表主体、統計利用データ年次によって変動する。その理解のうえで、内容的には、タウンゼンドの定義を基にチャイルド・ポバティ・アクション・グループ（CPAG : Child Poverty Action Group）が示している、①所得や資産など経済的資本の欠如、②健康や教育など人的資本（human capital）の欠如、③つながりやネットワークなど社会関係資本（social capital）の欠如、の3つの資本の欠如を基本的な枠組みとしてとらえることとした。日本では、貧困を「飢え」や「住宅の欠如」など「絶対的貧困」レベルで理解する傾向があるが、国際的には、貧困は相対的に把握されるべきものと理解されており、本調査もこの立場に立って把握することとした。これらは調査実施の前提として自治体と共有したものである。

6 具体的な調査手続き

　以下、具体的な調査手続きについて、大阪の子どもの生活実態調査の報告書に掲載したものから部分的に再掲する。

〈調査の目的〉
　大阪府としては、子どもたちが積極的に自分の生き方を選択し、自立できるよう様々な施策を実施している中、今後、効果的な子どもの貧困対策を検証するために調査を実施し、得られた結果を分析することによって、支援を必要とする子どもや家庭に対する方策を検証することを目的としていた。

〈調査方法〉
　大阪府は、独自実施する府内13市町を除く30自治体の住民基本台帳より無作為抽出した8000世帯に対して、調査票を郵送し、返信用封筒にて郵送にて回収を得た。大阪府実施と府内13市町村独自実施の配布と回収については**表1-3**に示している。また、**表1-4**にあるように、学校配布学校回収、学校配布郵送回収、郵送配布郵送回収の3種類の方法がとられた。それぞれの回収率を示している。

〈調査実施日〉
大阪府：2016年7月1日～2016年7月19日
大阪府内全自治体：2016年6月27日～2016年9月30日

〈倫理的配慮〉
　本調査は、2015年度末に大阪府が府内自治体に呼びかけて実施した説明会段階から本学の学内契約事務担当者も入り、契約上の必要な説明を行い、結んだ契約書に倫理的なことや学術的活用などの記載は行っている。調査上の具体的な点は、調査票は無記名とし、記入済みの調査票を個別に封緘し回収した。調査データファイルおよびデータ保存に用いる媒体、集計・分析に用いるパソコンはパスワード管理を徹底し、そのパソコンはオフラインで使用した。なお、

表1-3 調査対象と回収状況（大阪府と13自治体）

	種類	回収率（%）	回収数	配布数
大阪府30市町村	小学5年生	35.0	1,400	4,000
	小学5年生の保護者	35.1	1,404	4,000
	中学2年生	31.3	1,251	4,000
	中学2年生の保護者	31.4	1,256	4,000
	小学5年生・中学2年生合計	33.1	2,651	8,000
	小学5年生保護者・中学2年生保護者合計	33.3	2,660	8,000
	計	33.2	5,311	16,000
大阪府内全自治体	小学5年生	66.1	26,540	40,137
	小学5年生の保護者	65.6	26,342	40,137
	中学2年生	58.9	23,558	39,993
	中学2年生の保護者	58.3	23,323	39,993
	小学5年生・中学2年生合計	62.5	50,106	80,130
	小学5年生保護者・中学2年生保護者合計	62.0	49,703	80,130
	計	62.3	99,809	160,260

注：大阪府内全自治体の小学5年生・中学2年生合計・小学5年生保護者・中学2年生保護者合計の数値については、学年不明分を含んだものとなっている（子ども8件、保護者38件）

表1-4 回収方法別調査対象と配布・回収状況

		回収率（%）	回収数	配布数
学校配布学校回収	小学5年生	81.3	20,008	24,598
	小学5年生の保護者	80.5	19,790	24,598
	中学2年生	73.3	18,265	24,931
	中学2年生の保護者	72.1	17,979	24,931
	小学5年生・中学2年生合計	77.3	38,281	49,529
	小学5年生保護者・中学2年生保護者合計	76.3	37,807	49,529
学校配布郵送回収	小学5年生	48.2	3,789	7,864
	小学5年生の保護者	48.2	3,793	7,864
	中学2年生	39.0	2,891	7,407
	中学2年生の保護者	39.2	2,907	7,407
	小学5年生・中学2年生合計	43.7	6,680	15,271
	小学5年生保護者・中学2年生保護者合計	43.9	6,700	15,271
郵送配布郵送回収	小学5年生	35.7	2,743	7,675
	小学5年生の保護者	35.9	2,759	7,675
	中学2年生	31.4	2,402	7,655
	中学2年生の保護者	31.8	2,437	7,655
	小学5年生・中学2年生合計	33.6	5,145	15,330
	小学5年生保護者・中学2年生保護者合計	33.9	5,196	15,330

注：学校配布学校回収小学5年生・中学2年生合計・小学5年生保護者・中学2年生保護者合計の数値については、学年不明分を含んだものとなっている（子ども8件、保護者38件）

本調査は、大阪府立大学大学院人間社会システム科学研究科研究倫理委員会において、研究方法およびデータ管理方法の審査を受け承認を得ている。また、大阪府との委託契約における個人情報取扱特記事項を遵守するとともに、日本社会福祉学会研究倫理指針を踏まえて行っている。学術的な利用に関しても各自治体と覚書を結び、個人情報保護審査会を経るなど必要な手続きをふまえている。

〈調査実施主体と研究者〉

実施主体は、大阪府とほか13自治体、調査研究業務受託者：公立大学法人大阪府立大学大学院 人間社会システム科学研究科であり、実施者は山野則子研究室である。研究者チームとして、分析や執筆は以下のメンバーで担った。山野則子（大阪府立大学：業務責任者）、嵯峨嘉子（大阪府立大学）、駒田安紀（大阪府立大学山野研究室特認助教〈当時〉）、所道彦（大阪市立大学）、小林智之（大阪府立大学山野研究室研究員〈当時〉）、山下剛徳（大阪府立大学山野研究室研究員）である。すべて本著の執筆者である。

〈質問項目と大阪府内全自治体のデータ統合時の扱いについて〉

最初に述べたように議論を重ねて、全自治体においては、小学生・中学生27問、保護者28問をそれぞれ共通設問として調査項目を設計した。全体を統合して扱うあるいは比較することが可能なものとした。なお、一部の市においては、これらの共通設問とは別途把握したい内容がある場合に限り、追加で1～2問の独自設問を設けている。

調査の結果、府と独自実施した府内13市町村との間で回収率や回収数に差が生じた（表1-3）。府では、あらかじめサンプリングした対象8000件への配布を行いその約30～35％からの回収となったのに対し、府内13市町村ではほとんどの自治体が全数配布の結果、高いところでは90％を超える回収率となっている。このため、自治体間で回収率あるいはサンプルサイズの補正を行うか否かについて検討し、補正は行わないとの結論に達した。その理由は、以下2点である。

1点目は、今回の調査では調査票配布の方法に郵送配布と学校配布の2種類があり、いずれを用いるかは自治体の状況に基づいて決定された。配布方法が

異なることで回収率に差が生じることは避けられないものであった。

　2点目は、このような状況に対して、例えば回収率の高かった自治体についてデータの再サンプリングなどの方法を用いて削減を行うことも意見が出された。しかし、その場合、どのような基準で選択するのかが恣意的になってしまうこと、削減後の結果を提示した場合、施策を提言するための貴重な調査結果であるにもかかわらず、その一部がすくい取られないことになり、全数調査をした市においては意義が失われてしまう。

　以上の理由から、大阪府内全自治体のデータは回収したデータをすべて統合したものとなっている。よって、本書においても統合したものになっている。

〈報告書における分析軸〉

　2017年3月に報告書を作成したが、その際の分析枠組みを紹介しておく。本書においてもこの用語で記述する箇所もあるためである。

　この調査において、実際の生活上の体験や困り事を把握するため、多面的に貧困を測る指標として、「等価可処分所得」およびそれらを基に区分した「困窮度」を用いている。国民生活基礎調査における相対的貧困率は、一定基準（貧困線）を下回る等価可処分所得しか得ていない者の割合をいう。貧困線とは、等価可処分所得（世帯の可処分所得〈収入から税金・社会保険料等を除いたいわゆる手取り収入〉を世帯人員の平方根で割って調整した所得）の中央値の半分の額をいう。算出方法は、OECD（経済協力開発機構）の作成基準に基づく。EU、ユニセフ（ただし、常に60％基準採用ではない）は60％を採用している。世帯の可処分所得はその世帯の世帯人員数に影響されるので、世帯人員数で調整する

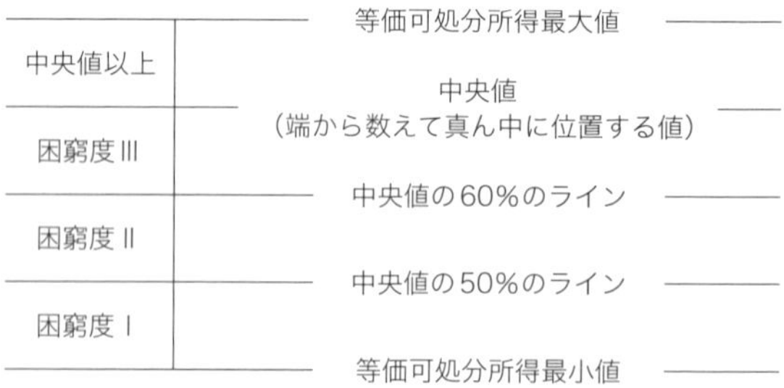

	等価可処分所得最大値
中央値以上	
	中央値（端から数えて真ん中に位置する値）
困窮度Ⅲ	
	中央値の60％のライン
困窮度Ⅱ	
	中央値の50％のライン
困窮度Ⅰ	
	等価可処分所得最小値

図1-1　困窮度の分類と基準

必要がある。最も簡単なのは「世帯の可処分所得÷世帯人員数」とすることであるが、生活水準を考えた場合、世帯人員数が少ないほうが生活コストが割高になることを考慮する必要があり、このため、世帯人員数の違いを調整するにあたっては「世帯人員数の平方根」を用いている[▶2]。

さらに日本では2012年244万と発表された中央値以上群と貧困線と言われる中央値の50％（日本では50％）群の比較だけではなく、生活の苦しさは中央値以下群には存在すると考え、図1-1のように困窮度を区分している。

7 子どもの生活実態と施策の架け橋

　子どもの生活実態調査は、自治体としては住民から尋ねにくい経済的なことや生活そのものを踏み込んで聞くため、実施しにくいという考えになりがちである。住民側も抵抗を持つ可能性も高い。しかし、それは、住民にとって調査結果がどうであって、どのように生かされ、施策につながったのか見えないことからくるものが大きい。政治への無関心に近いものがあるであろう。研究者に対しては、「研究のための調査」に見えることが拒否感につながるであろう。例えば、英国では、国や自治体の行政やファンドを受けた団体が、税金が何に使われ、結果がどうだったか、税金を負担する国民に示すこと、国民も自分たちが知れることを要求する文化があり、明確にエビデンスが示され、エビデンスに基づく実践や施策を見ることができる。さらに、ゴフほか（Gough et al. 2017）やボアスとナタリィ（Boaz and Nutley 2019）は、研究結果が使われるために研究を研究者が研究を押しつけるのではなく、研究者は一歩引いていくことの重要性、実装科学として、多様なステイクホルダーと議論を重ね、様々な工夫を入れこんでいく必要性を訴えている。これは、まさに筆者が社会実装として、国立研究開発法人科学技術振興機構・戦略的創造研究推進事業・研究開発成果実装支援プログラムとして採択され、教育委員会担当者、スクールソーシャルワーカーのステイクホルダーと議論しながら、効果的なスクールソーシャルワークモデルの実装に取り組んできた方法（山野 2015）を裏付けるものである。これらの実装科学が根底にあるがゆえに、子どもの生活実態調査の導入についても、4節で述べたように、大阪府と共同し、大阪府内自治体と調査の

みならず施策作りについての議論も協働しながら進めてきた。

　自治体や研究者が、国民から信頼をえるためにも調査自体オープンに実施し、明確に結果を示す、この結果だからこの施策、とつながりも明らかにしていくことで、抵抗も減少する。筆者が子どもの生活実態調査や施策の事業評価に携わった沖縄県において、重点施策にすべき課題として、子どもの貧困対策が4割強を占め、基地問題を越えて最も高い結果であった（沖縄県 2019）。切実な思いはもちろんであるが、沖縄県では毎年何等かに実態調査が実施されていること、その事業評価も実施していることから施策との関連を追究できる場があることなども県民の意識の向上につながっているのではないだろうか。現在の調査が次の改善につながる願いや意識が、実態調査によって徐々に芽生え醸成されていく可能性が汲み取れる。

　こういった意識改革や意識醸成から文化を形成していく可能性がある。実態を明らかにするのみならず、本著は、子どもの生活実態調査の意義として、2つあげたい。1つは、国民の立場として、自分たちの実態を自分たちで知り、あきらめずに自治体に働きかけていく1つのチャンネルになる可能性である。2つめに、自治体側が調査をしてもしなくても施策は同じになる、他の自治体が実施するから実施する、というようなことがなくなる可能性である。まさに子ども時代から貧困が恥ずかしいことという観念が浸透する恥の文化ではなく、客観的視点で物事を見る文化を醸成する1つの方法になるのではないだろうか。子どもたちが大人になっていく過程において、当たり前に自分たちの実態を知り、子どもの権利条約にうたわれているように、声をあげていい[3]ということを体感し、子ども本人も調査結果を見たり分析したりする環境を作っていくべきである。

　国民の関心が高い子どもの貧困問題において、子どもの貧困対策の法改正がなされ、子どもの貧困に関する指標に関する研究その他の調査を講ずるものとうたわれ、市町村計画が自治体の努力義務となったことは大きい。今回の大規模調査を、手続きも明らかにし、その有用性も次章以降で明らかにする。国において全国調査を実施することが示されているが、この大阪における調査が小手先だけではなく理念的に参考になること、調査文化が起き始めること、どう進めていいかわからない自治体にとっても一助となること、調査が実態と施策の架け橋になることを期待したい。

▶注
1 モデル自治体である門真市は、大阪府から予算配分がなくなった後も、引き続き筆者はアドバイザーとし、企業や地域団体など様々なアクターを参画させて、さらに事業を発展させ持続可能な仕組みづくりを展開している。当初から地域住民を募って応援団員を組織しているが、現在人口の約1％である1200人を超えている。
2 厚生労働省が出している「国民生活基礎調査（貧困率）よくあるご質問」を参考にした。http://www.mhlw.go.jp/toukei/list/dl/20-21a-01.pdf
3 大阪の生活実態調査結果を報告する機会が今までに多くあったが、その中で経済的格差が子どもの社会体験の少なさや親の体調不良に影響していくことは全くこの通りであること、そして親に負担をかけまいと買ってほしいことや行きたいことの声をあげることができなかったと高校生や若者から切実に伝えられたことが複数回存在する。子どもには声をあげていいこと、声をあげたことで親を苦しめないことがわかること、つまり伝えられた親が、家庭だけでそれを処理するのではなく、安心して社会的支援を求められることが重要である。

▶文献
阿部彩『子どもの貧困――日本の不公平を考える』岩波書店
Annette Boaz and Sandra Nutley (2019) "Useng evidence", Annette Boaz, Huw Davies, Alec Fraser, Sandra Nutley. eds. *What Works Now?: Evidence-Informed Policy and Practice*, Policy Press.
David Gough, Ruth Steward and Jan Tripney (2017) "Using Reserch Findings", David Gough, Sandy Oliver, James Thomas. eds. *An Introduction to Systematic Reviews*, SAGE Publications Ltd.
厚生労働省（2016）『平成28年国民生活基礎調査の概況』 http://www.mhlw.go.jp/toukei/list/dl/20-21a-01.pdf
大阪府立大学（2017）『大阪府子どもの生活に関する実態調査』
沖縄県（2019）『県民意識調査（くらしについてのアンケート）結果 概要』（22頁）https://www.pref.okinawa.lg.jp/site/kikaku/chosei/seido/documents/02.pdf
湯澤直美（2015）「子どもの貧困をめぐる政策動向」『家族社会学研究』27〔1〕（69～77頁）https://doi.org/10.4234/jjoffamilysociology.27.69.
山野則子（2018a）「子どもの貧困～施策編～」こころの子育てインターねっと関西『月刊こころの子育てインターねっと関西』No.183（2～3頁）
山野則子（2018b）『学校プラットフォーム――教育・福祉、そして地域の協働で子どもの貧困に立ち向かう』有斐閣

第2章

貧困概念とはく奪指標

所　道彦
小林 智之

1　子どもの貧困：何を問題とするのか？

　子どもの貧困に社会的注目が集まっている。特に、他の先進国と比較した場合に、日本の子どもの貧困率が高い水準で推移していることがしばしば報じられる。2015年のデータでは、13.9％であり、2012年の16.3％からやや改善が見られるものの依然として国際的には高い。

　ところで、この貧困率は、相対的貧困率である、一定基準（貧困線）を下回る所得しか得ていない者の割合であり、等価可処分所得（世帯の可処分所得〈収入から税金・社会保険料等を除いたいわゆる手取り収入〉を世帯人員の平方根で割って調整した所得）の中央値の半分の額が一般に用いられる貧困線となっている（厚生労働省HP）。

　日本において「貧困」を議論する場合に、貧困の概念が変化していることを確認しておく必要があるだろう。まず、20世紀には、「絶対的貧困」から「相対的貧困」への転換があった。すなわち、「飢え」や「ホームレス」などの生存が脅かされる状態（絶対的貧困）から、「健康で文化的な生活」を基準に、そこからの格差を問題（相対的貧困）とする考え方への転換である。もはや、絶対的貧困のレベルで貧困を議論する先進国は存在しないといっても過言ではない。また、20世紀後半には、多様な貧困概念が出現し、「社会的はく奪」や「社会的排除」といった言葉が、貧困を説明するために用いられるようになった。これらについては、すでに、日本でも多くの研究者によって紹介されているが、近年の貧困概念をめぐる議論のポイントを簡単にまとめてみよう。第1に、「所得」の欠如や格差だけではなく、「社会との関わり」や「参加」の欠如や格差を問題とする点である。これについては、「働くこと」や「教育を受ける機会」から排除されていることも問題とされる。第2に、個人の貧困状況から脱却する力をどう身につけるかという点への関心の高まりが挙げられる。

2　子どもの貧困：なぜ問題とするのか？

　それでは、なぜ子どもの貧困は、社会問題として注目されるようになったの

であろうか。まず、子どもを不利益な状況に放置することに対する問題意識が挙げられる。さらに、これは、「子どもが可哀想だから」と考える立場（慈善的側面）、自己責任を問うことができない子どもが不利益な状況に放置されていることを問題とし、社会的格差を放置することに対する怒り（社会正義的側面）、貧困の連鎖が社会の格差を固定化し、労働力の質が低下することへの懸念（国家戦略的側面）の3つがある。

　海外の貧困対策の背景には国家戦略的面が強く、社会的投資戦略の一部とされる（所 2012）。子どもの貧困を放置すると、貧困の連鎖や階層の固定化が発生し、社会的コストの拡大、労働力の質の低下、国の経済力の低下、医療、所得保障の問題、社会的安定が損なわれる恐れがあり、国としての子どもの貧困対策を推進する背景となっている。

3　生活構造と貧困

　子どもの貧困問題を検討する場合に、子どもの生活問題と親も含めた世帯全体の貧困問題の2つが併存していることに注意が必要である。

　子どもの貧困は、子どもの生活場面でとらえる必要があるが、基本的に子どもは親と生活している。有子世帯の生活において、親から子への資源の分配が行われていることが前提となる。子どもの生活や成長、ウェルビーイングに寄与する資源の分配は、親を通じて行われることになる。親の役割や影響と無関係な「子どもの貧困」はあり得ない。換言すれば、子どもの貧困を研究するにあたっては、世帯内の分配状況に注目する必要がある。これまでの貧困研究の大部分は、「世帯単位」であったが、近年、子どもに着目した「個人単位」の分析が主流になっている。

　また、世帯内の資源配分については、複雑なプロセス・構造を想定する必要がある。親の収入が子どもの生活資源に転換するまで、検討すべき点は多々存在する。まず、親の収入が子どもを含めた世帯の生活ニーズを充足するのに十分かどうか（資源の総量問題）が出発点となる。次に、子どもの個別ニーズ充足と親のニーズ充足、世帯全体のニーズ充足の中で、「限られた」資源をどう割り当てるかという点（資源の分配・割当・優先順位問題）、選択された資源が

子どものニーズ充足に適合しているかという点（ニーズと資源のマッチング問題）、資源の選択について子どもの希望がどの程度反映されるのかなどである。

この中でも「資源の総量問題」は、特に重要である。世帯の中で、いかに家計のやりくりを工夫したとしても、収入の絶対量が不足していれば、生活は成り立たなくなる。親の収入や社会保障給付が大きく左右することになる。

また、「資源の分配・割当・優先順位問題」は、家計の状況を検討することで一定可視化することができる。家計における教育費の割合などを見れば、同一所得水準であっても、支出の優先順位を推測することができる（支出の優先順位）。また、空間の分配については、限られた居住スペースをどの程度子ども部屋などに割り当てているかを把握することで、推測することができる。さらに、親の生活時間を、どの程度、子どもとの時間に割り当てているかも重要と言える。

子どもの貧困を検討する際には、時間的要素が重要になる点に留意が必要である。子ども自身の成長とともに、格差や排除の構造の中で、不利益が蓄積していく。その影響は、現時点で判断できるとは限らない。貧困研究には、長期的なモニタリングが重要と言える。

4　「貧困」の構造

本研究では、イギリスで貧困問題にとりくむ民間組織であるCPAG（Child Poverty Action Group）が、貧困概念を説明する際に用いていた3つの資本（capital）の欠乏・欠如に着目した。

第1に、経済的資本（capital）の欠如である。現代社会における「生活」は、自身のもつ経済的な資源を、生活に必要な資源に交換（購入）することによって成立する。交換するための資源（例えば所得）を持たなければ、生活資源を入手することができない。持たない原因は、個人によって異なるものの、「ない」「不足」は、生存が脅かされる大きな問題である。貧困問題とは、経済問題、世帯に関しては「家計」の問題であることを確認しておきたい。

第2に、ヒューマン・キャピタル（human capital）の欠如である。自身の能力を労働力（稼働）に転換する力の欠如、あるいは、得られた所得を必要な資源

に転換する力の欠如が貧困の構造を構成している。ヒューマン・キャピタルの欠如は、低い教育レベル・低いエンプロイヤビリティ（雇用可能性）と関係している。十分な教育機会が得られなかったり、また途中で放棄したりといったケースが容易に想像できるが、その背景は個人によって様々ではある。また、ヒューマン・キャピタルを構築していく場は、学校だけではなく、家庭教育も重要である。

第3に、ソーシャル・キャピタル（social capital）の欠如である。つながり、近隣や友人との関係性、信頼できるコミュニティの欠如により、社会的孤立の問題が発生する。社会的孤立の状況におかれると、コミュニケーション力や自己効力感、雇用の情報へのアクセスなどに影響がでることも考えられる。また、インフォーマルなネットワークを持っていることが、貧困問題の深刻化を予防することも考えられる。

これらの3つの資本の欠如については、「原因」と「結果」が複雑に関連する。また、上記の3つが重複することで、困窮状態は深刻化・固定化することになる。例えば、学校をドロップアウトし、安定した仕事に就けず、社会的に孤立した中で、生活困窮に陥ることもあるだろう。またその世帯の子どもも、世帯の経済的な事情から十分な教育を受けられず、就職できず、やはり社会的に孤立し、困窮する場合もある。また、社会的に孤立したことで、社会的スキルが低下・喪失し、就職できずに経済的に困窮する場合もある。

このように、これらの3つの欠如は相互に関係するものであるが、その関係性については明確にされてこなかった。それでも、経済的資本の欠如は、生活困窮状態においてもっとも深刻な状況を招き、生活の根幹、あるいは、生存そのものを危うくする。経済的資本の欠如の状態を、他の2つの資本の充足によって直接的に代替することはできないことに留意する必要がある。

5　貧困をどうとらえるか

子どもの貧困対策推進法や子供の貧困対策大綱を背景に、地方自治体では、子どもの貧困に関する現状把握のための調査が行われてきた。こういった調査の形は異なるものの、所得格差などの「相対的貧困」と、世帯の経済的な資源

の欠如が生活にどのような影響を与えているのか、本来ならば享受されるべき生活の何が奪われているのか（「相対的はく奪」や「社会的排除」）を測定する設計となっている。

具体的には、経済的困窮により社会参加が阻害されている状況や、経済的困窮と子どもの生活面への影響の関係を明らかにすることが必要である。そのためには、広範囲な質問項目による測定が必要となる。所得や家計状況など、子どものいる世帯の経済状況の把握が絶対不可欠であるが、子どもの生活全般（食事、睡眠、習い事、こづかい、悩み…）などを把握することによって、より広範囲なはく奪の状況を明らかにするとともに、子どもの貧困の構造を解明することになる。

5-1 調査項目

今回大阪で実施した子どもの生活実態調査では、「世帯の所得」「世帯の状況」「保護者の経験」「子どもの経験」について質問項目を設定した。世帯状況としては、世帯の構成、家計収支、住居、学歴、就業状況、経済状況など、「子どもの経験」としては、睡眠、食事、学校生活、学習、こづかいなどを含む「ふだんの生活」の実態、また、将来の夢や目標など「ふだん考えていること」を質問した。また、「保護者の経験」としては、「経済的理由でできなかったこと（世帯の経験、子どもについての経験）」「健康状態」「相談相手」「子どもとの関わり」「子どもの将来への期待」などを項目として挙げた。

また、所得格差だけでは、生活困窮の状況を示すことには限界がある。先述の通り、所得の格差があることと、実際の生活上のニーズが充足されているかは別問題だからである。そこで、本研究では、現代の日本において、子どもが、あるいは、子どもを持つ世帯が、通常、享受できるはずのサービスやライフスタイルについて、実際に享受できているか、質問紙を用いて確認した。具体的には、電気やガスなどのライフラインや、医療サービスなどの生活保障資源の利用の状況（経済的理由から利用できなかった体験）を質問した。

5-2 調査対象と子どもの年齢

子どもの貧困に関する調査を実施する場合に、他の社会調査と比べて難しい点がいくつかある。まず、自記式のアンケート調査を実施するにあたり、質問

の内容が理解できる年齢でなければならないという点である。今回の調査では、調査対象者は小学校5年生と中学校2年生の児童・生徒本人とその保護者である。

　当然のことであるが、対象者の年齢について、小学校5年生と中学校2年生としている点では、「子どもの貧困」を議論するうえで、十分と言えない。就学児童だけが、「子ども」ではない。「子どもの貧困」に関する調査では、就学前の子どものいる世帯の状況把握が必要である。今回、一部の自治体で、「5歳」の子どものいる世帯を対象とした点は、評価されるべきであろう。

6　本調査の分析のフレームワークについて

6-1　所得分布と「困窮度」の設定

　相対的貧困の指標として最も用いられているものが、等価可処分所得の中央値を基準とした貧困ラインである。本調査でも、所得については、可処分所得を質問し、それについて世帯人数を考慮した等価可処分所得を算出した。所得の分布は、図2-1の通りである。

　次に、等価可処分所得によって困窮度をカテゴリー化した。具体的には、中央値を基準に、その50％水準未満を「困窮度Ⅰ」、60％水準未満を「困窮度Ⅱ」、中央値から60％ラインまでを「困窮度Ⅲ」の層として設定した（困窮度の層ごとの世帯数は、中央値以上が2万570、「困窮度Ⅰ」が6124、「困窮度Ⅱ」が2245、「困窮度Ⅲ」が1万2057である）。単純に、等価可処分所得の50％水準を貧困ラインとするのであれば、今回の調査における貧困世帯の割合は14.9％ということになる。

第 1 部 貧困概念と貧困調査

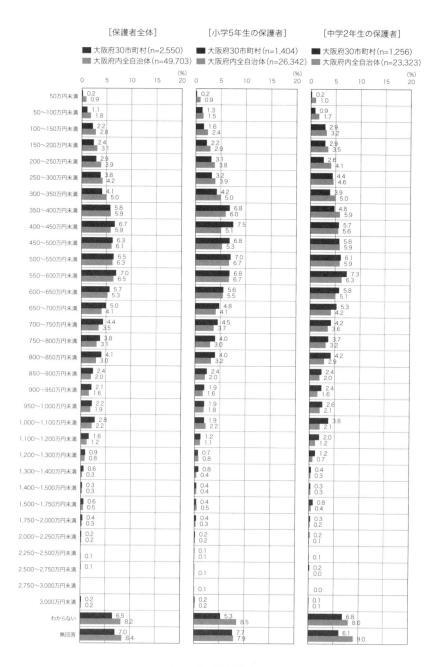

図2-1 所得の分布

これらの「困窮度」は、あくまで所得の階層を示すものであり、実際の生活上の困窮状況を見て分類したわけではない。生活のゆとりは、家計の状況によって左右される。例えば、収入だけ見れば余裕があるように思われる場合でも、それ以上の支出があれば、生活が立ち行かなくなることも多々ある。「困窮度」という語がミスリーディングにならないよう注意が必要である。

なお、本調査で用いたような相対的貧困率の算出については、いくつか異論も出されている。例えば、戸室は、一律に中央値の半分を貧困ラインとする相対的貧困率は、貧困の捉え方や社会制度が異なる国の状況を比べる国際比較研究においてはやむを得ないものの、国内研究においては、生活保護基準が地域別に設定されているのであるから、生活保護基準を貧困線とすべきであると論じる（戸室 2018）。

なお、戸室は、独自の貧困率の集計を行っている。就業構造基本調査から「18歳未満の末子がいる世帯」について世帯所得や世帯人数などのデータを求め、生活保護の最低生活費以下の収入しか得ていない世帯の割合を都道府県別に算出している。それによると、2012年における大阪府の子どもの貧困率は21.8％であり、都道府県別でみると沖縄の37.5％に次いで高い（戸室 2018）。

ただし、生活保護基準を貧困ラインとして用いることについては、可処分所得以上に政治的な要素が含まれることに注意が必要である。例えば、意図的に生活保護基準を引き下げれば、「貧困」は減少する。また、逆に、生活保護基準を引き上げることによって、「貧困」は増加することになるが、それについて、政府や政策担当者は、自らの貧困対策へのコミットメントが貧困率を高くしているという説明をすることになる。収入と可処分所得の比較による再分配のプロセスとアウトカムを検証することも重要である。いずれにせよ、全国統一のデータによる分析が必要となっており、貧困ラインの設定、貧困率の測定方法は今後の課題として残されている。

6-2　いわゆる「はく奪指標」による貧困測定の成果と問題点

これまで多くの貧困研究では、所得分布の把握を中心に貧困が定義されてきた。例えば、OECDの子どもの貧困の定義などが典型例である。しかし、所得の格差だけでは、貧困そのものの実態を把握するには不十分である。所得が相対的に高いことが、家計（生活）のゆとりを示すとは限らない。例えば、所

得以上に支出が必要なケース、あるいは、負債を抱えているケースなどが考えられる。

　現在は、従来の所得格差の測定に加えて、「相対的はく奪」を測定する指標の開発や合意基準アプローチなどが試みられている。相対的なはく奪の「状況」を具体的にチェックする方法が求められている。所得格差に加えて、はく奪指標から生活の困窮度を把握すること、また、これらの指標の関係性を明らかにすることによって、今後の子どもの貧困対策の新たな方向が見いだせるのではないかと考えられてきた。

　今回の調査では、子どものいる世帯について、広範囲な「はく奪」の状況が明らかになっている。はく奪の体験をしたことがない、すなわち、「どれにも当てはまらない」と回答した者の割合が、25％程度にとどまっている（図2-2）。

7　はく奪指標の作成（世帯の経験から）

　今回われわれは、この世帯の経験の項目を使ってはく奪指標の作成を試みた。この項目は、過去に行った他の自治体調査（堺市／大阪府立大学・大阪市立大学 2015）を行った際に、各分野の研究者12名で複数回による議論を重ねた結果、作成した調査項目である。今回は、研究メンバー6名によって分析のための議論を重ね、その調査項目から、指標を作成した。その手続きは以下の通りである。

　回答者は、「あなたの世帯では、経済的な理由で、次のような経験をされたことがありますか。おおむね半年の間でお考えください」と尋ねられ、21項目のはく奪経験のリストについて該当する番号をすべて回答するように求められた。はく奪経験のリストとそれぞれに該当すると回答した割合は表2-1の通りである。1人あたりの該当数は平均3.38（$SD = 3.52$）個で、中央値は2（$Min = 0, Max = 21$）個であった。

　ここでは、はく奪経験への該当に基づき、自由な支出がかなわない貧困の状

第2章 貧困概念とはく奪指標 —— 43

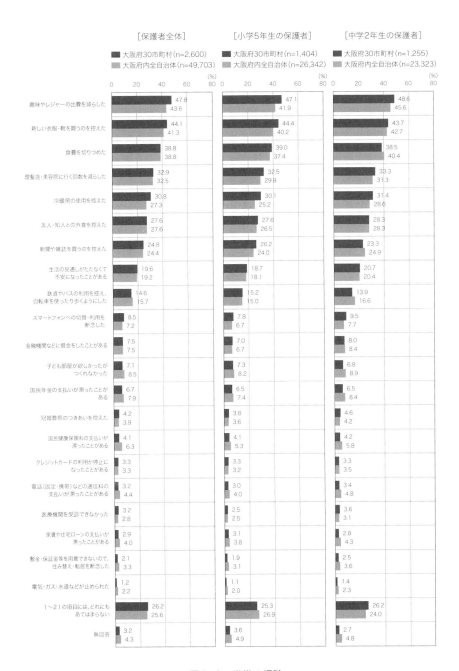

図2-2 世帯の経験

況を測る新たな指標の作成を試みる。はく奪経験のリストは、それぞれ貧困の程度に伴い該当率が高まることが予測されるものであるが、項目ごとに該当時の経済的な深刻さに差があることが考えられる。そこで、各項目の重みづけを行うこととした。

はじめに、これまで貧困の指標として標準的に用いられてきた等価可処分所得を基準とし、各項目（ダミー変数：該当 = 1, 非該当 = 0）との関係を算出した。各回帰係数は、それぞれの項目が該当した場合と該当しない場合における、等価可処分所得の差異を説明するものである。その後、その回帰係数に基づき、各項目の該否が経済的な深刻さをどれほど表すものなのかを5段階で重みづけとし、指標化における係数とした。

等価可処分所得を応答変数とした回帰分析の結果と重みづけ係数は表2-1の通りである。分析の結果、「3. 医療機関を受診できなかった」「7. クレジットカードの利用が停止になったことがある」「11. 冠婚葬祭のつきあいを控えた」「13. 鉄道やバスの利用を控え、自転車を使ったり歩くようにした」は、回帰係数が正の値を示した。回帰係数が正の値をとった項目については、該当することでむしろ等価可処分所得が高くなっていることが伺え、貧困の指標としてノイズを含む可能性があるため指標化のリストからは除外した。その後、回帰係数の絶対値が11未満の項目を1点、22未満を2点、33未満を3点、43未満を4点、43以上を5点として、重みづけ係数を決定した。

決定した重みづけ係数に基づき、はく奪指標得点を算出した（M = 6.84, SD = 7.22, Median = 5（Min = 0, Max = 39））。はく奪指標得点の分布を図2-3に示す。0点に該当する回答者が全体の29.9%を占めており、はく奪指標得点は0過剰の分布をしていることが考えられた。

はく奪指標得点と、はく奪指標得点を構成する項目（重みづけ係数が1点以上の項目）の関係について検討するため、はく奪指標得点を説明変数とし、各項目を応答変数としたロジスティック回帰分析を行ったところ、いずれの項目も0.1%水準で有意に説明された（表2-2）。いずれの結果も、はく奪指標得点が高くなるに従い、該当率が高まっていることを示唆した。この結果は、はく奪指標得点における内的な信頼性を支持するものと考えられる。

表2-1 はく奪指標リストの回答者該当率と、
等価可処分所得を応答変数とした際の回帰係数とそれぞれの重みづけ係数

はく奪指標リスト	該当率	回帰係数	重みづけ係数
1. 食費を切りつめた	39.99%	−42.18	4
2. 電気・ガス・水道などが止められた	1.74%	−11.62	2
3. 医療機関を受診できなかった	2.84%	12.70	0
4. 国民健康保険料の支払いが滞ったことがある	5.79%	−43.75	5
5. 国民年金の支払いが滞ったことがある	7.66%	−47.64	5
6. 金融機関などに借金をしたことがある	8.04%	−2.14	0
7. クレジットカードの利用が停止になったことがある	3.42%	8.38	0
8. 新しい衣服・靴を買うのを控えた	43.19%	−18.86	2
9. 新聞や雑誌を買うのを控えた	25.48%	−9.52	1
10. スマートフォンへの切替・利用を断念した	7.31%	−3.41	1
11. 冠婚葬祭のつきあいを控えた	3.74%	10.55	0
12. 生活の見通しがたたなくて不安になったことがある	19.09%	−41.10	4
13. 鉄道やバスの利用を控え、自転車を使ったり歩くようにした	16.04%	4.02	0
14. 電話(固定・携帯)などの通信量の支払いが滞ったことがある	3.90%	−8.95	1
15. 家賃や住宅ローンの支払いが滞ったことがある	3.72%	−20.60	2
16. 趣味やレジャーの出費を減らした	46.14%	−21.01	2
17. 冷暖房の使用を控えた	28.13%	−8.31	1
18. 友人・知人との外食を控えた	28.27%	−7.37	1
19. 敷金・保証金等を利用できないので、住み替え・転居を断念した	3.01%	−23.41	3
20. 理髪店・美容院に行く回数を減らした	31.96%	−17.46	2
21. 子ども部屋が欲しかったがつくれなかった	8.38%	−24.98	3

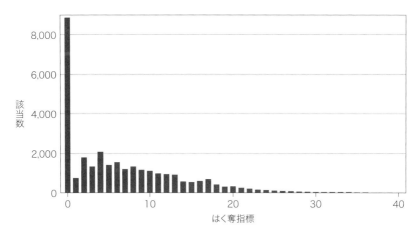

図2-3 はく奪指標得点の分布

表2-2　はく奪指標を説明変数とし、各構成項目を予測変数とした
ロジスティック回帰分析

はく奪指標リスト	G (df = 1)	b	SE
1. 食費を切りつめた	20187	0.401	0.004
2. 電気・ガス・水道などが止められた	1699.6	0.196	0.005
4. 国民健康保険料の支払いが滞ったことがある	6679.5	0.288	0.005
5. 国民年金の支払いが滞ったことがある	7154.5	0.258	0.004
8. 新しい衣服・靴を買うのを控えた	16938	0.333	0.004
9. 新聞や雑誌を買うのを控えた	8447.3	0.186	0.002
10. スマートフォンへの切替・利用を断念した	2281.5	0.124	0.003
12. 生活の見通しがたたなくて不安になったことがある	15148	0.345	0.004
14. 電話（固定・携帯）などの通信量の支払いが滞ったことがある	3250.7	0.198	0.004
15. 家賃や住宅ローンの支払いが滞ったことがある	3038.4	0.193	0.004
16. 趣味やレジャーの出費を減らした	14649	0.294	0.003
17. 冷暖房の使用を控えた	8685.8	0.187	0.002
18. 友人・知人との外食を控えた	11935	0.240	0.003
19. 敷金・保証金等を利用できないので、住み替え・転居を断念した	2712.3	0.200	0.004
20. 理髪店・美容院に行く回数を減らした	13468	0.262	0.003
21. 子ども部屋が欲しかったがつくれなかった	3743.4	0.155	0.003

注：いずれの項目も0.1％水準で有意

　続いて、はく奪指標の妥当性について検討するため、貧困の程度を示唆する他の指標との関係について分析を行った。まず、所得と等価可処分所得に着目し、はく奪指標得点との関係について検討した。分析にあたっては、貧困の指標として収入の側面を表す所得または等価可処分所得を説明変数とし、支出の側面を表すはく奪指標得点を予測変数とした。また、はく奪指標得点の分布が0過剰のポアソン分布をしていると判断できることからポアソン回帰分析を行った。その結果、所得ははく奪指標得点を有意に予測した（Residual deviance = 193578, df = 30722, b = −0.0019, SE = 0.000009, p < .001）。また、等価可処分所得ははく奪指標得点を有意に予測した（Residual deviance = 190425, df = 30722, b = −0.0040, SE = 0.000019, p < .001）。すなわち、所得と等価可処分所得が低いほど、はく奪指標得点が高くなっていることが示された。

　また、等価可処分所得を基準に分類した困窮度との関連を検討するため、困窮度を説明変数、はく奪指標を予測変数としてクラスカル・ウォリス検定を行った。その結果、困窮度による有意な効果が確認された（χ^2 (3) = 5864.1, p < .001）。ボンフェローニの多重比較検定の結果、中央値以上群（4.02点）、困窮

度Ⅲ群（8.28点）、困窮度Ⅱ群（11.28点）、困窮度Ⅰ群（12.91点）と高くなっていくことが統計的に支持された（$ps < .001$）。困窮度とはく奪指標得点の関係を図2-4に示す。

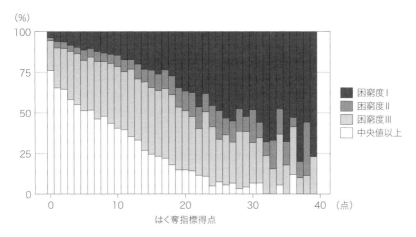

図2-4　はく奪指標得点における困窮度の分布

　これらの結果から、はく奪指標得点は、他の貧困の程度を表す他の指標と同じ傾向を示しており、貧困の指標としての妥当性は支持されたと考えられる。
　第6章Ⅱと第7章において、このはく奪指標を活用して試験的に述べていく。今後、これは指標として活用できるものと考える。

8　今後の課題

　今回の子どもの生活実態調査からは、子どもの貧困対策に求められているものが確認できる。「経済的な理由でできなかったこと」の回答が示すように、世帯の生活や子どもの生育環境に大きな影響が出ている。回答が数％であっても、数百人単位で、当然享受されるべき生活が欠如している現状があり、早急に対応が求められる。
　一方、はく奪指標による貧困の把握には限界もある。調査内容自体が質問に規定されてしまうため、調査設計者が想定していなかった子どもの生活上の

ニーズを引き出すことはできない。本来、「はく奪指標」については、その質問項目の作成のプロセスが重視され、「現在の日本社会において、子どもや子どもを持つ世帯が、通常、享受できる生活の具体的な事例」をベースに、質問項目を合意形成によって絞り込んでいくという作業が重要となる。今回の調査では、このステップが省略されており、数名の調査設計者によって、質問項目が設定されており、貧困調査としては不十分であることは否めない。

さらに、注意したいのは、こういった質問項目は、あくまでも事例にすぎないという点である。これらの項目について生活状況が改善されれば、貧困問題が解決したということにはならない。「格差」が残存したまま、「参加」が可能になったとしてもそれを貧困問題の解決とは言わない。貧困概念の確認作業が必要となっている。

▶文献

阿部彩（2008）『子どもの貧困——日本の不公平を考える』岩波書店
阿部彩（2014）『子どもの貧困Ⅱ——解決策を考える』岩波書店
伊藤善典・阿部彩（2016）「イギリス：行き詰った子どもの貧困対策——自由主義レジームにおける限界」『貧困研究』Vol.17、明石書店（4〜16頁）
戸室健作（2018）「都道府県別の子どもの貧困率とその要因——福井県に着目して」社会政策学会誌『社会政策』第10巻第2号（40〜51頁）
所道彦（2012）『福祉国家と家族政策』法律文化社
所道彦（2015）「イギリス——子どもの貧困対策の到達点」埋橋孝文・矢野裕俊編著『子どもの貧困／不利／困難を考えるⅠ——理論的アプローチと各国の取り組み』ミネルヴァ書房（189〜203頁）
山本隆（2019）『貧困ガバナンス論——日本と英国』晃洋書房
ルース・リスター著　松本伊知郎監訳・立木勝訳（2011）『貧困とは何か——概念・言説・ポリティクス』明石書店

第3章

3つのキャピタルの関連

山野 則子

1 子どもの貧困と親の貧困

　第1章でも述べたが、貧困問題は大人に焦点化されていたことによる弊害はどういったことだろう。ある元教師が「給食のパンを食べずに持って帰る子どもがいる。きらいだから、食べないではなく、食べたいけれど晩ごはんのために持って帰るのです。今、子どもの貧困状態はここまで来ています。私たちには何もできません」という話をされた（山野 2016）。発言や対応を批判しているのではない。これは貧困を大人の問題としてとらえるという現象をよく表しているし、日常的によくあることである。教師を主語に考えてみると、このくらいの内容で児童相談関係部署に相談しても、介入があるとは想定しにくい。校長に伝えても学校として動きようがないと言われてしまう。どうすることもできないので、「家庭の問題だから」とどこかにしまわざるを得ない。こうして「パンを持って帰る」話から貧困を想定しても、「子ども」を主語にした話ではなくなり、その後の展開には子どもの生活が見えなくなっていく。

　では、私たちは子どもの日々の生活にどのくらい思いを馳せて考えることがあっただろうか。例えば、朝食の子ども食堂を始めた学校で、子どもたちは皆と楽しく歯磨きすることを覚え、思いっきり歯磨きをしたために、その場でボロボロ歯が抜けるという実態、何らかの遅刻をする子どもたちが11.2％存在するという実態に注視していただろうか。この実態から家庭の状況に思いを馳せ、何か対応を検討するという流れになるだろうか。子ども家庭福祉の立場では状況が重大でないと目に留まらない。また教育の立場では子ども個人の課題として育成または補助しようと力を注ぐ。親の貧困と子どもの貧困を連結した考えが及ばず、対応ができていないと言わざるを得ない。

2 子どもの貧困の構造に関する先行研究

　これも第1章でも触れたが、貧困に関する研究は長い歴史を持つ。ここでは特に子どもの貧困、そしてその構造に関する研究をレビューする。その中で、子どもに触れていたり、子どもとの関連では世代的再生産（青木 1997；松本

2015）として、表現されている。そもそもイギリスのJ・キース（Joseph Keith）によって、以下のような貧困のサイクルモデルは紹介されている。貧困（不適当な親）→不適当な育児→子どもの情緒的・社会的・知的デプリベーション（deprivation）→学校での失敗→単純な仕事あるいは失業→社会的なデプリベーションを免れ得ない不十分な収入→不安定・不満足な結婚・家族生活→貧困な親、といったサイクルであり、また松本（2015）は、貧困の世代的再生産に関わる諸要因を、「親の貧困・不利（A）」「資源・不利の子どもへの移転（B）」「子どもの貧困・不利（C）」「地域の社会的条件と社会意識（D）」の4側面に整理し、それぞれの内実を明らかにしようと試み、AはDによってBが行われ、Cとなっていくという試論を展開している。AからDをそれぞれ以下のように説明している。「親の貧困・不利（A）」には、①雇用と所得、②健康状態、③社会参加と社会関係、④直面する不利・困難と社会資源が、含まれ、「資源・不利の子どもへの移転（B）」には、①家族における子育て・ケアの構造、②子育て・教育に投下しうる資源とその調達・編成、③教育・福祉・保健機関との関わり、④子育て観、が含まれる。「子どもの貧困・不利（C）」には、①子どもの健康と発達、②学校生活と学業達成、③活動・参加と友人関係、④選択可能性と進路が、含まれ、「地域の社会的条件と社会意識（D）」には、①雇用・労働市場の構造、②福祉・保健・教育行政の特徴と関連する社会資源、③住民の福祉意識と貧困観、子育て観、④地理的条件、が含まれるとした。そして、「地方都市」を対象に、総合的かつ集中的な地域調査を複数年にかけて、貧困の世代的再生産の構造を地域社会における生活と子育て様式、世代の再生産構造の中に位置づけて理解しようと取り組んでいる。ポイントは、Dであり「地方都市」に焦点化し、産業構造と労働市場、福祉行政と教育行政のあり方、福祉機関・施設、学校等の関係諸機関と住民との関わりを有機的に関連付けて把握しようというものである。この4側面の試論図は提示されているが、実証的に検証した構造図としての提示には至っていない。

同じく世代間継承に着目していた阿部（2007）は、社会的排除を科学的かつ客観的に計測し、社会的排除の実態を把握すること、社会的排除の諸側面（所得、社会関係、社会参加など）が、どのように関係しているのか初期的な分析を行うことで、社会的排除が、従来の所得ベースの貧困とは異なる事象であることを改めて確認し、研究者の課題は、過去からの不利が、どのような経路を通

って、現在の社会的排除に影響するのかを解明することであると主張した。その後、阿部（2012）は、世代間継承のメカニズムは教育（学歴）であるとし、子どもの置かれた社会経済階層によって学力や学歴達成に違いがあることは異存の余地がないとし、その後、自己肯定感に着目していった。貧困がどのように自己肯定感に影響するのか検討し、最も強力な仮説として学力を相関で示したが、親の学歴等の相関は学力ほど高くなかったこと、世帯の雇用形態や親の精神的不安定の要素やストレスに大きく関わると推測し、自己効力感にも影響すると仮説を立てたが証明に至らなかった（阿部 2015）。

松本（2015）の主張と同様に、地域の重要性を指摘したナンリン（NAN LIN 2000）は、中国文化において、ソーシャル・キャピタルとヒューマン・キャピタルはすべてではなく、中国人の発展は組織構造（田舎か都市か）によって制限されており、この点は非常に顕著であると述べている。

サメティほか（Sameti et al. 2012）は、貧困問題の発生原因として、主に個人的要因、文化的・近隣の要因、構造的要因の3つに分類できるとし、個人的要因にはヒューマン・キャピタルの要素が説明され、文化的・近隣の要因は貧困の文化と社会孤立をテーマとし貧困か成功するかは居住環境の影響に関わっているとし、構造的要因としては、経済的要因および社会的構造を貧困の原因とされているものとして説明している。貧困の定義として、金銭の貧困（Monetary Poverty）、能力の貧困（Capability Poverty）、社会的排除の貧困（Social Exclusion Poverty）の3つを挙げて、金銭貧困と能力貧困は個人の状況に注目し、社会的排斥は社会的構造の特徴と集団の構造を分析している。理論的枠組みと貧困の定義と測定モデルに基づいて、予測変数と様々な貧困対策との関連を示す概念的枠組みを利用している。ラダルチほか（Laderchi et al. 2003）は、貧困のタイプによって、貧困ラインの基準が異なるため、3タイプの貧困測定は同じ人を「貧困」と捉えないことがあり、3つの貧困測定を理解することは、貧困政策、プログラムの構築・分析に非常に重要であるとした。以上、複数の研究者は、多次元で貧困を測定する重要性、およびそれぞれの次元を区別することの重要性を結論付けているが、この3次元の関係については言及していない。

カルダルとパーツ（Kaldaru and Parts 2005）は、ヨーロッパの34か国のデータを用いて、社会的要素が経済発展に与える影響を検討した。その結果、ソーシャル・キャピタルとヒューマン・キャピタルは、経済発展に大きな影響を与

えていることが検証された。結果報告では、各要素間の関係が求められたが、それらの関係はモデルに反映されておらず、モデルが妥当（適合）かどうかについては説明されていない。すなわち、モデル分析が行われていない。

　王（2016）は、貧困を所得、文化資本、社会的関係、生活時間の4つの次元から捉え、それらの次元から成る多次元的貧困の指標を計測することで、日本の若年層の多様な貧困の実態とその決定要因について、個票データを用いた考察を行った。所得と「時間の貧困」はお互いトレード・オフの関係にあることを確認し、子どものいる世帯は、子どものいない世帯と比べ、時間不足に陥りやすいとした。「社会的関係の貧困」は低所得階層だけでなく、高所得階層においても、約15％のはく奪の状態にあることを示し、日本の場合、所得が高いことと、地域社会・友人とのつながりの深さは必ずしも明確に結びついていないとした。

　喜多と岸（2017）は、過去の500ほどの北海道データから親の教育歴よりも所得が幼児期の発達に影響することは示しているが、欧米の先行研究からの想定として社会経済的要因が育児ストレスや養育態度という媒介変数を経て発達の遅れや心理的・社会的行動の問題に影響すること仮説モデルとして示し、共分散構造分析は今後の課題にしている。

　以上の議論から、親と子ども双方の3つのキャピタルの欠如に地域性と時間という変数が検討されたり、あるいは経済的要因が子どもの発達に影響することも検討されたりしているが、いずれもモデルを実証的に示すまで到達していない。3つのキャピタルの欠如という視点でその関連と構造を明らかにするモデルを作成することは、今までに示されていなかっただけではなく、日常的に人々に意識化することを生み出し、第1章の冒頭に述べたように貧困対策にも、子どもの問題と親の問題が切り離されていかないためにも、有効ではないかと考える。

3　3つのキャピタルの欠如：親と子どもの関連

　本調査は、もともと3つのキャピタルの欠如の関連を明らかにするために、意識して調査項目を作成している。

親の経済的資本10項目、ソーシャル・キャピタル2項目、ヒューマン・キャピタル6項目、子どものソーシャル・キャピタル9項目、子どものヒューマン・キャピタル12項目の5つの潜在変数に対する項目変数[1]を研究者間で何度も会合を重ねて議論し、項目の値の再割り当てを行い、分析できるようにした（表3-1）。それらの項目を共分散構造分析において分析を行った。

結果、最終的に推定されたモデル（図3-1）について、適合度検定を行った結果、適合度指標について、推定されたモデルはデータと適合していることが示された（RMSEA = 0.041〈95% CI: 0.041 - 0.044〉, GFI = .980, AGFI = .970, CFI = .931, ECVI = 0.162）。

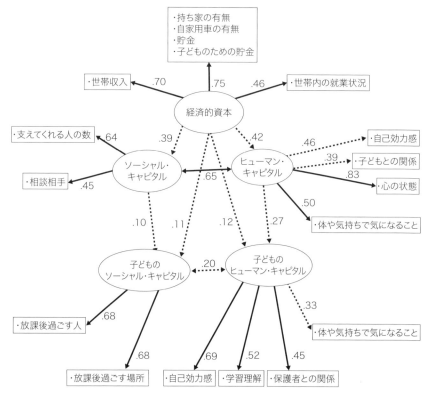

注：パス係数は変数項目間の関係性の強さを表し、実線は強い、点線は弱いことを示している。
分析：小林智之、図作成：山下剛徳

図3-1　3つのキャピタルの関係

親の経済的資本は、親のソーシャル・キャピタル、親のヒューマン・キャピタルに影響し、そして、それぞれが緩やかに子どものソーシャル・キャピタル、子どものヒューマン・キャピタルに、また親の経済的資本が直接的に緩やかに子どものヒューマン・キャピタルに影響する形でモデルが構築できた。

　これらの結果を見ると、経済的資本の欠如状態は、確実に親の頭痛や腹痛、不眠など身体不調や不定愁訴のような状況を生み出している。そして、親自身が生活を楽しんだりストレスを発散したりという心が安定する方向に至らず、自己効力感を低下させ、子どもへの信頼や会話、直接的な接触、将来の希望などと向き合うことが低下してしまうと言えよう。つまり、経済的資本が親のヒューマン・キャピタルに関連してしまう。

　本調査の結果を共有したある女性が、この調査結果はまさにその通りで、自身が母子家庭に育ち、母親が毎日職場と家の往復で忙しく仕事をしていることや身体が日常的に疲れている状態であり、特に厳しかったわけでも構ってくれなかったと思っていたわけでもないが、○○に行きたい、△△を買ってほしいとは言えなかった、と心のうちを語った。

　また経済的資本の欠如は、親自身が自分を支えてくれる人や相談相手がいるか否かというようなソーシャル・キャピタルの欠如に影響するという結果である。生活に余裕がないと周りの人との交流にも影響すると言えよう。このヒューマン・キャピタルとソーシャル・キャピタルの相互影響は最も高く、関連しあっていくと言えよう。つまり親が発散したりできるつながりを持っていないと、先の女性の話ではないが、体調不良へと向かう。3つのキャピタルの関連は明らかに見られた。しかしこの語った女性のように、子どもはそれを感じていても何もできない無力感になる。これらが少なからず子どもに影響するモデルがモデルとして有効に成立したという結果であった。

　ただし、子どもへの関連は大人の3つのキャピタルの関連ほど、つまり経済的資本の欠如が子どものヒューマン・キャピタルやソーシャル・キャピタルに強く影響しているわけではなかった。図3-1からわかるように、親の経済的状況が直接子どものヒューマン・キャピタルの欠如に影響するというよりは、大人のヒューマン・キャピタルの欠如を介して子どものヒューマン・キャピタルの欠如に影響すると言える。つまり経済的に厳しくなると、親の心の安定を含む体調不良や自己効力感の低下、子どもに向き合うこと自体の低下が起こり、

表3-1 項目変数の点数化

キャピタルの種類	該当する質問項目	点数
経済的資本	「持ち家を持っているかどうか（保護者問4)」、「車をもっているかどうか（保護者問5)」、「貯金ができているか（保護者問6-1)」、「子どものための貯金ができているか（保護者問6-3)」の4項目	1点：どれもあてはまらない 2点：1個あてはまる 3点：2個あてはまる 4点：3個あてはまる 5点：どれもあてはまる
	世帯内の就業状況（保護者問9）	1点：全員無業 2点：非正規が1人 3点：非正規が2人以上 4点：自営が1人以上 5点：正規が1人以上
	世帯収入（保護者問27-4）	1点：250万円未満 2点：250万円〜500万円未満 3点：500万円〜750万円未満 4点：750万円〜1000万円未満 5点：1000万円以上
ソーシャル・キャピタル	支えてくれる人の人の数（保護者問20）「いる」の該当数	1点：0個該当 2点：1個該当 3点：2個該当 4点：3〜4個該当 5点：5個以上該当
	相談相手（保護者問21） 設問肢1〜4を5点 設問肢5〜7を4点 設問肢8と11と15を3点 設問肢9、10、12〜14、16を2点として合計したもの	1点：9点以下 2点：10点〜19点 3点：20点〜29点 4点：30点〜39点 5点：40点以上
ヒューマン・キャピタル	子どもとの関係を合計したもの（保護者問14-1、14-2、14-4）	1点：4点以下 2点：5点〜6点 3点：7点〜8点 4点：9点〜10点 5点：11点以上
	心の状態を合計したもの（保護者問22-1、22-2、22-3、22-4）	1点：5点以下 2点：6点〜7点 3点：8点〜9点 4点：10点〜11点 5点：12点以上
	体や気持ちで気になることの該当数（保護者問23）	1点：4個以上 2点：3個該当 3点：2個該当 4点：1個該当 5点：0個該当
	自己効力感（保護者問26）	1点：8点以下 2点：9点〜11点 3点：12点〜14点 4点：15点〜17点 5点：18点以上

子どもの ソーシャル・ キャピタル	放課後過ごす人（子ども問12） 　選択肢1～2を2点 　選択肢3～6を3点 　選択肢7を1点 　として合計したもの	1点：2点以下 2点：3点～5点 3点：6点～9点 4点：10点～13点 5点：14点以上
	放課後過ごす場所（子ども問13） 　選択肢1～3を2点 　選択肢4～6と11～13を3点 　選択肢7～10を1点 　として合計したもの	1点：4点以下 2点：5点～10点 3点：11点～16点 4点：17点～22点 5点：23点以上
子どもの ヒューマン・ キャピタル	保護者との関係を合計したもの（子ども問10）	1点：58点以上 2点：46点～57点 3点：34点～45点 4点：22点～33点 5点：21点以下
	学習理解（子ども問15）	1点：わからない 2点：ほとんどわからない 3点：あまりわからない 4点：だいたいわかる 5点：よくわかる
	体や気持ちで気になることの該当数（子ども問21）	1点：12個以上 2点：9～11個該当 3点：6～8個該当 4点：3～5個該当 5点：2個i以下該当
	自己効力感（子ども問23）	1点：7点以下 2点：8点～11点 3点：12点～15点 4点：16点～20点 5点：21点以上

そのことが子ども自身の自己効力感の低下や学力低下を招いていくことが明らかになった。

　以上、3つのキャピタルの欠如が経済的資本を原点に、親と子どもに影響していくことを実証的に構造モデルとして示した。

4　モデル構築の意義と今後の課題

　この結果は、新しい知見とイメージされないかもしれない。しかし、先行研究で示したように、過去において構造を実証的にモデル構築した研究は見当たらない。イギリスのチャイルド・ポバティ・アクション・グループ（Child Poverty Action Group）において示されているが、実証的に明らかにした研究は

なく、実証的に示したことに意義がある。さらに、緩やかであってもそれぞれの関連を構造化した適合度のよいモデルとして提示できたことにある。つまり経済的資本の欠如が子どものヒューマン・キャピタルやソーシャル・キャピタルに関連するモデルを生成できたことに意義がある。

先行研究との関連では、青木（1997）や松本（2015）が指摘してきた貧困の世代的再生産の構造、阿部のいう世代間継承（2007）を実証的に説明しうるモデルとなった。さらに阿部（2012）は、貧困が世帯の雇用形態や親の精神的不安定の要素やストレスに大きく関わると推測し、自己肯定感にも影響することを述べているが、今回提示したモデルはまさに経済的資本の欠如が親のヒューマン・キャピタルの欠如に関連し、それが子どもの自己効力感に影響することを統計的に示した。

具体的にモデルの意味を現実の課題から2点とらえる。1点目は、表面的に見た場合、青木（1997）のいう、親の態度が「怠惰」「依存」といった言葉で代表されるような行動上の特徴や親に貧困のサイクルの責任を帰結させる構図になって問題家族という把握へ議論を収斂させてしまったこと、を解消するためにも実証的データに基づくモデルを提示したことは意義がある。今後、表面的に見える問題家族の構図を自己責任論にせずに、必ず背景に経済的資本の欠如をセットとして検討すること、こうセットすることで経済的資本の欠如を「家庭の問題だから」と済まさずに教育や保育など子どものヒューマン・キャピタルやソーシャル・キャピタルに関わる部署で自分たちの課題として検討する必要があることを示した。

2点目は、子ども自身は、経済的資本の欠如から影響した親の不調や自己効力感を高く持てない状況が、子どもの学習理解や健康、自己効力感に影響してしまうことから、経済格差をどのように是正し、親がコンプレックスを持たずにストレスなく生活ができる社会を形成するのか、それは子どもの学力などヒューマン・キャピタルにも影響する喫緊の課題であると言えよう。

多次元で貧困を測定する重要性（Sameti et al. 2012）や経済的資本とソーシャル・キャピタル、ヒューマン・キャピタルの3つが貧困の重要な要因である（Kaldaru and Parts 2005）とまでは示されていたが、さらにそのモデルを適合する形で示せたことになる。王（2016）の指摘する高所得階層において地域社会・友人とのつながりの深さは必ずしも明確に結びついていない点についても、

モデル図からソーシャル・キャピタルが3つのキャピタルの関連では最も強くないという結果も同様であった。

以上、モデルを示したことで、子どもに直接関わる教員や保育者にとっても「家庭の問題だから」という認識で親だけの問題にすり替えず、子どもに直接影響することを忘れてはならない。また親に関わる援助職にとっても子どもへの影響をもたらすことを認識し、経済的格差の是正、親のヒューマン・キャピタルへのアプローチが、子ども支援の視点からも無視できないことを示せたと言えよう。

▶注
1 親への質問項目28項目、子どもの質問項目27項目のうち、親の経済的資源10項目、親のソーシャル・キャピタル2項目、親のヒューマン・キャピタル6項目、子どものソーシャル・キャピタル9項目、子どものヒューマン・キャピタル12項目と分類された。基本は行政の調査であり、行政と共同して項目作成も議論し、どうしても調査中心志向ではないため、項目間の対等な数にはならなかった。さらに直接の項目（観測変数）には測りたい潜在変数が重なりあっている。分類はあくまでも分類であって、項目の妥当性の検討を行い、適合を見ながら、5つの潜在変数に対する項目変数を確定した（表3-1）。

▶文献
阿部彩（2007）「日本における社会的排除の実態とその要因」『季刊・社会保障研究』43〔1〕（27〜40頁）
阿部彩（2012）「『貧困の連鎖』の経路――『公正』な格差と『不公正』な格差はあるか」一橋大学
阿部彩（2015）「子どもの自己肯定感の規定要因」埋橋隆文・矢野裕俊編著『子どもの貧困／不利／困難を考えるⅠ――理論的アプローチと各国の取り組み』ミネルヴァ書房（69〜96頁）
青木紀（1997）「貧困の世代的再生産」庄司洋子・杉村宏・藤村正之編『貧困・不平等と社会福祉』有斐閣（129〜147頁）
Helje Kaldaru and Eve Parts (2005). *The Effect of Macro-level Social Capital on Sustainable Economic Development*, Tartu University Press.
喜多歳子・岸玲子（2017）「社会経済要因の影響――②認知／行動発達」『公衆衛生』81巻1号（79〜84頁）
Laderchi, C. R., Saith, R., and Stewart, F. (2003). Does it matter that we do not agree on the definition of poverty? A comparison of four approaches. *Oxford development studies*, 31(3), 243-274.
松本伊智朗（2015）「地方都市における生活・子育てと貧困の世代的再生産に関する実証的研究(1)：特集の趣旨と研究の目的」『教育福祉研究』〔20〕（11〜14頁）

NAN LIN (2000) Understanding the Social Inequality System and Family and Household Dynamics in China, Entwisle, B., Henderson, G., and Henderson, G. E. (Eds.). *Re-drawing boundaries: work, households, and gender in China* (Vol. 25). Univ of California Press.

王瑋(2016)「若年層における多次元的貧困の要因——JSHINEデータによる分析」『経済論究』〔154〕(41 ～ 57頁)

Sameti, M., Esfahani, R.D., and Haghighi, H.K. (2012). Theories of Poverty: A Comparative Analysis. *Kuwait Chapter of Arabian Journal of Business and Management Review*, 1(6), February 2012: 55-56.

第2部
貧困の諸相
生活上のニーズに着目して

第4章

所得格差と貧困

Ⅰ　所得と労働…所　道彦
Ⅱ　住　宅…　　嵯峨　嘉子

I 所得と労働

　この章では、子どもの貧困の直接的な原因である所得と雇用の問題を取り上げる。研究のフレームワークでも述べたように、3つのキャピタルの欠如として貧困を捉えた場合に、経済的なキャピタルの問題は、他の2つのキャピタルの問題へと波及していく可能性が高い。調査結果を概観しながら、この点を確認しておく。

1　所得・世帯・雇用の状況

1-1　所得の分布

　本書の冒頭で述べた通り、本調査では、質問項目として世帯の所得を含めており、それらから、世帯人数を勘案した等価可処分所得を算出した。等価可処分所得の分布は図4-1-1の通りである。

　大阪府内全自治体における等価可処分所得の中央値は255万円となっており、相対的貧困率は14.9％となっている。厚生労働省の全国データによれば、2015（平成27）年における子どもの貧困率は13.9％で、等価可処分所得の中央値は、244万円であった。

1-2　世帯構造と所得

　等価可処分所得の格差の背景には何があるのか。まず、本調査の結果からは、所得格差による階層分類である「困窮度」は、世帯の構造と関係していることが示されている。例えば、困窮度Ⅰの層では、母子世帯が半数以上を占めている（図4-1-2）。母子世帯の経済的困窮が、子どもの貧困問題の中核となっていることがうかがえる。これまでも、子どもの貧困問題と母子世帯との関係は繰り返し指摘されてきたが（阿部 2008など）、今回の調査は、これらの指摘を裏付けるものと言える。

第 4 章 所得格差と貧困

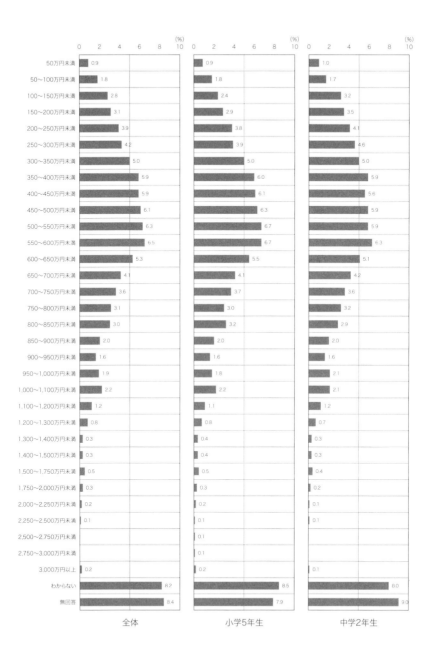

図 4-1-1　等価可処分所得の分布

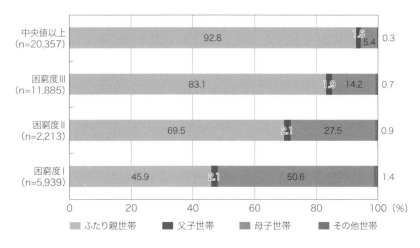

図4-1-2　困窮度別にみた世帯構造

1-3　雇用形態と所得

次に、雇用形態と所得分布の関係について見ておきたい。雇用形態が、所得の状況に関係していることが予想される。本調査では、父母あるいは主たる生計者に正規が含まれれば「正規群」（問9選択肢1）、父母あるいは主たる生計者に自営が含まれれば「自営群」（問9選択肢4）、父母あるいは主たる生計者に非正規が含まれれば「非正規群」（問9選択肢2、3）、誰も働いていなければ（問9選択肢6、7）「無業」、上記以外が「その他」として、集計を行った。困窮度別に雇用形態を見ると、困窮度が深刻化するにしたがい、「正規群」の割合が低くなり、「自営群」・「非正規群」の割合が高くなっている。中央値以上の世帯における「正規群」が90.2％なのに対して、困窮度Ⅰ群においては、「正規群」の割合は、35.5％にすぎない。一方、困窮度Ⅰ群においては、「非正規群」の割合が33.7％、「自営群」の割合が23.2％を占めている（図4-1-3）。

近年の非正規雇用の拡大が貧困問題を深刻化させているという点は、これまでにも、メディアなどでもよく指摘されてきた。本調査においても経済的基盤の弱い世帯には、非正規雇用の占める割合が高いことが確認された。一方、自営業の経済的状況については、非正規の問題と比較して注目されてきたとは言えない。所得の考え方について議論の余地はあるものの、自営業であることが、

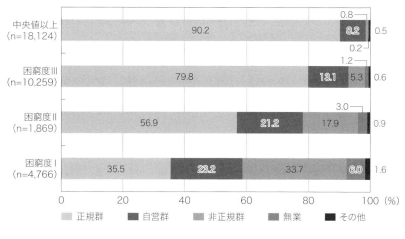

図4-1-3　困窮度別にみた雇用形態

経済的な困窮状況を見えにくくしている可能性もあり、今後、詳細な検討が必要と言える。

　なお、現在、高度経済成長期のいわゆる「専業主婦モデル」の核家族を前提にした社会保障制度からの脱却が進められている。社会の実態として、女性の社会進出は進み、共働き世帯が、社会の中で主流となってきた。今回の調査でも、所得階層が低い層では、非正規雇用が多いことが示されているが、さらに夫婦の就労状況について、「正規と正規」「正規と非正規」「非正規と非正規」「正規と無職」「非正規と無職」「無職と無職」という組み合わせなどについて細かい分析が必要である。

　所得階層にかかわらず、母親の稼働所得は、世帯全体の経済状況を改善するうえで重要であるが、同じ共働きであっても、上記の組み合わせによって、所得水準は大きく異なることが考えられる。また、共働きを行うための、支出の面（保育サービスの費用など）にも目を向ける必要がある。また、母親の就労によって、収入が増加するとしても、その分、育児の時間が減少することが予想される。低所得層の母親の仕事時間が長く、育児時間は、短いことを指摘されている（室住2015：159）。雇用形態と子どもに関わる時間の問題は重要なテーマである。

1-4　困窮世帯の就業：学歴との関係

　親が就労する場合、どのような雇用形態となるかは、本人の技術、資格、能力などにも左右される。

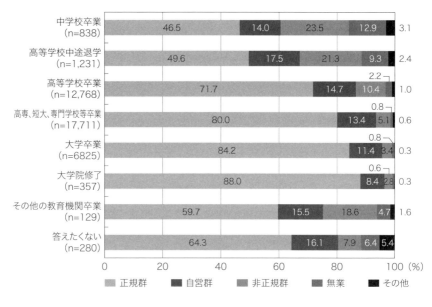

図4-1-4　学歴と雇用形態

　正規、非正規などの雇用形態は、学歴とも関連している。上記の図4-1-4が示すように、高専、短大、専門学校卒以上では、正規群の割合が、80％を超える一方、高等学校中退以下では、50％以下となる。改めて指摘するまでもないが、貧困の連鎖を考えるうえで、親の学歴は重要な点である。

第4章 所得格差と貧困

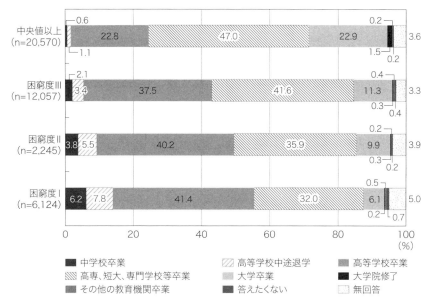

図4-1-5　困窮度別にみた母親の最終学歴

　母親の最終学歴と所得階層との関係を示したものが上記の図4-1-5である。中央値以上の層では、母親の学歴について、大卒の割合が高いことがわかる。

　学歴によって雇用の選択の幅が異なるなど雇用のマッチングは家計の状況を左右することが考えられる。

1-5　ワーキングプアと子どもの貧困

　今回の調査では、中央値以下の世帯においても、「無業」の世帯の割合が少なかった点に注意したい（図4-1-3前出）。困窮度Ⅰの群においても、無業の割合は、6％に過ぎない。「親が働いているにもかかわらず経済的に困窮している」という点が、現在の子どもの貧困問題の特徴と言える。今回の調査では、「日本は、親の失業率の低さとは裏腹に、子どもの貧困率が高い国である。言い換えれば、親は就業しているが、その就業から得られる収入があまりにも低く、また、政府からの経済的支援もあまりにも少なく、子どもたちが貧困に陥っている状況にある（室住 2015：152）」という先行研究の指摘を、裏付ける結果となった。

2 家計状況

2-1 貯蓄の状況

　家計状況の実態で、最も重要な点は、家計が黒字かどうかである。本調査では、これを、「貯蓄」の状況を質問することで確認した。一般に、中学生以下の子育て世帯の場合には、親（雇用者）の年齢層は年功給のシステムが残存している日本の正規雇用の場合は、賃金カーブのピークの手前である。また、子育て（家庭）環境の充実を図る時期でもあり、住宅の取得など、住宅ローンを支払いつつ資産形成が図られることもある。ライフサイクルと家計という点では、余裕のある時期とは言えない。それでも、中央値以上の世帯では、77.7％の世帯が貯蓄をしていると回答している（図4-1-6）。

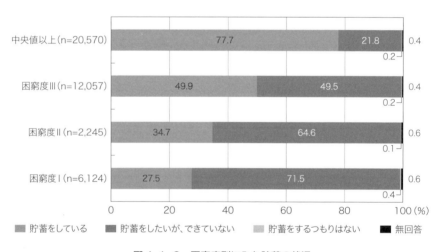

図4-1-6　困窮度別にみた貯蓄の状況

　また、所得階層が下がるに従い、貯蓄ができている世帯の割合は大幅に低下する。困窮度Ⅰ群では、貯蓄ができている世帯は、27.5％に過ぎない。

2-2 家計収入と社会保障制度

　経済的に困窮するひとり親世帯の家計にとって、児童扶養手当は極めて重要な支援となる。中央値未満の所得階層では、児童扶養手当の受給世帯の割合が半数を超え、困窮度Ⅰ群では、76％に達することが、本調査から明らかになった（図4-1-7）。

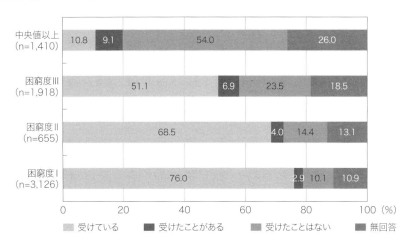

図4-1-7　困窮度別にみた児童扶養手当の受給状況（ひとり親世帯）

　しかしながら、同じ困窮度Ⅰ群において、残りの約25％が、児童扶養手当を受給していないという点に注目する必要がある。今回の調査では、受給していない理由について、質問していないため、推測するしかないが、一般に、所得制限付きの社会保障給付における低い捕捉率の背景には、制度が周知されてない、手続きが煩雑、あるいは、スティグマの問題などがあると考えられている。経済的な貧困状況を緩和するためには、直接的な経済支援の役割は極めて大きく、制度へのアクセスを改善するためのさらなる調査が必要と言えよう。

2-3　養育費

　ひとり親世帯にとって、社会保障給付と並んで重要な収入が、養育費である。子どもの貧困問題が、家族形態的には、ひとり親世帯に集中していることを考えると、養育費の状況を把握しておくことが重要と言える。今回の調査結果か

らは、所得階層が低くなるにしたがって、養育費を受ける世帯が増えることが確認できる。しかしながら、その割合は、困窮度Ⅰ群でも、12.2％にすぎない。中央値以上のひとり親世帯では、養育費を受けている世帯の割合は、8.8％である（図4-1-8）。

ところで、困窮度が深刻化するにしたがって、養育費を受け取る割合が増すことは、必ずしも当然のこととは言えない。養育費の支払い状況の背景には、家族ごとの複雑な状況が存在し、前の配偶者（おそらく大多数は男性）の家計状況にも左右されるからである。前の配偶者の家計状況が、ひとり親世帯の家計状況とほぼ同等であった場合、家計上の余裕がないことから、養育費の支払いが困難な場合もある。

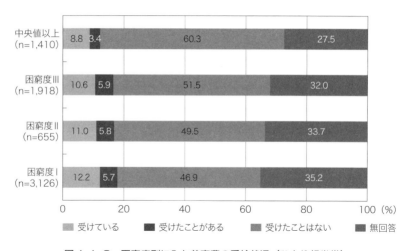

図4-1-8　困窮度別にみた養育費の受給状況（ひとり親世帯）

3　所得階層と社会生活

3-1　所得階層とはく奪指標（経済的理由による社会生活の制約）の関係①

所得階層の分布（困窮度）とはく奪指標との間には、どのような関係があるのか。家計上は、所得だけで生活のゆとり（あるいは困窮）の度合いを測るこ

とはできない。当然のことながら、支出が所得を上回るのであれば、家計は立ち行かなくなる。たとえ、高額所得者であっても困窮することはありうる。経済上の困窮の度合いを明確にしようとするならば、個々の家計を調査しなければならないが、数千人単位で、子育て世帯の消費支出の実態（何にいくら支出したのか）を、一定期間調査することは難しい。

今回の調査票における、はく奪指標関連の質問は、「経済的事情により消費行動に制約がかかった経験の有無」を問うものであり、消費支出の実態を把握するものではない。それでも、消費の面を視野に入れている点で、所得格差のみによる貧困実態の把握と比べて、より生活実態に接近していると捉えることもできよう。

はく奪指標の質問項目に対して、「該当する」という回答の数の平均値を、所得階層別に算出したものが下記の図4-1-9である。予想されたことではあるが、所得階層が低くなるにしたがい、経済的な理由による社会生活の制約が増すことになる。生活上のニーズの観点から、「公共料金の滞納」と「レジャーの制約」を同列に扱うことはできないことは言うまでもないが、それでも、はく奪指標の該当数をカウントすることによって、生活の困窮度を簡便に計測することも考えられる。

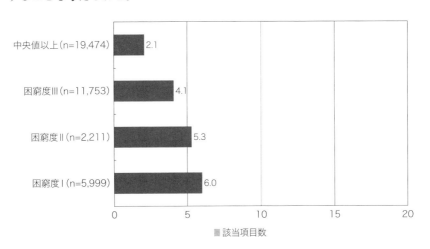

図4-1-9　困窮度別にみたはく奪指標の該当項目数（平均値）

ただし、これらはあくまで経済的困窮の結果の一部であること、はく奪の状況を改善していくことは、必ずしも経済的な貧困問題の解決を意味することにはならない点に注意したい。

3-2　所得階層とはく奪指標（経済的理由による社会生活の制約）の関係②

ところで、はく奪指標（経済的理由で生じた生活上の困難についての質問項目）は、現在の日本社会において、「通常であれば可能な生活」を基準に設定したものである。この水準以上の生活ができていれば、「どれにも当てはまらない」という回答となるはずであるが、所得階層（困窮度）によって、その割合は大きく異なっており、中央値以上の層で38.5％に対して、困窮度Ⅰの群では7.2％となっている（図4-1-10）。

一方、困窮度が深刻化するにしたがい生活面での困難の経験は増す傾向にあり、困窮度Ⅰの群では、「電気・ガス・水道などが止められた」という回答が7.3％、「家賃や住宅ローンの支払いが滞ったことがある」は11.7％、「電話など通信料の支払いが滞ったことがある」は13.1％となっている。中央値以上の群では、これらの回答の割合は、1％程度かそれ以下であり、所得格差が、生活面で大きな格差につながっていることが確認できる。

さらに、所得格差は、親の心理的な面にも影響している。「生活の見通しがたたなくて不安になったことがある」という回答は、中央値以上の群が7.8％であるのに対し、困窮度Ⅰの層では43.9％となっている。

次に、図4-1-11が示すように世帯の経済状況は、子どもの生活にも影響を与えていることが確認できる。困窮度Ⅰの群では、「子どもを医療機関に受診させることができなかった」という回答が4.2％、「子どもの進路を変更した」が、困窮度Ⅰの群で4.6％となっている。中央値以上の群では、こういったことを体験している世帯は1％以下であり、子どもを取り巻く状況の格差が示されていると言える。特に、所得格差が、学習面での機会の差となって現れることが示されている。「子どもを習い事に通わすことができなかった」が、中央値以上の群で3.6％に対して、困窮度Ⅰの群では28.8％、「子どもを学習塾に通わすことができなかった」が、中央値以上の群で4.3％に対して、困窮度Ⅰの群では27.0％と、大きな差となっている。学力などヒューマン・キャピタルの面で子どもの将来に影響を与えることが予想される。

第4章 所得格差と貧困 —— 75

図4-1-10 困窮度別にみた社会生活の制約（はく奪指標）

76 ─── 第2部 貧困の諸相 生活上のニーズに着目して

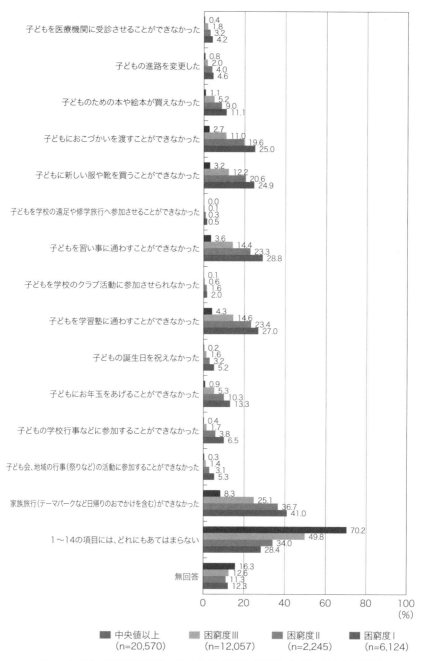

図4-1-11 困窮度別にみた社会生活の影響（子どもの生活とはく奪指標）

同様に、学校外での子どもの多様な「体験」の有無は、子どものヒューマン・キャピタルの形成に影響を与えることが予想される。調査結果では、所得階層群によって体験に格差があることが示された。例えば、「家族旅行（テーマパークなど日帰りのおでかけを含む）ができなかった」という回答は、中央値以上の群で8.3％に対して、困窮度Ⅰの群では41.0％に達している。

さらに、所得格差が、学校行事や地域行事への参加にも反映されている可能性が示唆されている。その一方、「どれにも当てはまらない」が、中央値以上の群では70.2％に達している。子どもに対して困難なく資源や機会が提供できている世帯も多数いるという点にも留意する必要があるだろう。

4 まとめ：所得と雇用

本章では、調査結果について、所得と雇用の面から考察してきた。なお、本章では、単純集計とクロス集計を簡単にまとめたもののみ紹介することとし、データの詳細な分析については改めて別の機会に示すこととしたい。

今回の調査からは、改めて所得格差の背景には、非正規雇用や母子世帯を取り巻く問題があることが示唆されている。母子世帯の貧困問題の理解として、「女性の貧困」問題があることはよく知られており、男性稼ぎ主モデルに起因する構造的な貧困問題であると指摘されてきた（赤石 2014）。母子世帯の貧困が深刻化する理由としては、労働市場への参加（再参加）が困難であること、子育てと両立させる形での就労が難しいこと、子育てを代替するサービス（保育サービス）の利用が難しいことなどが予想できる。また、母子世帯の困窮の背景には、非正規雇用の問題があるとされる（阿部 2008）。今回の調査結果も、これらの指摘と同じ結果を示すものである。

先述の通り、所得格差とはく奪指標との間には、所得が低い層ほど、消費生活に制約がかかるという傾向を見て取ることができた。ただし、はく奪指標だけで、貧困を議論することには、少し慎重になる必要があるだろう。まず、問題の出発点は、所得が少ないという点にあることを確認する必要がある。所得と関連させずに、はく奪指標だけを議論すれば、貧困問題を単なる「家計のやりくり論」に矮小化してしまう危険性がある。「公共料金の減免」「社会サービ

スの無償化」「ボランティアによる社会参加の支援」など、家計面からみれば、困窮状況を改善するうえで、大きな助けとなることは間違いない。しかし、そもそも、所得の水準が高ければ、多くの問題は回避できるはずである。支出面での手当てだけを論じるのであれば、所得格差を生み出す構造、日本社会における労働市場・社会構造の問題を無視することになる。原因を放置したままで、子どもの貧困問題を解決することはできない。

▶文献

阿部彩（2008）『子どもの貧困――日本の不公平を考える』岩波書店
赤石千衣子（2014）『ひとり親家庭』岩波新書
室住眞麻子（2015）「子どもの貧困と母親の就業」埋橋孝文・大塩まゆみ・居神浩編著『子どもの貧困／不利／困難を考えるⅡ――社会的支援をめぐる政策的アプローチ』ミネルヴァ書房
厚生労働省（2018）国民生活基礎調査（平成28年）　https://www.mhlw.go.jp/toukei/saikin/hw/k-tyosa/k-tyosa16/dl/03.pdf

Ⅱ 住 宅

1 子どもの生活環境としての住宅

　本節では、「住宅」の側面から子どもおよびその世帯の生活実態の特徴を明らかにする。住宅は、子どもおよびその世帯が日常生活を送る基礎的な生活・家庭基盤の重要な一要素という意味とその世帯の経済状況を示す「資産（ストック）」という2つの意味を有する。

　まず、住環境の観点から見る。住宅の所有形態を見ると（図4-2-1）、持ち家率が74.5％、次いで民間賃貸住宅が16.0％となっている。大阪府のデータ（『平成25年住宅・土地統計調査』）では、持ち家が54.2％、民間賃貸住宅31.8％となっており、本調査対象者である小学・中学生がいる子育て世帯では、他の家族類型に比べて持ち家率が高くなっていると言える。子どもの学年が上がるにつれて子ども専用の個室を設ける必要性からより広い住環境が必要となるため持ち家率が上がると予想されたが、本調査結果においては、小5で75.2％、中2で73.7％と、わずかであるが逆に1.5ポイント下がる結果となった（表4-2-1）。

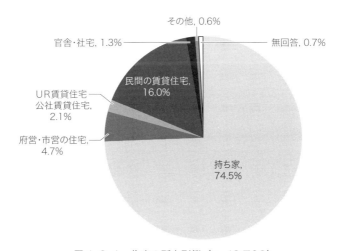

図4-2-1　住宅の所有形態（n=49,703）

表4-2-1 学年別住宅の所有形態

			問4 あなたの住居は、次のどれにあてはまりますか							合計
			持ち家	府営・市営の住宅	UR賃貸住宅・公社賃貸住宅	民間の賃貸住宅	官舎・社宅	その他	無回答	
学年	小学生	度数	19810	1101	552	4148	386	161	184	26342
		%	75.2%	4.2%	2.1%	15.7%	1.5%	0.6%	0.7%	100.0%
	中学生	度数	17193	1224	496	3791	280	159	180	23323
		%	73.7%	5.2%	2.1%	16.3%	1.2%	0.7%	0.8%	100.0%
合計		度数	37003	2325	1048	7939	666	320	364	49665
		%	74.5%	4.7%	2.1%	16.0%	1.3%	0.6%	0.7%	100.0%

　子ども部屋があるかという設問では、あると回答した割合は、学年別に見ると、小5で70.7％、中2で77.5％と6.8ポイント増加している。子ども部屋の有無を住宅の所有形態別に見ると（図4-2-2）、子ども部屋がある世帯は、持ち家で78.1％と最も高く、次いで、官舎・社宅71.4％、府営・市営住宅63.7％、UR賃貸住宅・公社賃貸住宅63.6％、民間の賃貸住宅60.3％となっている。現在の住宅市場において、限られた所得で支払い可能な住宅を探そうとすれば、狭隘(きょうあい)さには目をつぶり、負担可能な家賃に相応する住宅を選択せざるを得ない状況が示されている。

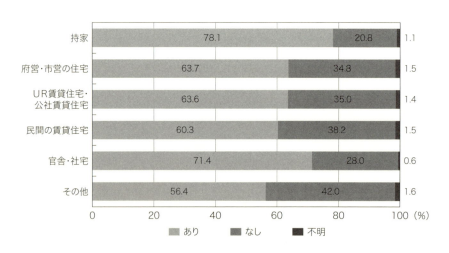

図4-2-2　住宅の所有状況別　子ども部屋の有無

また、子ども部屋の有無を困窮度別に見ると（図4-2-3）、子ども部屋がある割合は、中央値以上群で79.0%と最も高く、困窮度Ⅲ群72.4%、困窮度Ⅱ群67.5%、困窮度Ⅰ群で65.3%と、困窮度が高まるにつれて子ども部屋の保有率が低下することが明らかとなった。特に、生活保護利用世帯では子ども部屋の保有率が54.3%と低く、困窮度Ⅰ群の保有率よりもさらに11.0ポイント下回る結果となった。最低生活保障の観点から、住宅扶助基準と住環境の質が検討されるべき点として挙げられる。

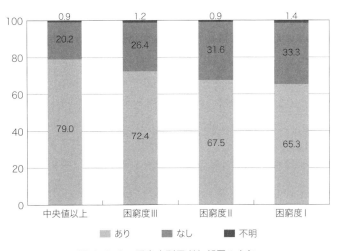

図4-2-3　困窮度別子ども部屋の有無

2　世帯の経済状況と住宅の所有形態

住宅の所有形態を世帯所得別に見ると（図4-2-4）、200万円未満世帯では、持ち家が41.1%、次いで、民間賃貸住宅35.7%、公営（府営・市営）住宅16.3%となっている。200万円以上550万円未満世帯では、持ち家71.6%、民間賃貸住宅18.0%、公営住宅6.0%となっている。550万円以上世帯では、持ち家87.1%、民間賃貸住宅8.5%となり、世帯所得を反映して、高所得階層ほど持ち家率が高くなっている。

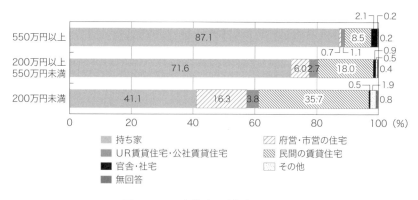

図4-2-4　世帯所得別住宅の所有形態

　前年1年間の家計の状況について、住宅の所有形態別にみると（図4-2-5）、「赤字である」と回答した割合は、府営・市営住宅で42.8％と他の住宅の所有形態に比べ最も高い。「民間賃貸住宅」においても36.9％を占めている。

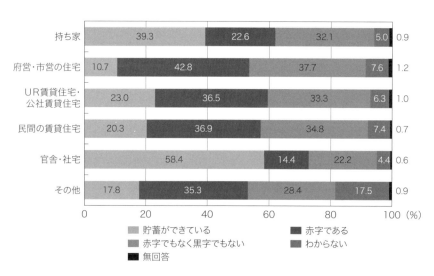

図4-2-5　住宅の所有形態別　家計の状況

　過去半年の間に、「家賃や住宅ローンの支払いが滞ったことがある」と回答した割合は、「府営・市営住宅」で13.9％、「UR賃貸住宅・公社賃貸住宅」で

10.6%、「民間賃貸住宅」で9.0%を占めている。

　公営住宅の場合、入居要件には所得要件があり、通常の民間賃貸住宅に比べ、家賃の減免もあり家賃額は低額に設定されている。住宅にかかる経費が軽減されていると言えるが、家計全体の状況は、他の所有形態に比べて厳しい状況となっている。このことは、経済的な補塡の必要性が、住宅費用部分だけではなく生活費全般にあることを示していると言える。他方で、持ち家であっても、住宅ローン返済中であれば当然のことながら月々の返済が求められることになる。持ち家層においても家計が赤字と回答している割合が一定数（22.6%）いることに留意が必要である。

3　政策的課題

　子育て世帯においては、子どもの年齢の低い段階から持ち家取得の傾向が見られた。しかし、教育費等や住宅ローン等の圧迫から家計の厳しさが一定数明らかとなった。とりわけ、困窮度が高い世帯においては、子ども部屋の保有率は低くなり、子どもの学習環境に与える影響が示唆された。住宅の所有形態別に見ると、公営住宅および民間賃貸住宅の赤字率の高さが3〜4割を超え、公的な家賃補助等による所得保障の必要性が示された。

▶ 文献

大阪府（2017）『平成25年住宅・土地統計調査』http://www.pref.osaka.lg.jp/toukei/25jucho/25jucho-5shoyuu.html

第5章 生活と貧困

- I ひとり親世帯の子どもおよび親の生活… 嵯峨 嘉子
- II 日常に見る子どもの生活… 山野 則子
- III 外国につながる子どもの生活… 山下 剛徳・酒井 滋子

I ひとり親世帯の子どもおよび親の生活

　本章では、子どもがいる家族のかたちに着目し、とりわけ貧困リスクが高いとされる「ひとり親」世帯の子どもおよび世帯の特徴を明らかにする。政府が公表する相対的貧困率（2015年）でみると、ひとり親世帯は50.8％とOECD諸国の中でも突出して高くその貧困リスクの解消が喫緊の課題となっている。世帯の中で、ひとりの親が単独で子育ておよび就労の両立を求められるという点で、母子世帯および父子世帯ともに共通の生活課題を有する。一方で、労働市場およびジェンダー役割の観点から、とりわけ母子世帯が社会的不利を負っていることもすでに先行研究で明らかである。

　本章では、子ども（調査対象である小5あるいは中2）と、ひとり親およびその他の世帯員（祖父母やその他の子ども等）から構成される世帯を「ひとり親世帯」として分析対象とする。「国勢調査」では、核家族世帯のうち未婚、死別又は離別の女親又は男親とその未婚の20歳未満の子どものみからなる一般世帯を母子世帯又は父子世帯として定義している。また、厚生労働省が実施している全国ひとり親世帯等調査では、母子世帯の定義を父のいない児童（満20歳未満の子どもであって、未婚のもの）がその母によって養育をされている世帯と定義している。本調査では、調査対象者の子どもの兄姉の年齢が20歳以上である場合、また祖父母と同居している場合も「ひとり親世帯」に含んでおり、官庁統計の諸定義と異なることに留意されたい。

1 世帯の状況

　本調査では、学年別にみると、ひとり親世帯（母子および父子世帯）の割合は、小5で16.5％、中2で19.8％と学年があがるにつれ、ひとり親世帯の割合が3.3ポイント上昇している（図5-1-1）。ひとり親世帯を100としたとき、母子世帯の割合は、小5で90.7％、中2で90.1％とひとり親世帯の9割を母子世帯が占めている。また、祖父母との同居率（図5-1-2）は、母子世帯で12.6％、

父子世帯で24.5%と父子世帯のほうが母子世帯に比べ約2倍となっている。

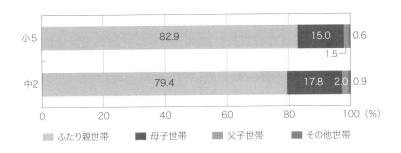

図5-1-1　学年別世帯類型

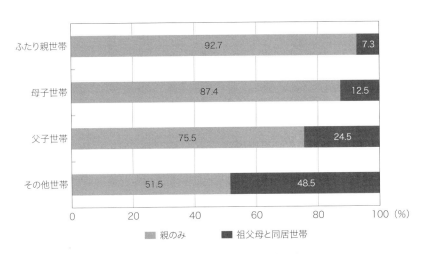

注：その他世帯の親のみの数値は、祖父母以外の世帯員との同居を示す。

図5-1-2　世帯類型別　祖父母との同居率

2 ひとり親世帯の経済状況

2-1 世帯所得

世帯所得を見ると（図5-1-3）、200万円未満の割合は、母子世帯で4割を超える高さとなっている。ふたり親世帯では、550万円以上の割合が51.7％と過半数を超えるのに対して、母子世帯では、12.9％にとどまっている。父子世帯では、550万円以上世帯の割合が33.4％あるものの、200万円未満世帯が12.0％と、ふたり親世帯の割合の約3倍の高さとなっている。

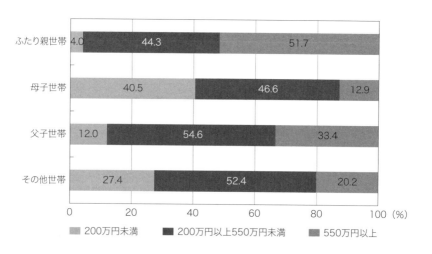

図5-1-3　世帯類型別世帯所得

2-2 困窮度別割合

次に、世帯員の世帯規模を調整した等価可処分所得で見ると（図5-1-4）、困窮度Ⅰ（中央値の50％未満）の割合は、ふたり親世帯6.9％であるのに対して、母子世帯で37.9％、父子世帯で14.6％、その他世帯23.3％となっている。

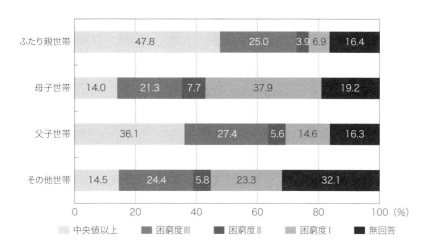

図5-1-4　困窮度

2-3　家計の状況および経済的な理由による生活困難の経験

　前年の家計の状況は、「赤字である」と回答した割合（図5-1-5）は、母子世帯で38.7％と他の世帯類型と比べて最も高い。次いで、その他世帯31.8％、父子世帯30.3％となっている。

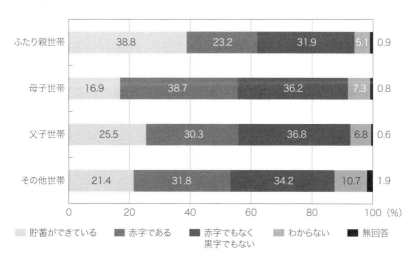

図5-1-5　家計の状況

第2部　貧困の諸相　生活上のニーズに着目して

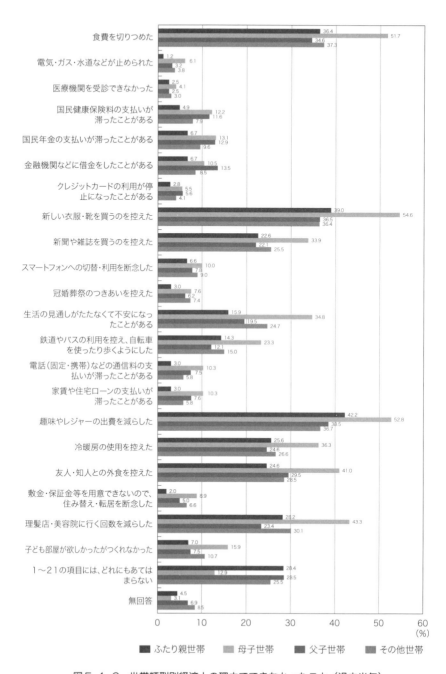

図5-1-6　世帯類型別経済上の理由でできなかったこと（過去半年）

過去半年の間に、経済上の理由でできなかったこと（図5-1-6）では、特に母子世帯における経験の高さが特徴的である。例えば、「食費を切りつめた」経験は、母子世帯の51.7％が経験している。同様に、「新しい衣服・靴を買うのを控えた」項目も54.6％の世帯が該当した。生活上必要な「電気・ガス・水道などが止められた」経験も6.1％存在し、他の世帯類型に比べて、経済的な理由による生活困難を経験していることが確認された。

2-4 就労状況

就労の状況は、特に母子世帯において、正規群の割合の低さ、非正規群の高さが目立つ（図5-1-7）。

就労率そのものは、母子世帯でも困窮度にかかわらず95％前後となっている（表5-1-1）。2016年厚生労働省の「ひとり親世帯等調査」結果では、母子世帯の母の就業率は81.8％であり、厚生労働省調査に比べ、本調査での「母子世帯」の母親の就労率は、約13ポイント上回っている結果となった。

母子世帯に限定して困窮度別にみると（表5-1-1）、困窮度が高くなるほど母親の正規の割合は減少している。中央値以上群で正規の割合は47.1％であるのに対し、困窮度Ⅰ群では19.2％と2割に満たない。また、アルバイトや非正規などを2箇所以上でしている割合は、中央値以上群では2.9％であるのに対

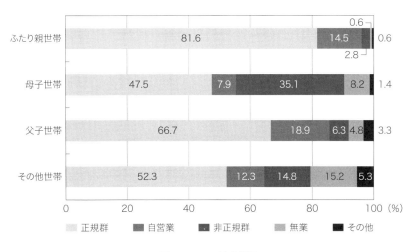

図5-1-7　就労状況

表5-1-1 母子世帯における母親の就労状況

	困窮度Ⅰ	困窮度Ⅱ	困窮度Ⅲ	中央値以上
就労率	96.3	94.9	96.7	95.2
うち、正規の割合	19.2	35.5	48.9	47.1
非正規・2つ以上	8.7	6.9	5.3	2.9

して、困窮度Ⅰ群では8.7％と高くなっている。アルバイトや非正規などの就労形態では所得が不十分のため、その所得の減少をダブルワークで補填しようとしていると推測される。日本の母子世帯の母親の大多数がすでに就労しており、就労していながら貧困の状態（ワーキング・プア）にあることが浮き彫りになった（マジェラー・キルキー 2005）。ひとり親世帯は、子どものケアと就労をひとりの親が担わざるを得ず、子どものケアと就労との問題（時間の貧困）の問題が指摘されている（藤原 2017；田宮 2018）。

2-5 住宅の所有状況

住宅の所有状況では、世帯類型によって差異が見られる（図5-1-8）。ふた

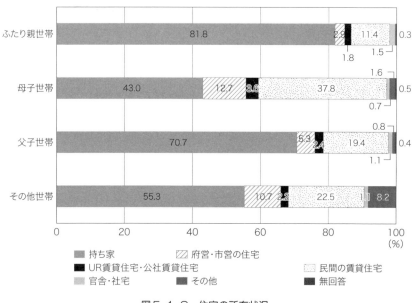

図5-1-8 住宅の所有状況

り親世帯では、持ち家が8割を超えている。同じひとり親世帯でも母子世帯と父子世帯によって差が見られ、父子世帯では持ち家率は7割に達しているのに対し、母子世帯では約4割となっている。母子世帯では、府営・市営等の住宅が12.7%と一定数あるものの、4割弱は民間賃貸住宅となっている。母子世帯における民間賃貸住宅の割合の高さは、そのまま家賃負担となって家計にのしかかる結果となる。

2-6 社会保障制度の利用状況

ひとり親世帯の社会保障制度の利用率（表5-1-2）は、母子世帯では、就学援助制度および児童扶養手当制度は、それぞれ過半数に達している。生活保護制度の利用率は、12.7%と他の世帯類型に比べて高いものの、ひとり親世帯の世帯所得の低さおよび就学援助制度の受給率と比べると利用率は必ずしも高いとは言えない。

表5-1-2　社会保障制度の利用率（%）

	就学援助制度	児童扶養手当	生活保護
母子	54.2	56.6	12.7
父子	18.1	20.9	3.3
全体	17.6	-	2.5

注：上記の数値は、「現在」受けている割合のみ挙げている

世帯所得200万円未満世帯に限定してそれぞれの利用割合をみると、就学援助制度では、母子76.4%、父子62.8%、児童扶養手当では、母子78.4%、父子57.0%、生活保護制度で、母子14.2%、父子11.6%にとどまっており、経済的ニーズがありながら制度につながっていない漏給層の存在が推測される。

3　子どもの生活状況

3-1　子どもの生活・学習状況

朝食を「毎日食べない」割合（図5-1-9）や遅刻の割合（図5-1-10）をみ

ると、他の世帯類型よりも母子世帯における割合が高い結果となった。母親が子どもを家において就労をせざるをえず、子どもが朝食などを含めた学校の身支度を自分ひとりで行っている場合が考えられる。また養育を代替する他の世帯員（祖父母等）の存在も関係する。父子世帯は、母子世帯に比べ祖父母との同居率が高いため、祖父母が父親にかわって子どもの面倒を見ているとも想定

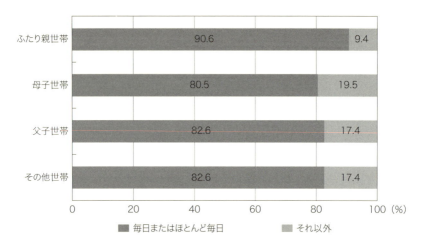

図5-1-9　朝食の喫食状況

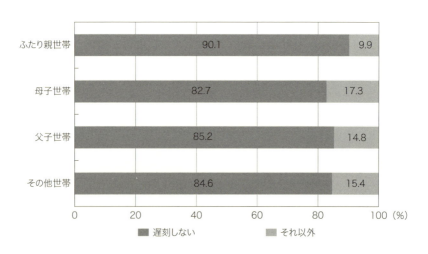

図5-1-10　子どもの通学状況

される。

　次に、経済上の理由で子どもにできなかったこと（過去1年間）（図5-1-11）では、「家族旅行（テーマパークなど日帰りのおでかけを含む）ができなかった」割合は、ふたり親世帯で16.5%であるのに対して、母子世帯では32.2%とふたり親世帯の約2倍の高さになっている。

　子どもが持っている持ち物（図5-1-12）で、ふたり親世帯と比べて大きく差がついた項目を挙げると、「本（教科書やマンガはのぞく）」「子ども部屋」「インターネットにつながるパソコン」「運動用具（ボール・ラケットなど）」「習い事などの道具（ピアノなど）」が挙げられる。これらの項目ではふたり親世帯の保有率に比べ約10ポイント下回っている。

　学習状況（図5-1-13）を見ると、「よくわかる」「だいたいわかる」をあわせた割合は、ふたり親世帯で84.0%であるのに対して、母子世帯では、73.0%、父子世帯74.1%と10ポイント以上低くなっている。

　将来の進路（図5-1-14）について、「中学」「高校」をあわせると、ふたり親世帯では13.9%であるのに対して、母子世帯では20.5%、父子世帯で22.2%とひとり親世帯で2割を超えており、ひとり親世帯の子ども5人に1人は、希望する進路を中学あるいは高校までと考えている。また、同じ母子世帯でも経済状況によって将来の進路希望は異なっている。母子世帯の「中央値以上群」では、「短大・大学」が44.2%であるのに対して、困窮度Ⅰ群では、30.5%となっている。

第2部 貧困の諸相 生活上のニーズに着目して

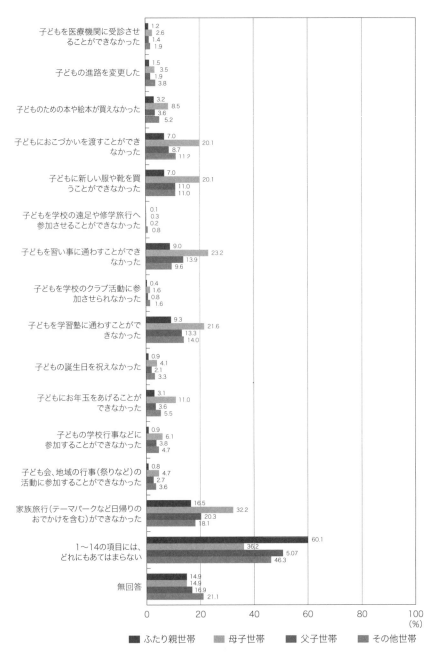

図5-1-11 経済上子どもにできなかったこと（過去1年間）

第5章 生活と貧困

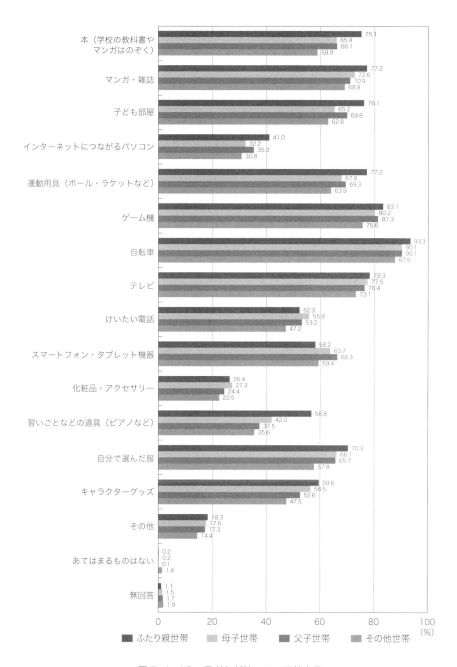

図5-1-12　子どもが持っている持ち物

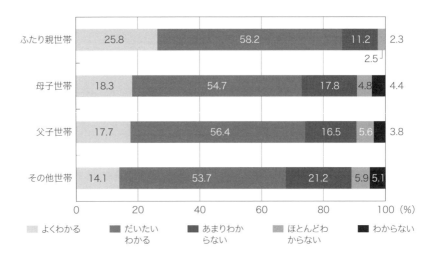

図5-1-13　学習状況

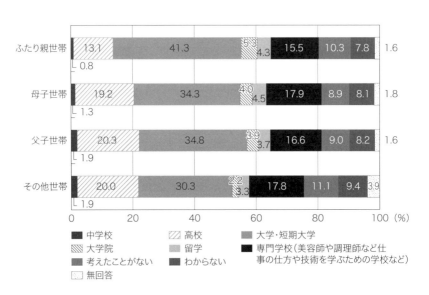

図5-1-14　子どもが希望する将来の進路

3-2　子どもと親との時間の過ごし方

　子どもとの会話について尋ねた設問（図5-1-15）では、「よくする」と回答した割合がふたり親世帯では67.1％であるのに対して、母子世帯で61.7％、父子世帯で58.5％とふたり親世帯に比べ5〜8ポイント低い結果となっている。

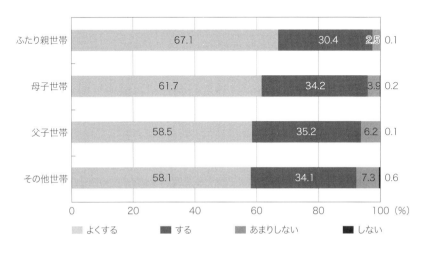

図5-1-15　子どもとの会話との頻度

　親の帰宅時間（図5-1-16）については、ふたり親世帯では58.9％が子どもの帰宅時間には家にいると回答しているのに対して、母子世帯では、32.9％、父子世帯では36.8％にとどまる。夕食時間には家にいると回答している割合とあわせると、子どもの夕食までに親が家にいる割合は、ふたり親世帯で92.5％に達するのに対して、母子世帯では79.5％、父子世帯では69.9％となった。保護者の帰宅時間が決まっていないとの回答も母子世帯（6.2％）、父子世帯とも（8.9％）に高く、夕食時に保護者がおらず子どもだけで家で時間を過ごしている世帯が一定数いることが確認された。

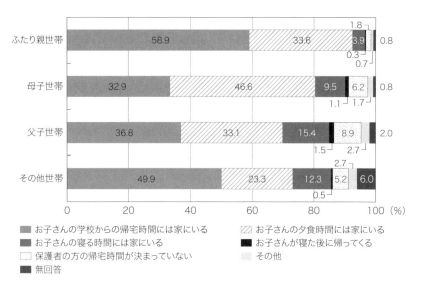

図5-1-16 親の帰宅時間

4 まとめ：本調査に見るひとり親世帯の特徴

　以上から、ひとり親世帯は、ふたり親世帯に比べ、貧困リスクが高く、等価可処分所得の中央値50％未満の割合でみると、母子世帯はふたり親世帯の5.4倍、父子世帯は2.1倍の高さとなった。ひとり親世帯の親の大半が就労しているものの非正規の割合が高く、その結果が就労収入の低さにつながっていることが確認された。子育てとの両立との関係から時間の調整がつきやすいことを理由に非正規を選択しているとも推測されるが、低収入であればあるほど低収入を補うためにダブルワーク（あるいはトリプルワーク）の割合が高まることも確認された。各経済給付の受給率は、他の世帯に比べて高いものの、所得が低い世帯においても依然として漏給層が存在している。

　母子世帯と父子世帯では、祖父母との同居率が異なり、三世代同居について、田宮（2018）は、母子世帯が親と同居することの影響について、親の所得をシェアすることで貧困リスクが低下することを指摘している。また、阿部の分析（2018）では、親と同居する三世代の母子世帯の生活困難も示されている。

ひとり親世帯の子どもの生活状況では、親の就労状況を理由として、子どもだけで家で時間を過ごしている世帯も一定数確認された。学習の理解度や将来希望する進路などにも差が存在しており、家族旅行の有無など、学校教育以外での社会的経験の格差も見られた。

▶文献
阿部彩（2008）『子どもの貧困──日本の不公平を考える』岩波書店
阿部彩（2018）「母子世帯の生活困難──二世代世帯と三世代世帯の違いに着目して」『貧困研究』Vol. 20、明石書店
藤原千沙（2017）「新自由主義への抵抗軸としての反貧困とフェミニズム」松本伊智朗編『「子どもの貧困」を問い直す──家族・ジェンダーの視点から』法律文化社
マジェラー・キルキー（2005）『雇用労働とケアのはざまで──20カ国母子ひとり親政策の国際比較』ミネルヴァ書房
田宮遊子（2018）「母子世帯と貧困」駒村康平編著『貧困』ミネルヴァ書房

II 日常に見る子どもの生活

1 先行研究

　ここでは、日常的な子どもの生活に焦点を当てる。まず貧困と関連すると注目されているのが、学力である。様々な先行研究も出されている。学力の社会経済的家庭背景（SES = socio-economic status）による違いはすでに明らかになっており（お茶の水大学 2014）、学力は個人の努力だけではないこと、学力は家庭での読書や生活習慣への働きかけが影響することが指摘されている。貧困を背景とする学力格差は小学校初期から存在するが、大きく差が開くのは小学4年生頃であり、学年が上がるにつれ、貧困世帯は低学力へ、非貧困世帯は高学力へ集中していき、貧困状態や低学力層から脱することのできる可能性も低下していくことを示した（大阪府立大学 2017；日本財団 2018；駒田・山野 2018）。耳塚（2007）は、学力格差はもはや教育問題ではなく、格差が家族や地域を通じて社会構造自体に由来し、学力格差を緩和するためには、所得格差の緩和や雇用を促進する政策が必要であると指摘している。また阿部（2009）は、親の社会経済階級と、子どもの学力には明らかな相関があり、さらに、心配なのは、この格差は拡大傾向にあるが、その拡大は階層の下の子の点数が大きく下がっているからとしている。また、貧困家庭の子どもの学力が低いことは、見かけの相関であり、学力と経済格差の相関関係を因果関係として誤って解釈したと指摘する議論も存在している（内田 2018）。

　子どもの生活への視点では、湯澤（2009）は、家族社会学の立場で、貧困化と孤立化の連鎖により、生活基盤に加えて家族形態を流動化させ、解体を生じ、家族は社会的排除のなかに置かれるという子ども期の貧困の持続的な影響力について重要視した。同じく、相対的貧困がどのようにして子どもの健全な育成を妨げているかについて、阿部（2012）は、①相対的貧困にあることが子どもが子どもの社会から排除されるリスクが高くなること、②親が相対的貧困状況にあることにより、親のストレスが高くなり精神状態が悪化し親が子どもと過ごす時間が少なくなり、子どもが影響されることを指摘した。

しばしば子どもの自らの価値や存在意義を肯定できる感情などを意味する自己肯定感が注目されている。阿部（2015）は、貧困が子どもの自己肯定感に対して、どのような影響を与えていたかを検討した結果、学力と自己肯定感との間には強い相関が認められ、スポーツ、音楽、美術の能力にも同様の相関関係が認められたこと、良好な親子関係と良好な教師との関係が、自己肯定感の低下を緩和する要素となり、この効果は貧困家庭の子どもに大きく現れていたと示した。

後述する自己効力感では、400名ほどの中学生の調査を行い、自己効力感が「学校生活スキル」を構成する各領域とどのように関連するのかを検討した結果、学習、進路、健康、社会のそれぞれの領域が高ければ、自己効力感も高いことが示された研究（五十嵐ほか 2012）など、検討されている。

しかし、これらはデータ数に限りがあり、データ分析は個々には示されているが、全体の関連性として説明が十分になされているわけではない。本研究において、子どもの生活、特に学習や自己肯定感と親の生活に焦点化して、それぞれの要因がどのように絡むのか実証的にデータに基づいて説明可能な適合するモデルを探索する。

2　自己肯定感の要因

自己肯定感がどのような要因で規定されるのか、先行研究も踏まえて検討してみる。自己肯定感に帰結することは、子ども個人の問題に向く可能性が懸念され、大阪共同調査では自己効力感の尺度を用いて分析をしている。自己効力感とは、ある結果を生み出すために適切な行動を遂行できるという確信の程度、つまり自分が効力予期をどの程度持っているかを認知すること（バンデューラー 1977）を指している。本調査で取り上げた自己効力感は以下のセルフエフカシー尺度から選択した6つの項目、①自分に自信がある、②自分の考えをはっきり相手に伝えることができる、③大人は信用できる、④自分の将来の夢や目標を持っている、⑤将来のためにも今頑張りたいと思う、⑥将来働きたいと思う、を援用している。

阿部（2015）は、自己肯定感について、「自分自身の存在や生を基本的に価

値あるものとして評価し信頼することによって、人は積極的に意欲的に経験を積み重ね、満足を持ち、自己に対しても他者に対しても受容的でありうる（佐藤 2009）」を援用して項目として、Aがんばればむくわれる、B自分は価値のある人間だと思う、C自分は家族に大切にされている、D自分は友達に好かれている、E自分の将来が楽しみだ、を作成している。

これらを鑑みて、本分析では、今回の調査項目から、自己肯定要素として、「自分に自信がある」「自分の考えをはっきり伝えることができる」「将来の夢や目標がある」（表5-2-1）を選んだ。「自己肯定感要素」を従属変数、「保護者との関係」「学習理解度」「子どもの持ち物」「子どもの身体や気持ちで気になること」を独立変数（表5-2-2）とする重回帰分析を行った。独立変数間の相関係数は0.3前後とそう高くはないが、多重共線性の問題はないことを確認した。なお、変数は強制投入とした。

表5-2-1 自己肯定要素の項目説明

	該当する質問項目	選択肢	得点化
自己肯定感要素	子ども問23-(1)自分に自信がある	1.ある 2.どちらかというとある 3.どちらかというとない 4.ない	各設問は程度に応じて、「ある・できる」なら4点、「ない・できない」なら1点で、3つの項目で最低3点、最高12点となる。3項目の点数を合算して、その合計点を分析に使用する。⇒点数が高いほうが良い状態。
	子ども問23-(2)自分の考えをはっきり伝えることができる	1.できる 2.どちらかというとできる 3.どちらかというとできない 4.できない	
	子ども問23-(4)将来の夢や目標がある	1.持っている 2.どちらかというと持っている 3.どちらかというと持っていない 4.持っていない	

重回帰分析の結果、重相関係数は0.543、決定係数は0.295であり、1%水準で有意な値であった。それぞれの独立変数から従属変数への標準偏回帰係数は、表5-2-3に示す通りであり、子どもの身体や気持ちで気になることは0.715、学習理解度は0.886、保護者との関係が1.14、子どもの持ち物は0.84と1%水準で有意な係数であった。中でも保護者との関係は自己肯定感要素の重要な要因になっていると言えよう。なお決定係数自体が定値ではあるが、本分析においては、自己肯定感要素の要因を見出すという点に主眼を置いている（図5-2-1）。

表5-2-2 自己肯定要素に影響を与える要因の説明

説明変数	該当する質問	計算方法	得点化
保護者との関係	保護者との関係を合計したもの（子ども問10）「おうちの大人の人と一緒に朝食を食べていますか」や「おうちの大人の人に宿題（勉強）をみてもらいますか」といった10項目。	各設問は頻度に応じて「ほとんど毎日」なら1点、「まったくない」なら7点となっており、10個の各設問の頻度の点数を合計して1点から5点に得点化。反転して集計しているので、1点は頻度が低く、5点は頻度が高い ⇒点数が高いほうが良い状態。	1点：58点以上 2点：46点〜57点 3点：34点〜45点 4点：22点〜33点 5点：21点以下
学習理解度	学校の勉強について、一番あなたの気持ちに近いものはどれですか。（子ども問15）	学習理解度に合わせて1点から5点に得点化。1点は理解度が低く、5点は理解度が高い ⇒点数が高いほうが良い状態。	1点：わからない 2点：ほとんどわからない 3点：あまりわからない 4点：だいたいわかる 5点：よくわかる
子どもの持ちもの	あなたが、持っているものや、あなたが使うことができるものを選んでください。（子ども問22）	子どもの持ち物の有無で得点化したもの。ここでは、子どもの自己肯定感と相関係数が高い「運動道具」と「習い事の道具」のみを分析対象にした。「運動用具」「習い事の道具」について、1個をもっていたら1点、2個すべて持っていれば2点、いずれもなければ0点で得点化。⇒得点が高いほうが良い状態。	0点：いずれも持っていない 1点：1個を持っている 2点：2個を持っている
子どもの身体や気持ちで気になること	あなたは、自分の体や気持ちで気になることはありますか。（子ども問21）	子どもの体や気持ちで気になることで、気になる個数に合わせて1点から5点に得点化。1点は気になる個数が多く、5点は気になる個数が少ない ⇒点数が高いほうが良い状態。	1点：4個以上 2点：3個該当 3点：2個該当 4点：1個該当 5点：0個該当

表5-2-3 自己肯定要素：重回帰分析結果

モデル		係数[a]				
		非標準化係数		標準化係数	t値	有意確率
		B	標準誤差	ベータ		
1	(定数)	2.927	0.112		26.242	0.000
	子どもの身体や気持ちで気になる	0.715	0.021	0.144	33.871	0.000
	学習理解度	0.886	0.017	0.231	52.543	0.000
	保護者との関係	1.140	0.016	0.307	70.969	0.000
	子どもの持ち物	0.840	0.019	0.186	43.289	0.000

注：a. 従属変数 自己肯定感

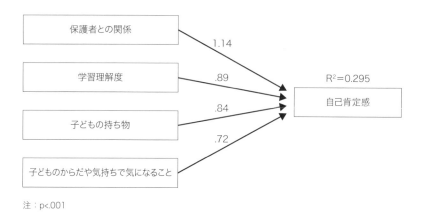

図5-2-1　子どもの自己肯定感に影響するもの

　自己肯定感は、影響の大きい順に保護者との関係、学習理解度、子どもの持ち物、子どもの身体や気持ちで気になることが影響している（図5-2-1）。複合的に影響することがわかる。

　1つずつの項目それぞれをとってみると、今まで示されていた結果と同じであるが、今回の調査結果は、改めてその影響力の違い、大きさの順序を示したことになる。保護者との関係性が最も大きな影響であった。これも単体としては過去に大きな要因として示されているが（お茶の水大学 2014）、この保護者との関係も、子ども自身の気になることも、困窮度ごとに差が見られた項目（4節で示す）である。さらに、子どもに持たせられるものという経済的資本に関係する項目が影響している。これは内田（2018）の主張とは反対の意味で、見かけ上は保護者との関係や学習理解が高いが背景に経済的課題が大きく影響するかもしれない見かけ上の反応ともとれる。

　この結果は、自己肯定感要素が、経済的資本だけが影響するわけではなく、最も大きい影響であるわけでもない、ことが言える。しかしほかの結果と合わせて検討すると、背景に経済的課題が大きく影響するのではないかと示唆される。よって、1つ1つの項目で見ていく見方、分析では、見えない可能性もあり、全体構造によって検討する必要があると言えよう。

3 子どもの生活に及ぼす全体像

今までの分析と先行研究から、親の経済状況が直接子どもの学力や自己肯定感に関係するのか、内田（2018）のいう見かけの相関は媒介するものを指しており、何が媒介するのか検討した。結果、以下のように図5-2-2となった。

潜在変数（〇囲み）の詳細は、第3章の表3-1（56頁）にないものは、以下の表5-2-4に示す。

自己肯定感要素や学習理解など学校生活の適応は、直接、親の経済的資本が

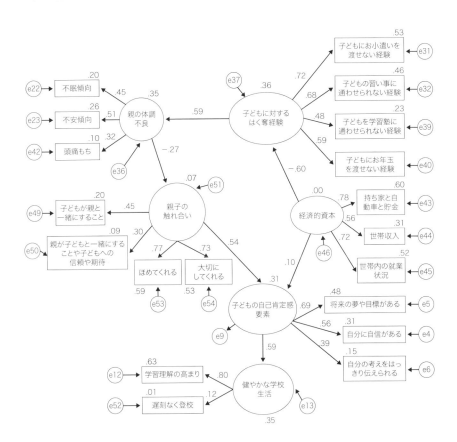

図5-2-2　子どもの学校生活に影響するもの

表5-2-4 潜在変数の説明

潜在変数	該当する質問項目	点数	備考
親の体調不良	体や気持ちで気になることの該当数（保護者問23） 「ねむれない」や「よく頭が痛くなる」といった体や気持ちに関する15個の項目	1点：4個以上 2点：3個該当 3点：2個該当 4点：1個該当 5点：0個該当	
子どもに対するはくだつ経験	経済的な理由で、「子どもを習い事に通わせられない経験」「子どもを学習塾に通わせられない経験」「子どもにお年玉を渡せない経験」「子どもにお小遣いを渡せない経験」といった15項目（保護者問13）	1点：0個該当 2点：1個該当 3点：2個該当 4点：3個該当 5点：4個該当	
親子の触れ合い	子どもが親と一緒にすること（子ども問10） 「おうちの大人の人と一緒に朝食を食べていますか」や「おうちの大人の人に宿題（勉強）をみてもらいますか」といった10項目。	1点：58点以上 2点：46点〜57点 3点：34点〜45点 4点：22点〜33点 5点：21点以下	
	親が子どもと一緒にすることや子どもへの信頼や期待（保護者問14-1、14-2、14-4）	1点：4点以下 2点：5点〜6点 3点：7点〜8点 4点：9点〜10点 5点：11点以上	
	頑張ったときにほめてくれる（子ども問20-2）、大切にしてくれる（子ども問20-8）	1点：0個該当 2点：1個該当 3点：2個該当 4点：3個該当	「お母さん」「お父さん」「おじいさん・おばあさん」項目を対象。
穏やかな学校生活	学習理解（子ども問15）	1点：わからない 2点：ほとんどわからない 3点：あまりわからない 4点：だいたいわかる 5点：よくわかる	
	遅刻なく登校（子ども問9）	1点：毎日またはほどんど毎日 2点：週に4〜5回 3点：週に2〜3回 4点：週に1回程度 5点：遅刻はしない	

影響するのではなく、経済的資本の欠如が、子どもに対するはく奪経験（同-.60）を生み、親の体調不良（同.59）を生む。そして、そのことによって親子の触れ合いが十分取れず（同-.27）、自己肯定感要素に影響し（同.54）、学習理解や登校の意欲に関連していく（同.59）と言えよう。

　結果、最終的に推定されたモデル（図5-2-2）について、適合度検定を行った結果、適合度指標について、推定されたモデルはデータと適合していることが示された（RMSEA=0.042（90%CI: 0.041 - 0.042), NFI=0.911, CFI = 0.912）。

　このモデルを親のソーシャルサポート（情緒的、手段的サポートを測るソーシャルサポート尺度14項目から選んだ7項目で得点化したもの：以下すべて同じ）の高低で比較してみたが、モデル自体に差がさほど見られなかった。構造モデルとしては、このモデルはソーシャルサポートの高低にかかわらず成立すると言える。ただし、ソーシャルサポートの得点の高い群と低い群を比較したときに学習理解（高い群4.03、低い群3.71）も明らかに差が見られた。つまり親がソーシャルサポートを持っているか否かによって子どもの学習理解に影響していく。

　さらに図5-2-2のモデルを補完するために、困窮度ごとに比較してみる。潜在変数となった、経済的資本、子どもに対するはく奪、親の体調不良、親子の触れ合い、子どもの自己肯定感要素、学校生活関連ごとにソーシャルサポートとの関連を見ると、興味深い結果になった（図5-2-3〜図5-2-8）。つまり潜在変数であるこれらの項目を従属変数とし、困窮度とソーシャルサポートを独立変数とした2要因分散分析を行った。困窮度とソーシャルサポートが相互に影響を及ぼし合って親の体調不良や自己肯定感などに影響するかどうか交互作用で確認した。また「中央値以上のサポートが最も低い群」と「困窮度Ｉのサポートが最も高い群」との間では、各従属変数における違いがあるかどうかを検討するために、マン・ホイットニーのU検定を行った。

　まず、はじめに、図5-2-3から、経済的資本とソーシャルサポートの関係では交互作用[1]が認められるが（有意確率0.002＜0.05）、困窮度Ｉ群から中央値以上群の4群とも所得があがるほどソーシャルサポートも高くなる傾向にある。また、例えば、困窮度Ｉ群でソーシャルサポートが多く（例えば5）あったとしても、中央値以上群のソーシャルサポートが少ない群（例えば1）の経済的資本量を越えることはない。つまり情緒的、手段的サポートがあるからといって経済的資本量が増え困窮層から脱却することはないと言える。

図5-2-4の子どもに対するはく奪経験とソーシャルサポートの関係では交互作用が認められるが（有意確率0.000＜0.05）、等価可処分所得によるいずれの4群（以下、同じ）もソーシャルサポートが高いと、はく奪経験の数が抑制される傾向にある。またソーシャルサポートが高まるにつれ4群間のはく奪経験の数の開きが低減される（例えば、ソーシャルサポートが1の時の中央値以上群と困窮度Ⅰ群との差に比べて、ソーシャルサポートが5の時の差のほうが小さくなっている）。しかしソーシャルサポートが高いからといって、はく奪経験の数が

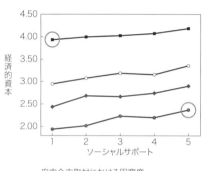

図5-2-3 経済的資源とサポート

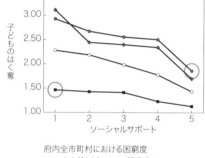

図5-2-4 子どものはく奪とサポート

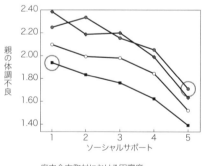

図5-2-5 親の体調不良とサポート

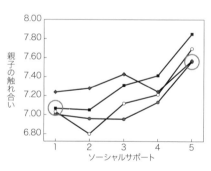

図5-2-6 親子の触れ合いとサポート

層を越えて改善されるわけではない。

　図5-2-5の親の体調不良とソーシャルサポートとの関係では交互作用は存在せず（有意確率0.101＞0.05）、ソーシャルサポートが高まるにつれて、4群とも同程度の割合で、親の体調不良が少なくなる。親の体調不良とソーシャルサポートは群を問わず緊密な関係にあると言える。また特筆すべきなのは、図5-2-3、図5-2-4では層を越えた改善は見られなかったが、図5-2-5では、中央値以上群でソーシャルサポートが1の時に比べ、困窮度Ⅰ群でソーシャルサポートが5の時のほうが親の体調不良が低くなっている。

　図5-2-6の親子の触れ合いとソーシャルサポートとの関係では交互作用は存在するが（有意確率0.045＜0.05）、ソーシャルサポートが高まるにつれて親子の触れ合いは増す傾向にある。また図5-2-5と同様、中央値以上群でソーシャルサポートが1の時に比べ、困窮度Ⅰ群でソーシャルサポートが5の時のほうが親子の触れ合いは増している。

　図5-2-7自己肯定感要素とソーシャルサポートの関係では交互作用は存在せず（有意確率0.449＞0.05）、ソーシャルサポートが高まるにつれて、4群とも同程度の割合で自己肯定感要素が高まる。ソーシャルサポートは層を問わず自己肯定感要素に影響を及ぼすものと言える。また図5-2-5、図5-2-6と同様、中央値以上群でソーシャルサポートが1の時に比べ、困窮度Ⅰ群でソーシャルサポートが5の時のほうが自己肯定感要素が高い。

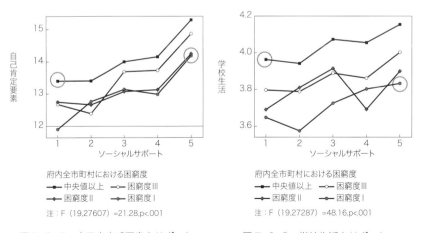

図5-2-7　自己肯定感要素とサポート　　図5-2-8　学校生活とサポート

図5-2-8学習理解とソーシャルサポートとの関係では交互作用は存在せず（有意確率0.665＞0.05）、ソーシャルサポートが高まるにつれて、4群とも同程度の割合で学習理解が高まる。しかし困窮度Ⅰ群でソーシャルサポートが5であったとしても、中央値以上群でソーシャルサポートが1の時には及ばず、ソーシャルサポートの手厚さにより学習理解が層を越えることはない。

ソーシャルサポートの効果は、交互作用を考慮して困窮度にかかわらず親の体調、そして自己肯定感が最も影響を受けていた。また困窮度Ⅰであってもソーシャルサポートによって、中央値以上群よりも高くなる項目が親の体調や親子の触れ合い、自己肯定感要素であった。ただし、親子の触れ合いは、他の要因もある可能性がある。これらは親支援によって効果がある項目である。反面、親のソーシャルサポートがいくら高くても、経済的資本や経済的理由で子どもに用意できないはく奪状況、学習理解や遅刻など学校生活には効果をもたらさず、経済格差を超えることはできなった。

では、同様に子どものソーシャル・キャピタルとして放課後過ごす人[2]の多さ（幅の広さ）で見ると以下のような結果になった。

図5-2-9では、親子の触れ合いと子どもが放課後過ごす人の幅広さとは交互作用がなく（有意確率0.339＞0.05）、放課後過ごす人の幅の広くなるといずれの4群も親子の触れ合いも高まる傾向にある。また中央値以上群で過ごす人の幅が1の時に比べ、困窮度Ⅰ群で過ごす人の幅が5の時のほうが親子の触れ

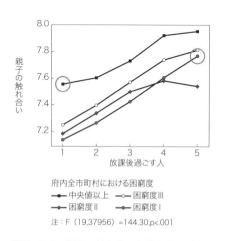

図5-2-9　親子の触れ合いと放課後過ごす人

合いが高まっている。

　図5-2-10では、自己肯定感要素と子どもが放課後過ごす人の幅広さとは交互作用がなく（有意確率0.088＞0.05）、いずれの4群ともほぼ同程度の割合で、放課後過ごす人の幅広さに沿って自己肯定感要素は高まる。また中央値以上群で過ごす人の幅が1の時に比べ、困窮度Ⅰ群で過ごす人の幅が5の時のほうが自己肯定感が高いことがわかる。困窮度Ⅰ群であっても、放課後過ごす人に幅の広さがあると、中央値以上群の放課後過ごす人の幅の狭い場合より自己肯定感要素が高まる結果である。困窮度Ⅱ群については、放課後過ごす人の幅が広がろうと自己肯定感要素があまり変化しない。困窮度Ⅱ群についてはほかの群とは違う動きになっていて、この解釈には注意が必要である。

　図5-2-11では、学習理解と子どもが放課後過ごす人の幅広さとは交互作用があり（有意確率0.016＜0.05）、幅広さが増すにつれていずれの層も学習理解が高まる傾向にある。

　以上から、子どもの放課後過ごす人の幅が増えるなど生活を豊かにすることは、困窮度に関係せずに親子の触れ合いや自己肯定感要素に影響を与えることができる。そして学習理解や遅刻など学校生活にも影響していくが、これは経済的状況にも影響を受け、困窮度の層を超えた状態をうみだしにくい。

　次に、すでに耳塚ら（2014）よって明らかにしている家庭での読書時間との関連を見てみる。

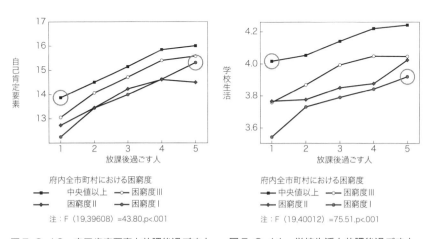

図5-2-10　自己肯定要素と放課後過ごす人　　図5-2-11　学校生活と放課後過ごす人

同じく読書時間と親子の触れ合い、自己肯定感要素及び学校生活との関連を確認すると、いずれも交互作用があるが（有意確率＜0.05）、経済的な格差を越える傾向にはなっていなかった。サポートや人の幅のように、層を越えるには至らなかった（図5-2-12～図5-2-14）。

いずれの4群とも読書時間が1日30分以上1時間以内の子どもたちが最も多くなっており、現代の子どもにとって現実的な時間なのであろう。さらに、どの項目も読書時間が長時間だからといって親子の触れ合いや自己肯定感要素、学校生活に影響を与えない。読書の質や生活のバランスに関連するのではないかとも考えられる。長時間の読み方の内容の検討が必要で、主体的なものなのか、生活時間の中でのほかの体験とのバランスなど見る必要があろう。少なくとも長時間だからといって効果に結び付くとは限らない可能性があるという結果であった。家庭で読書が期待できない子どもたちに学校にいる放課後に30分から1時間ほど本を主体的に読める機会を作るというような取り組みが、親子の触れ合いや自己肯定感、学習理解や遅刻などの学校生活に効果的である可能性がある。

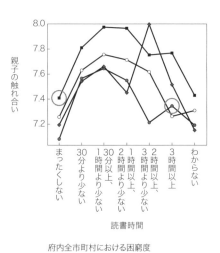

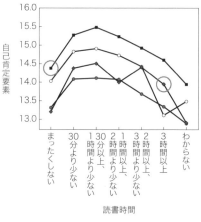

図5-2-12　親子の触れ合いと読書時間　　図5-2-13　自己肯定要素と読書時間

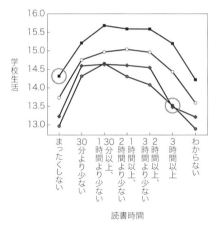

図5-2-14　学校生活と読書時間

4　詳細な実態

次に、学習理解、遅刻や登校などの学校生活、子どもの希望、大人や他の子どもとのかかわり、など特に日々の生活に関わる詳細な点をさらに確認する。これらは困窮度ごとに差の大きかったところであり、困窮度ごと、あるいは2節で示した自己肯定感要素ごとに見ていくこととする。

4-1　学習理解

以下、図5-2-15に示すように、困窮度別に勉強時間と理解度をみると、「わからない」という回答をのぞいて確認すると、世間では当たり前に考えられている、やればやるほど勉強ができるという結果は中央値以上群のみであり、それ以外の困窮度群はきれいにこの結果に至らない。つまりすでに学力は個人の努力のみで説明できるものではないということ（お茶の水大学 2014）の結果と同じ結果であった。社会の問題として、どのように補完するのか大きな課題を突き付けられたことになる。

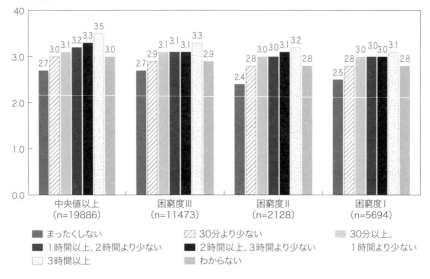

図5-2-15　困窮度別に見た、授業以外の勉強時間と学習理解度の関連

　そして、子どものソーシャルサポートである放課後過ごす人と学習理解の関係をみると（図5-2-16）、学習理解が高まれば高まるほど、クラブ活動やひとりでいる以外はすべてそれぞれの放課後過ごす人と過ごしている人の割合が高くなっている。放課後を様々な相手と豊かに過ごすことが学習理解に影響を及ぼすと考えられ、すでに述べたことを補完する結果である。できるだけ「ひとりでいる」時間を少なくすることの取り組みが重要である。

　子どものはく奪と学習理解の関連をみると（図5-2-17）、学習理解が高まれば高まるほど、それぞれの経験が高い値となり、子どもに経験をさせていることがわかる。比較的多くの人が経験しており差があるものを見ると、家族でのおでかけ、学習塾や習いごとである。困窮度ごとのこれらの項目結果も大阪共同調査時も数値は高くはないものの、中央値以上群と困窮度Ⅰ群の差が大きく、格差の大きさが明らかとなる項目であった。子どもにとっての経験は非常に重要であることが言えよう。そして学習理解に関連することが言える。第3節で示してきたパス図においても、両者はやや遠い距離にあるものの学習理解に関連していくことがわかる。

第5章 生活と貧困 ―― 117

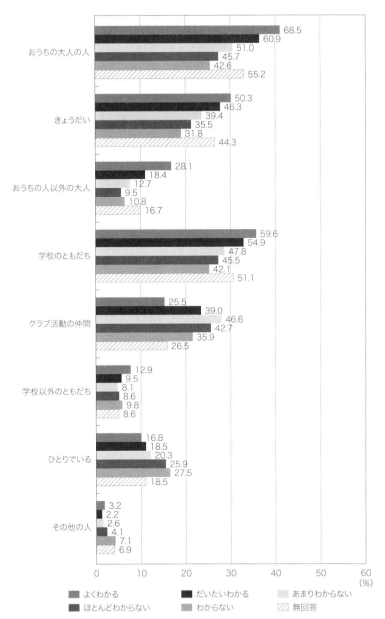

注1：学習理解度別放課後一緒に過ごしている人について、8項目において、それぞれのχ²値が有意であり、p<.001
注2：学習理解度別子どものはく奪について、14項目において、それぞれのχ²値が有意であり、p<.001

図5-2-16　学習理解度別放課後一緒に過ごしている人

第2部　貧困の諸相　生活上のニーズに着目して

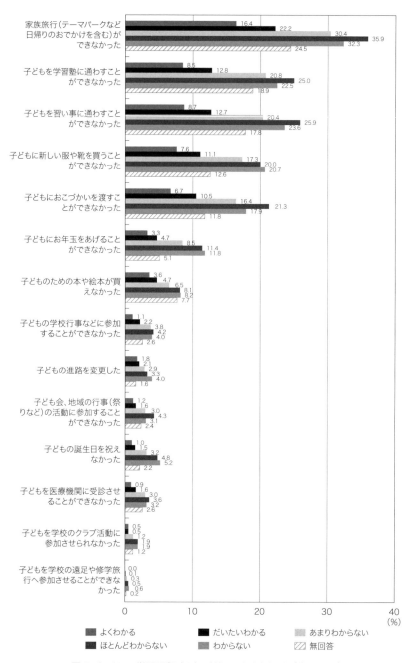

図5-2-17　学習理解度別子どものはく奪経験（複数回答）

また学習理解と、10代で出産した親の子どもや施設入所の子どもの関連をみる。図5-2-18から、初めて親になった年齢が10代である場合と30代とでは、「よくわかる」は倍以上になるように、子どもの学習理解にかなり差がみられる。図5-2-19からは、施設入所中とそうでない場合で、「わからない」に関する3項目合わせて、施設入所中の子どもが39.2％、そうでない子どもが18.3％と倍になる。10代で出産した親の子どもと施設入所中の子どもの厳しさが、具体的にデータで明らかになったと言える。これらの結果を単独で評価するのは危険であるが、図5-2-15と合わせて困窮度が増すにつれ理解が厳しくなることを考慮すると、経済的支援を手がけることで、これらの厳しい状況にある子どもたちへの学習理解の支援につながる。

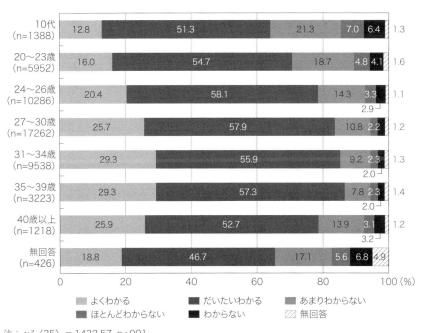

注：χ^2 (35) = 1432.57, p<.001

図5-2-18　初めて親になった年齢別　学習理解度

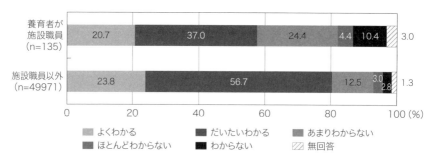

注：χ^2 (5) = 56.88, p<.001

図5-2-19　施設入所別　学習理解度

4-2　遅刻について

　遅刻についてみてみると、困窮度ごとにみた場合（図5-2-20）、何らかの遅刻をしている子どもは中央値以上群で8.6%、困窮度Ⅰ群で16.9%とほぼ倍増している結果であった。経済的に厳しく、生活に追われがちで余裕がなく、子どもを朝送り出せない事情も想像できる。

　さらに年間30日以上の欠席で表す不登校状況にある子どもは、約半数ほど何らかの遅刻をしており、不登校状況でない子どもたちに比較して、何らかの遅刻がある子どもの占める割合は5倍となっている（図5-2-21）。また、何らかの遅刻のある子どもは、不登校の発生率でみると、そうでない子どもの10倍ほどになり（図5-2-22）、週4～5日遅刻状況の子どもが不登校になっていく傾向は、遅刻なしの子どもが不登校につながることに比べて20倍にのぼる（図5-2-23）。遅刻が不登校に関連していくことがわかる。もともと先述したように遅刻は、背景に経済的問題が潜んでいる可能性が高く、さらに子どもたちに学習環境が保障できていない可能性があると考えられよう。

　次に、子どもの信頼度別の遅刻の状況を見ると、信頼をしていない群のうち何らかの遅刻の占める割合は35.5%、とても信頼している群のうち遅刻の占める割合は9.4%と、遅刻を繰り返す状況から、親は子どもへの信頼を失いがちになり、親子の悪循環に陥るパターンも見て取れる（図5-2-24）。図5-2-2で示した、親子の触れ合いが子どもの自己肯定感要素に大きく影響し、それがまた学習理解に影響することから考えると、この悪循環にならないような働き

第5章 生活と貧困 — 121

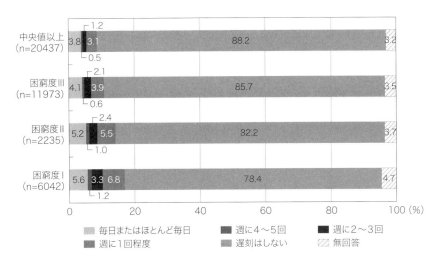

注：χ²(15) = 472.45, p<.0001

図5-2-20　困窮世帯別遅刻の頻度

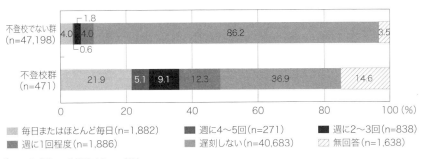

注：χ²(5) = 1022.45, p<.001

図5-2-21　子どもの登校状況別　遅刻頻度

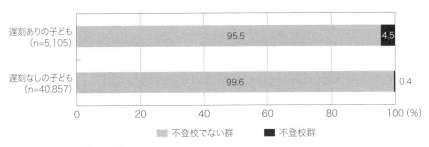

注：χ²(1)= 849.80, p<.001

図5-2-22　遅刻と不登校の関係

第 2 部　貧困の諸相　生活上のニーズに着目して

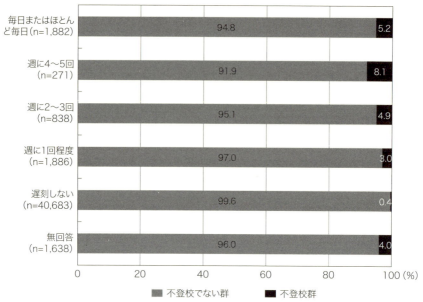

注：χ²(5) = 1022.45, p<.001

図5-2-23　遅刻の頻度別登校状況

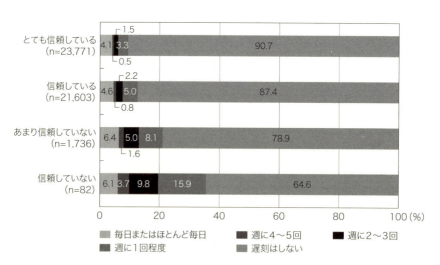

注：χ²(16) = 431.57, p<.001

図5-2-24　子どもの信頼度別　遅刻頻度

かけの1つに遅刻への取り組みがあると考えられる。

4-3 将来の希望

　将来の進路希望を確認する。家庭の経済状況別（図5-2-25）、親の就労形態別（図5-2-26）、親の出産年齢別（図5-2-27）、つまり10代の出産についてみると、それぞれに、子どもが選択肢として、中学・高校を希望する子どもの進路希望に影響している厳しい状況がわかる。家庭の経済状況、親の就労形態、親の出産年齢（10代の妊娠）それぞれにおいて、困窮度Ⅰ群、無業群、10代の出産群が、厳しい状況にある。つまり、進路希望として、中学・高校を希望するのは、困窮度Ⅰ群は中央値以上の2倍、正規雇用の2倍、10代の出産群が30代での出産の3倍以上になる。特に差が激しかった、10代で出産した親の場合、中卒・高卒が30％以上を占め、将来への選択肢や可能性の広がりに、かなり乏しさがあり、懸念される。また、子どもの信頼度別の進路希望において、特に中学・高校の希望を見ると、信頼していない群の中学・高校の占める割合は35.9％、とても信頼している群のうち中学・高校の占める割合は13.3％とかなり差がある（図5-2-28）。親の余裕がないさまが伝わってくる。さらに、施設入所の子どもたちは中卒・高卒が40％以上を占め（図5-2-29）、

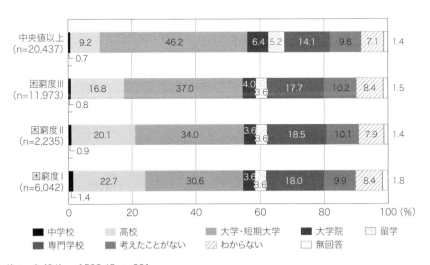

注：χ^2 (24) = 1508.45, p<.001

図5-2-25　困窮度別進路希望

第2部　貧困の諸相　生活上のニーズに着目して

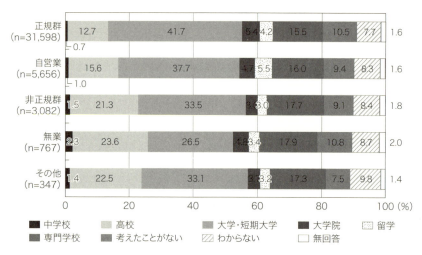

注：χ^2 (32) = 464.10, p<.001

図5-2-26　親の就労状況別　希望進路

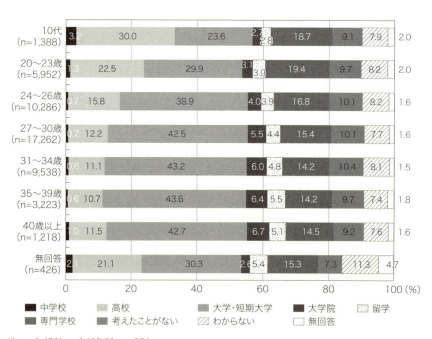

注：χ^2 (56) = 1435.21, p<.001

図5-2-27　初めて親になった年齢別　希望進路

さらに厳しい状況であると言える。将来の選択肢を広げる、保障する取り組みが進められているとはいえ、本人がよほど強い意志をもって取り組まなければ、依然厳しい状況であり、決して、子どもにとって温かい社会といい難い状況であると言えよう。進路選択を控えた中学生段階の教師の理解は、必須である。

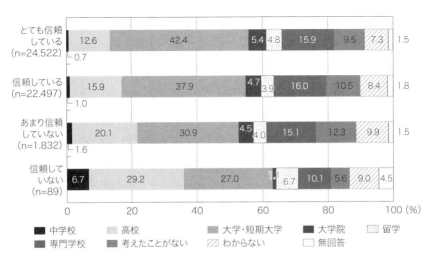

図5-2-28　子どもの信頼度別　希望進路

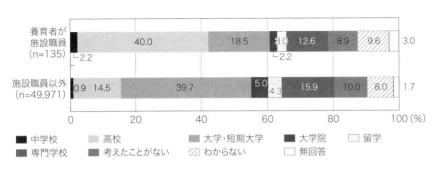

図5-2-29　施設入所別希望進路

4-4 大人や子どもとのかかわり

　困窮度ごとに、放課後過ごす人を見ると（図5-2-30）、中央値以上群と困窮度Ⅰ群に差が見られる。つまり、そもそも経済的な状況の違いによって関わる世界の幅に違いをもたらしてしまっていると言える。さらに、それは前記

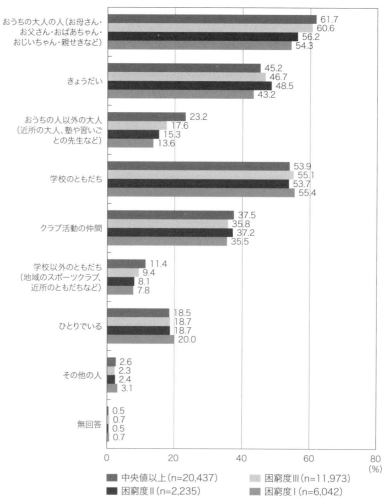

注：「ひとりでいる」と「無回答」を除く、他の項目において、χ²値は有意であり、p<.05

図5-2-30　困窮度ごとの放課後過ごす人

(4-1)の学習理解のところでも説明したように、おうちの人以外の大人や学校以外の友だちがいるほうが学習理解が高くなり、かかわりの有無だけではなく、かかわりの幅が次の影響をもたらしていくことがわかる。

4-5 自己肯定感・自己効力感

自己肯定感は、自分のあり方を積極的に評価できる感情、自らの価値や存在意義を肯定できる感情などを意味する言葉で、自己効力感またはセルフ・エフィカシー (self-efficacy) とは、自分がある状況において必要な行動をうまく遂行できるかという可能性の認知のことをいう。大阪共同調査では、自己効力感尺度を活用したが（図5-2-31）、その点数自体は以下に示すように経済的状況によっての明らかな差は見られない。また世帯構成別や就労形態別による差も大きくは見られない。

しかし、自己肯定感要素では、世帯別の比較（図5-2-32）において、ふたり親とひとり親とくに母子家庭、就労形態別の比較（図5-2-33）では、正規や自営業と非正規や無業などに、比較的差が見られた。同様に、自己効力感においてもみると、これらのふたり親とひとり親（図5-2-34）、正規や自営業と非正規や無業（図5-2-35）を確認したが、自己肯定感要素のほうがやや差が大きい。これは、自己効力感よりも自己肯定感要素が環境に影響されると言

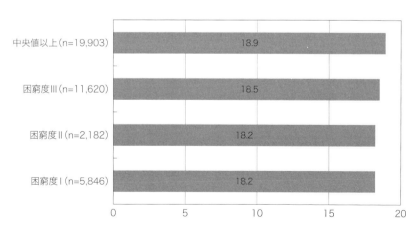

注：F (3, 39550) =94.03, p<.001

図5-2-31　困窮度別　自己効力感得点

える。認めてくれる相手がいるかどうかによって、自己の価値や存在意義を自覚するという自己肯定の意味では、より世帯構成や親の働き方などの周りに影響を受けやすいと言えよう。

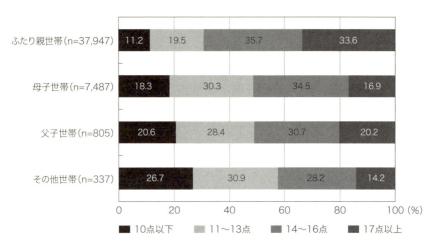

注：χ^2 (9) =1356.50, p<.001

図5-2-32　世帯別自己肯定感

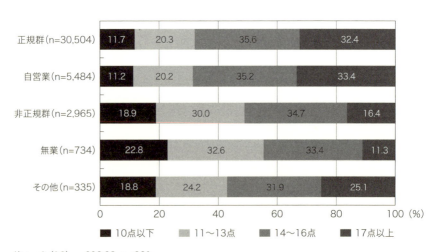

注：χ^2 (12) = 692.03, p<.001

図5-2-33　就労別自己肯定感

では、どうすればこの自己肯定感が育まれるか一般論ではなく、データで見ていく。以下のグラフにあるように、周りの大人が信頼すること（図5-2-

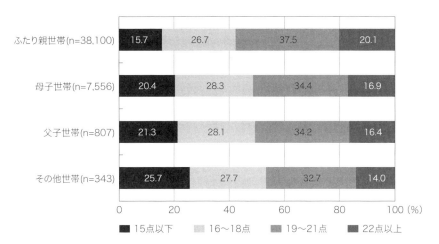

注：$\chi^2 (9) = 184.67, p<.001$

図5-2-34　世帯構成別　自己効力感

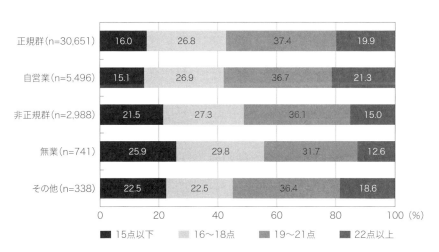

注：$\chi^2 (12) = 177.34, p<.001$

図5-2-35　就労別自己効力感

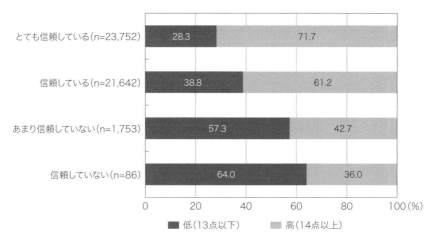

注：χ^2 (3) = 1016.66, p<.001
図5-2-36　子どもの信頼度別自己肯定感

36)、学校での出来事をたえず話せる相手になること（図5-2-37）、1人でいる時間を少しでも少なくすること（図5-2-38）、が大きな取り組みのヒントになるのではないだろうか。経済的事情において、働かねばならず、家庭において十分用意できないのであれば、そして誰もが持っているものを持ちえない子どもがいるとしたら、相対的貧困に該当し、これを社会で補完するというのがまさに子どもの貧困対策である。

5　考 察

以上、子どもの生活に関して特に学習や遅刻などに関連するところ含め確認してきた。

本調査の意義は、子どもの生活において今まで言われていたことを明確に実証的に明らかにしたことである。第1章に述べたように、本著は「子どもの貧困とは」ではなく、「子どもの貧困調査とは」である。科学的、実証的に現実を明らかに映し出すことを目的としている。なんとなく感じていたことを正確な実証的データによってリアルに子どもの生活が映し出されることに意味があ

第5章 生活と貧困 — 131

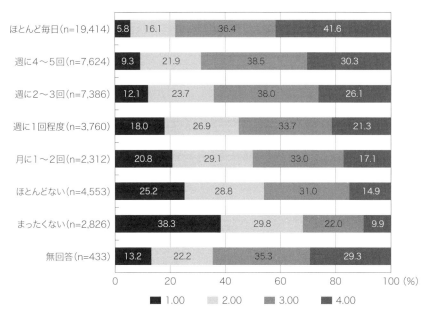

注：χ²(7) = 3990.96, p<.001

図5-2-37 学校でのできごとを話す別自己肯定感

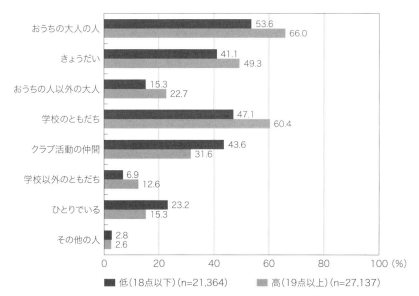

注：「その他の人」を除く、他の項目において、χ²値は有意であり、p<.001

図5-2-38 放課後一緒に過ごしている人別自己効力感得点別

る。

　先行研究において、子どもの自己肯定感が経済的問題に関連する、また学力に影響すると言われてきた。しかし、1つ1つではエビデンスがあっても、その1つ1つがどう絡み合って子どもの生活に関連していくのか、聞き取りの分析からの質的なストーリーの証明はあっても、あるいは現実のルポはあっても量的調査から子どもの生活に及ぼす影響を複数の関係性で十分明らかにされることはなかった。

　その中でまずは、全体構造として、自己肯定感要素や学習理解など学校生活の適応が親の経済的資本から単純に影響を受けているというより、経済的資本の欠如が、子どもに対するはく奪経験を生み、親の体調不良を生む。そして、そのことによって親子の触れ合いが十分取れず、自己肯定感要素に影響し、学習理解や登校意欲に関連していくという構造を明らかにした意義は大きい。対策として、詳細に検討できるからである。

　経済的課題を基本としつつ、親のソーシャルサポートが親の体調不良や親子のふれあい、子どもの自己肯定要素に影響することがわかった。最も経済状況が厳しい状況であっても親のソーシャルサポートによって、親の体調など親が変わることで親子のふれあいや、子どもを認めることができるようになり、子どもの自己肯定要素などは高まるなど可能性がみられた。つまり親支援によって効果がある項目である。

　しかし、親のソーシャルサポートがいくら高まっても、経済的資本や経済的理由で子どもに用意することができない、はく奪状況、学習理解や遅刻などは効果をもたらさず、経済格差を超えることはできなかった。これは大きく受け止める必要がある。

　少しでも補完することとして、放課後の子どもの生活を豊かにすることは、自己肯定要素や学習理解などに影響を与えることができる可能性があることも実証的に明らかにした。それは将来の進路の選択肢にもつながる。少なくとも1人でいる時間を少なくすることの取り組みが重要である。また、子どもの学習理解が高い子どもほど、様々な経験をしていることも明らかになった。

　経済的格差を超えることができなかった学習理解や遅刻をみると、10代で出産した親の子どもや施設入所の子どもの厳しさが鮮明になった。世代間連鎖しない予防のためにも、まずは10代の出産に対する何らかの経済的支援が必

要である。そして10代での出産や児童虐待と関係する孤立などへの対応として、親にはソーシャルサポートを受けることを当たり前にすることや、子どもには様々な放課後子どもを1人にしない取り組みが必要である。豊富な体験とセットになるために、高齢者との交流や自然と触れ合う体験、自分が認められたり、貢献したりする異年齢交流の体験、地域の大人と子どもたちの地域課題に対する対等な話し合いを行う塾議など、すでに各地で実践されている様々なレベルでの工夫が必要であろう。

　また、遅刻は、不登校の引き金になっているし、経済的背景が表面化している部分でもあり、必ず学校ではチェックしており、誰かが指導にあたっている項目である。ここから支援につなぐには絶好のポイントではないだろうか。

　家庭の経済状況別、親の就労形態別、親の出産年齢別（10代の妊娠）にみると、厳しい状況に置かれれば置かれるほど、出産年齢が若い状況になればなるほど、それぞれが子どもの進路希望に影響していることも明らかにしてきた。子どもが選択肢として、中学・高校を希望する傾向が強い。特に10代で出産した親の場合、あるいは施設入所の子どもたちは、進路が中学校・高校までと考えている傾向が強いが、将来の選択を広げる、保障する取り組みがより強固に必要である。制度があっても、本人や家族が十分知らないことがうかがえる。中学生段階における学校での情報提供、教師の理解など、すべての子どもが通う学校における取り組み（教師が行うという意味ではない）が必須である。各年齢に応じて、自分の将来をデザインするような自己学習時間を持つことも重要である。子どもの生活に視点を置いた教育を積極的に行うことである。

　自己効力感は経済的状況や世帯構成別、就労形態別に明らかに差は見られない。遂行できるかどうかまで考えると誰にとっても大きな課題である。しかし、自己肯定要素はふたり親とひとり親、正規や自営業と非正規や無業などに比較的差が見られた。認めてくれる相手がいるかどうかによって、自己の価値や存在意義を自覚するという意味では、周りに影響を受けやすい。自己肯定感はともすれば個人の責任にとらえられがちな概念であるが、周りの大人が子どもを信頼し子どもにとって信頼される体験、学校での出来事をたえず話せる相手を作ること、1人でいる時間を少しでも少なくすること、が具体的にすぐにできる取り組みであろう。経済的事情において、家庭において十分用意できないのであれば、これを社会で補完するというのが、まさに子どもの貧困対策である。

リジリエンスという概念は、社会福祉学立場において、その人にとって重い逆境、重大な困難・難事が表れる中で、個人の心理的、社会的、文化的、身体的、物的資源が本人に作用する方向を探し求め、安定した生活（ウェルビーイング）を維持する能力であるとともに、これらの資源が文化的に本人にとって意味ある方法で提供されるように、調整し利用する、個的・集合的な能力のことである（ウンガー＝秋山2012）とされる。つまり、本人が本人の力で調整し利用しうるように社会の側が作用する方向を求めねばならない。

▶注
1 交互作用とは、2の要因が組み合わさって現われる相乗効果のことで、縦軸に対して、横軸とグラフ項目の2の要因が影響しているのかどうかをみる。2つの要因が影響している場合、「交互作用がある」としている。
2 放課後過ごす人の項目変数は、第3章の表3-1に記載している。

▶文献
阿部彩（2009）「日本の子どもの貧困——失われた『機会の平等』」『学術の動向』14〔8〕（866〜72頁） https://www.jstage.jst.go.jp/article/tits/14/8/14_8_8_66/_pdf
阿部彩（2012）「『豊かさ』と『貧しさ』——相対的貧困と子ども」『発達心理学研究』23〔4〕（362〜374頁） https://www.jstage.jst.go.jp/article/jjdp/23/4/23_KJ00008521584/_article/-char/ja/
阿部彩（2015）「子どもの自己肯定感の規定要因」埋橋孝文・矢野裕俊編著『子どもの貧困／不利／困難を考えるⅠ——理論的アプローチと各国の取り組み』ミネルヴァ書房（69〜96頁）
Bandura, A (1977) Self-efficacy: toward a unifying theory of behavioral change. *Psychological Review*, 84 (2), 191-215.
五十嵐哲也・平岩あゆみ・吉野成美（2012）「中学生における学校生活スキルの各領域と自己効力感との関連」『Iris health : the bulletin of Center for Campus Health and Environment, Aichi University of Education』〔11〕（11〜16頁）
駒田安紀・山野則子（2018）「経済的課題が子どもの学力・心理的発達・生活習慣とそれらの関係に与える影響の予備的検討」日本子ども家庭福祉学会『子ども家庭福祉学』18（68〜80頁）
耳塚寛明（2007）「小学校学力格差に挑む——だれが学力を獲得するのか」（特集「格差」に挑む）『教育社会学研究』80（23〜39頁） file:///C:/Users/yamano322/Downloads/%E6%95%99%E8%82%B2%E7%A4%BE%E4%BC%9A%E5%AD%A680.%E8%80%B3%E5%A1%9A.pdf
日本財団（2018）「家庭の経済格差と子どもの認知能力・非認知能力格差の関係分析——2.5万人のビッグデータから見えてきたもの」 https://www.nippon-foundation.or.jp/what/projects/ending_child_poverty/img/5.pdf

お茶の水女子大学（2014）『平成25年度全国学力・学習状況調査（きめ細かい調査）の結果を活用した学力に影響を与える要因分析に関する調査研究』文部科学省委託研究国立大学法人お茶の水女子大学

大阪府立大学（2017）『大阪府子どもの生活に関する実態調査』

内田伸子（2018）「学力格差は幼児期から始まるか？：保育と子育ては子どもの貧困を超える鍵になる」江戸川大学『こどもコミュニケーション研究』Vol.1（1〜8頁）

Ungar (2011) Psychological Perspectives on Community Resilience: Physical and Social Capital in Contexts of Extreme Adversity. *Children and Youth Services Review*, Vol.1 33 (9).（= 2012、秋山薊二訳、日本ソーシャルワーク学会「第29回大会プログラム」）

湯澤直美（2009）「貧困の世代的再生産と子育て」『家族社会学研究』21〔1〕（45〜56頁）
https://www.jstage.jst.go.jp/article/jjoffamilysociology/21/1/21_1_45/_pdf/-char/ja

Ⅲ 外国につながる子どもの生活

1 なぜ外国につながる子どもの調査が必要なのか

　2018年末現在、日本に住む在留外国人▶1の数は273万1093人に上り、2015年から4年連続で過去最高を更新している（法務省「在留外国人統計」）。人口減少の進む日本において総人口に占める割合は2.0％を超えた。大阪府の在留外国人数も増加しており、2018年末現在、23万9113人と府の人口の約2.7％を占め（大阪府「推計人口」を基に算出）、全国第3位の多さである。

　少子化が進み子どもの数も減少している中で、全国の外国人児童生徒数も在留外国人の増加に比例して増えており、本調査を実施した2016年、公立学校に在籍する外国人児童生徒数は8万119人と過去最高を記録している（文部科学省「学校基本調査」）。その中で、公立の小・中学校に通う外国人児童生徒は6万9779人と総児童生徒数の約0.7％（同掲調査を基に算出）、大阪府では5494人で約0.8％となっている（大阪府「大阪の学校統計」を基に算出）。

　また、国内で生まれた新生児のうち両親もしくは両親のいずれかが外国籍である割合は、2017年には3.7％（厚生労働省「人口動態統計」を基に算出）、27人に1人に達し、単純に考えると、日本生まれの外国につながる子どもが1クラスに1人以上在籍する可能性が生じている。

　だが、このように増加し続けている外国人や外国につながる子どもの生活実態についての全国的な統計データはないに等しい。自治体レベルでは外国人に対する調査がいくつか実施されている▶2が、日本語教育や相談先、行政サービスの情報、またそれらに対する外国人の意識等に主眼が置かれ、外国人の経済状況を含めた生活実態に迫る客観的調査にはなっていない。外国につながる子どもに特化した調査となると、さらにデータに乏しい。日本国籍の外国につながる子どもに至っては、「その数の推定すら困難」（宮島2017）な状況である。

　日本において子どもの貧困が語られるようになって10年以上が経つ。その中に外国につながる子どもが少なからず存在することを支援者は肌で感じているが、「その肌感覚を数値にあらわす統計調査は現在のところほとんどない」

(山野 2017)。当然、日本人と同じ調査を行い、日本人との比較において分析が行われたことはほぼないものと思われる。

そこで本稿では、外国につながる子どもとその保護者の調査結果を日本人と比較しながら分析し、外国につながる子どもとその家庭の生活実態を明らかにすることを目的とする。

2　調査の対象と対象人数

表5-3-1　日常生活で使用する言語（複数回答）

	小学生	中学生	合計
日本語以外	142	117	259
日本語	24,043	21,107	45,150

今回の「大阪府子どもの生活実態調査」では、保護者に、日常生活でよく使う言葉を「日本語」「日本語以外」から選んでもらった（表5-3-1）。本稿においては「日本語以外」及び「日本語」と「日本語以外」の両方に○をした保護者とその子どもを対象として分析を行う[3]。（以下、図表中では、「外国人」と記す）。回答者は、母親が80.2％、父親が14.6％、祖父母等その他が4.0％、無回答が1.2％である。

この質問項目を設けたのは、外国につながる子どもは、国籍にかかわらず、日本語を母語としない保護者（母親の場合が多い）の下で育った場合に、言語や学習面に課題を抱えることが多いからである。事実、外国籍の児童生徒だけではなく、日本国籍であっても重国籍の場合や保護者の国際結婚により家庭内言語が日本語以外である場合等に日本語指導を必要とする子どもは少なくない（文部科学省 2017）。さらに、そうした子どもたちの家庭では、経済的資本、人的資本、社会関係資本といった3つの資本においても不利な状況に置かれている可能性が高い。

このように、本稿における「外国につながる子ども」は保護者が日本語を母語としない子どものことを指す。そのため、外国籍の子どもを指す外国人児童生徒の数と単純比較はできないが、本調査が実施された2016年の大阪府内公立小・中学校在籍外国人児童生徒数が占める割合は総児童生徒数の約0.8％であるのに対して、本調査の外国につながる子どもの割合は約0.5％である。

3　外国につながる子どもの貧困状況

　外国につながる子どもの家庭も日本社会の中にある以上、日本の社会構造の影響を受けていることは間違いがない。しかし、日本「国民」ではないという「外国人」の特殊性から、日本社会の中にしっかりと位置づけて客観的データを収集して把握、分析するという作業は、ほとんど行われてこなかった。支援の枠組みにおいても、言語や文化等の特有の事情に注視するあまり、外国につながる子どもの生活環境がいかなる状況にあり、その結果どのような課題が生じているのかという個々の詳細を明らかにする作業は十分に行われていたとは言えない。外国につながる子どもの課題を外国人ゆえの不利益にのみ帰するのではなく、特有の事情以外に起因する要因をも分析する必要がある。言語・文化の違いと階層差を二項対立的に捉えるのではなく、その両者を複合的に捉え、外国につながる子どもに特有の課題と、日本人の子どもと共通の課題を整理することが必要なのである。

　以上のような問題意識の下に、本稿では、外国につながる子どもの貧困の状況を、3つの資本の欠如の観点から見ていく。

3-1　経済的資本の欠如

　本項では、これまでほとんど明らかにされてこなかった外国につながる子どもの家庭の経済的資本の欠如の状態を数値で示し、貧困状況を明らかにする。

　初めに、世帯収入額を見てみよう。図5-3-1を見ると外国につながる子どもの家庭のほうが圧倒的に低所得層を成していることがわかる。この世帯収入額から外国につながる子どもの家庭の等価可処分所得（世帯の可処分所得を世帯人員の平方根で割って調整した所得）を算出してみると、平均値は203.9万円で日本人の74.1％、中央値は163万円で日本人の63.4％と低い割合になっており（表5-3-2）、経済的に非常に厳しい状況にあることが明らかである。表5-3-3の困窮度別割合を見ても、日本人は中央値以上の割合が50.8％で、中央値の半分を下回る相対的貧困率は14.3％であるのに対し、外国につながる子どもの家庭の場合、中央値以上の割合は28.8％に過ぎず、相対的貧困率は35.1％という極めて高率を示している。

第5章 生活と貧困

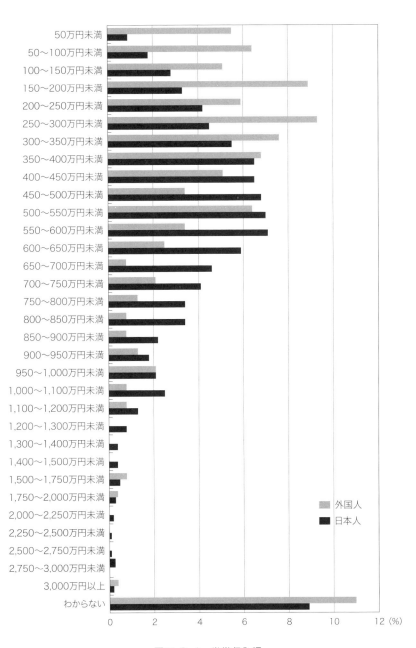

図5-3-1 世帯収入額

次に、世帯構成を見てみると、外国につながる子どもの家庭は、日本人に比べてひとり親世帯の割合が著しく高い（図5-3-2）。日本のひとり親世帯の相対的貧困率が50.8％（厚生労働省「平成28年国民生活基礎調査」）であることを考えると、このデータからも貧困の割合の高さが想定できる。

そこで、続けて世帯構成別に中央値未満の割合を見てみると（図5-3-3）、

表5-3-2 等価可処分所得

		外国人	日本人	日本人に対する外国人の割合
平均値		203.9万円	275.0万円	74.1%
パーセンタイル	25%	101.0万円	168.0万円	60.1%
	50%(中央値)	163.0万円	257.0万円	63.4%
	75%	263.0万円	347.0万円	75.8%

表5-3-3 困窮度別割合

困窮度分類	外国人 人数	%	日本人 人数	%
中央値以上	60	28.8	19,232	50.8
困窮度Ⅲ	58	27.9	11,138	29.4
困窮度Ⅱ	17	8.2	2,040	5.4
困窮度Ⅰ	73	35.1	5,412	14.3
合計	208	100.0	37,822	100.0

注：困窮度分類については、図1-1（28頁）参照

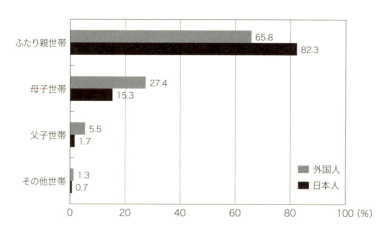

図5-3-2 世帯構成

第5章 生活と貧困

外国につながる子どもの家庭は日本人に比べていずれの世帯構成の場合にも中央値未満の割合が高く、ふたり親世帯であっても、60％を超えている。母子世帯については日本人であっても中央値未満の割合が80％を超えており、日本人と外国人とを問わず、日本で暮らすひとり親世帯、特に母子世帯の相対的貧困率が非常に高いことを裏づけている。さらに、外国につながる子どもの家庭の場合は、父子世帯であっても貧困の割合が高いことがわかる。

では、外国につながる子どもの保護者の就労状況[4]はどうであろうか。これまでも指摘されてきたように、外国につながる子どもの保護者は日本人に比べ正規群の割合が低く、非正規群の割合が高い（表5-3-4）。日本の貧困問題の特徴として、働いても貧困から抜け出せないワーキング・プアの問題がある。母子世帯の約半数が非正規雇用と言われ、非正規雇用であるがゆえの貧困が指

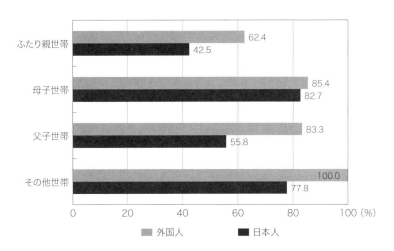

図5-3-3　等価可処分所得が中央値未満の割合（世帯構成別）

表5-3-4　保護者の就労状況

	外国人 人数	外国人 割合	日本人 人数	日本人 割合
正規群	103	64.0%	25,435	78.4%
自営業	19	11.8%	4,000	12.3%
非正規群	26	16.1%	2,331	7.2%
無業	5	3.1%	467	1.4%
その他	8	5.0%	210	0.6%

摘されているが、本調査では外国人の64％が正規雇用であるにもかかわらず、貧困率が高いワーキング・プアの状況にある可能性が示唆される。

そこで次に、就労状況別に中央値未満である割合（図5-3-4）を見てみると、外国につながる子どもの家庭はいずれの就労状況においても収入が中央値未満である割合が高く、中でも正規群といえども60％以上が中央値未満となっている。さらに非正規群にいたっては全世帯が中央値未満の生活であることから、外国につながる子どもの保護者は、労働者として低賃金・短期雇用で厳しい労働条件に置かれていることがわかる。

それでは、このように厳しい経済状況にある外国につながる子どもの家庭は、生活を守るセーフティネットとも言える社会保障費を受給できているであろうか。

まず、就学援助費の受給率は日本人よりも12％程度高く、所得の低さが反映されている（図5-3-5）。しかし、児童手当の受給率は日本人よりも低く、受給したことのない割合も高い（図5-3-6）。ひとり親家庭に主に支給される児童扶養手当にいたっては、受給率は50％を切り、日本人の7割程度しか受給していない。受給したことがない割合も40％以上に上る（図5-3-7）。

この違いは制度の案内や手続きの仕方が大きいと思われる。自治体や学校によって案内や手続きの仕方は異なると思われるが、就学援助費については就学

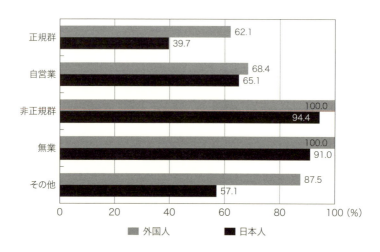

図5-3-4　等価可処分所得が中央値未満の割合（就労状況別）

第5章 生活と貧困 — 143

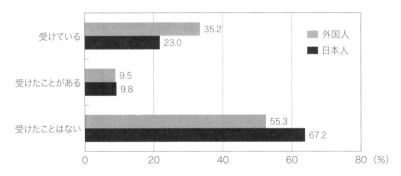

図5-3-5　就学援助費の受給率

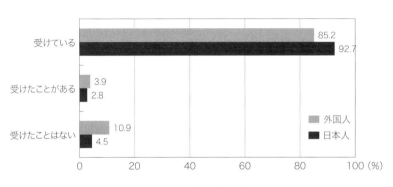

図5-3-6　児童手当の受給率

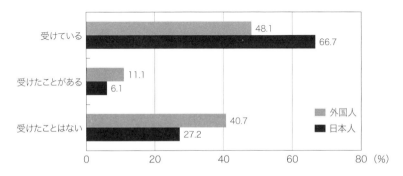

図5-3-7　児童扶養手当の受給率

前の説明会で書類が配布され、翻訳や通訳による説明が行われている学校もある。提出先も学校である。それでも必要な書類が揃えられないまま期限を過ぎてしまうことがあるという。

　一方で、児童手当や児童扶養手当については出産時や転入時、小中学校の入学時などに役所から説明がある場合もあるが、学校からの案内は他の配布書類と同時に配布されることがあるぐらいで、配布されたとしても他の多くの書類に埋もれてしまう可能性が高い。翻訳の対応もなされていない場合も多いため、書類の内容がわからないどころか、どの書類が大切なのかさえわからずに捨ててしまうケースもある▶5。

　何よりも、役所に申請に赴かなければならないことも高いハードルになっている。日々の生活に追われて手続きを後回しにしている間に時が経ってしまうということも多いという。会話はある程度できても読み書きの苦手な保護者は少なくない。身近に日本語のわかる知り合いや支援者がいなければ制度を知ることもできないし、たとえ制度を知っていても手続きに至るまでのハードルは日本人以上に高いのである。

　日本社会に暮らしながら、日本語がわからないがゆえに制度にアクセスできず、必要な社会福祉サービスを受けることができない状態は解消しなければならない。そのためには、案内や手続きの仕方を見直すとともに、どの自治体であっても外国人に対する「総合的な対応と支援」(高田 2016)が受けられる場が必要である。生活の各場面で異なる窓口が別々に対応するのではなく、外国人が必要とする社会福祉サービスに関する情報提供、日本語学習支援や通訳・翻訳等などを一本化して対応できるようなシステムを作る必要がある。

　また、養育費についても、受け取っている割合は4.2％と日本人よりさらに低く、ほとんど受け取っていない（図5-3-8）。養育費の未払いは日本人の場合にも大きな問題だが、日本人男性と国際結婚した女性の場合、夫婦の力関係において夫に支配されていることが少なくない。日本では夫以外に頼れる存在がいない中で、身体的、精神的暴力によって出身文化を否定され、それでありながら在留資格や経済的な問題によって夫に依存せざるを得ない場合も多いのである。父親や周囲の人間が母親の出身文化を否定する環境は、子ども自身のルーツ否定にもつながりかねず(高谷 2016)、受け入れる側の認識を変えていかなければならない。

相対的貧困の状態を可視化し、貧困の実態を明らかにするものとして、経済的な理由による経験を問うた「はく奪指標」がある。本調査でも「食費を切りつめた」「電気・ガス・水道などが止められた」「医療機関を受診できなかった」などの21の項目について、経験値を問う質問を行った。その結果、外国につながる子どもの家庭のほうが貧困率が高いにもかかわらず、日本人のほうが経験値が高い傾向が見られた（図5-3-9）。さらに、21の項目の「どれにもあてはまらない」と答えた割合もほぼ同率であることに鑑みると、生活観や価値観の違いなどによって、外国につながる子どもの家庭と日本人とでは指標の

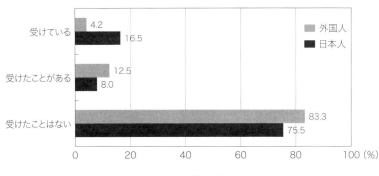

図5-3-8　養育費の受け取り率

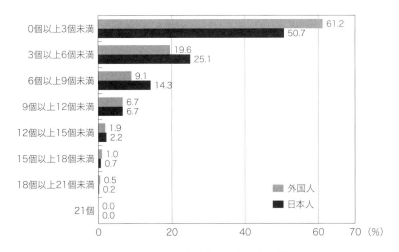

図5-3-9　経済的な理由による経験

有効度が異なる可能性が想定される。

　外国につながる子どもの家庭のほうが特に経験値が低かったのは、食費、新しい衣服や靴、趣味・レジャー、理・美容院へ行く回数など、身の回りの当座の生活に必要な金銭である。一方、経験値が高い項目の多くは、健康保険、年金、通信料、家賃・ローンなどの「支払い」や、転居、子ども部屋などの「住」に関わるものであり、後回しにできるものは後回しにし、「衣食」などの今すぐ必要なものにお金を使うという行動傾向が垣間見られる。

　さらに、「支払い」のうちでも健康保険や年金については、そもそも加入率が日本人とは異なる。2017年に実施された大阪府堺市の「外国人市民意識調査」では、健康保険の未加入者は5.5％であるものの、年金の未加入率は24.4％に上る。加入していた場合にも、支払いの優先順位が高いとは考えにくい。

　また、新聞・雑誌の購入を控えた割合の低さは、日本語の新聞・雑誌をもともとあまり購入しないことが考えられるし、鉄道やバスの利用を控える割合が高いのも、日本の交通費の高さは多くの外国人が驚くところであることを考えると理解できる。

　このように、本調査は日本人と同じ項目で行われたことに大きな意味があるものの、共通項目の選定にはなお一層の検討を要する。

3-2　人的資本の欠如

　前項では、外国につながる子どもの家庭は経済的資本が欠如し、貧困状況にある割合が高いことが明らかになった。本項では、外国につながる子どもとその家庭の人的資本の状況を考察する。

　本調査では、経済的な理由で親が子どものためにしてやれなかったことについても14の項目について、経験値を問う質問を行った。その結果、いずれの項目においても外国につながる子どもの家庭のほうが日本人よりも経験値が高い（図5-3-10）。外国人の保護者の場合、日本の習慣や文化を子どもに伝えられないことが課題となっているが、それだけでなく、貧困によって子どもの多様な生活体験が阻害されている可能性がある。生活体験は子どもの人的資本を構築する重要な要因であり、その欠如は学力にも大きく影響すると考えられる。

第5章 生活と貧困 — 147

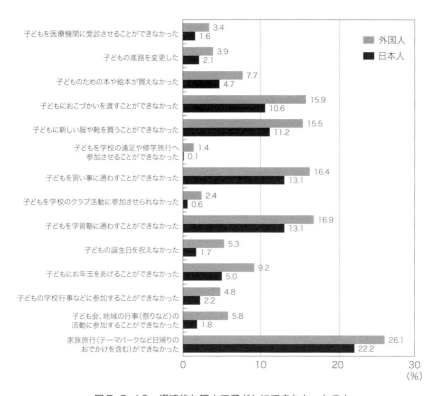

図5-3-10 経済的な理由で子どもにできなかったこと

　特に、日帰りのお出かけを含む家族旅行の経験ができていない子どもは4人に1人に上る。また、「習い事や学習塾に通わすことができなかった」が16％超と高い。これは、耳塚（2014）が家庭の社会経済的背景（Socio Economic Status）が低くても、算数・数学において高い学力を示している子どもの特徴として挙げている7つの項目（以下、耳塚の7項目）のうちのひとつ、「保護者が子どもに対して高い学歴を期待し、学校外教育投資も行う」の学校外教育投資ができない状況と考えられる。さらに、耳塚の7項目には「保護者が読書に関する働きかけをしてきている」という項目があるが、「子どものための本や絵本が買えなかった」保護者が8％近くおり、こうした日本語を母語としない保護者が図書館などを有効に活用しているとはあまり考えにくいことから、読書への働きかけが積極的に行われている可能性は低いと思われる。
　一方で、耳塚の7項目のうち、「保護者が授業参観や運動会など学校行事に

よく参加している」に関連して、「子どもの学校行事などに参加することができなかった」は4.8％と日本人より高率ではあるものの、逆に言えば95％以上の保護者が子どもの学校行事に参加していることがうかがえる。筆者が以前実施した支援者へのインタビューでも、外国につながる子どもの家庭は家族を大切にする価値観が強く、子どもが参加する学校行事には積極的に参加するという。しかし、その他のPTA等の活動や学校とのやり取りは、日本語の壁が大きく、日本の学校教育を経験していないことも相まって、何をすればいいのかわからずに敬遠することが多いという。

続いて、そうした保護者の学歴や、保護者が子どもにどこまでの学歴を期待しているか、また、子ども自身の進学希望や学習状況について考察する。

まず、保護者の学歴であるが、日本人の父親の場合、最も多いのは「大学卒業」で35.7％、次いで「高等学校卒業」の34.5％、母親の場合、最も多いのは「高専、短大、専門学校等卒業」の43.9％、次いで「高等学校卒業」の32.2％となっている。それに対し、外国につながる子どもの父親の場合、最も多いのは「高等学校卒業」の25.3％で、次いで「大学卒業」の23.0％、母親の場合も最も多いのは、「高等学校卒業」の26.2％で、次いで「大学卒業」の21.0％となっている。

しかし、特徴的なのは、外国につながる子どもの保護者の場合、「中学校卒業」が父親14.7％、母親15.1％といずれも10％を超える高率であることである。「中学校卒業」は、日本人の場合は、父母ともに3％前後の少数である。初めて親になった年齢も、外国につながる子どもの両親のほうが若い傾向にあり、10代で親になった割合も日本人の倍程度となっている。このことは親の人的資本の乏しさとして、子どもへの影響も大きいと考えられる。

その一方で、外国につながる子どもの保護者の場合、「大学院修了」も父親10.6％、母親5.2％といずれも日本人の4.0％、0.8％より高率で、保護者の学歴が二極化している。外国につながる子どもの家庭と一言で言っても、親の人的資本は家庭によって大きく異なるものと思われる。

とは言え、親の学歴と所得との関連において、外国につながる子どもの場合に特徴的なのが、親の人的資本である学歴の高さが必ずしも所得の高さにつながるとは言えないということである（図5-3-11、図5-3-12）。日本人の場合は、学歴が上がるほど所得の平均も上がるが、外国につながる子どもの父親

第5章 生活と貧困

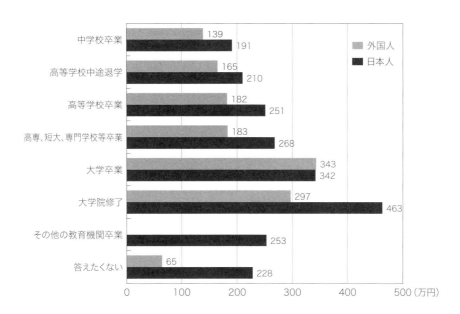

図5-3-11　父親の等価可処分所得（学歴別）

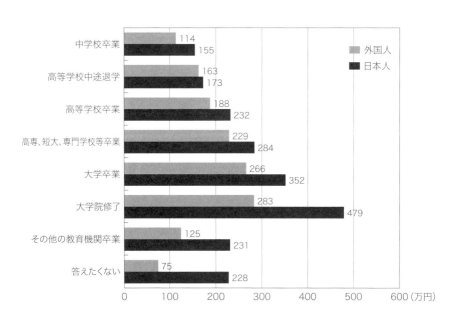

図5-3-12　母親の等価可処分所得（学歴別）

の場合、「大学卒業」までは学歴が所得と比例して上昇し、「大学卒業」で平均所得が最高となり日本人とほぼ肩を並べるものの、大学院を出ていても平均は大学卒業を下回る。母親の場合は学歴が上がるにつれて所得が上がってはいるものの、上昇率が低く抑えられている。今回の調査では卒業したのが日本の教育機関か母国の教育機関かという違いまでは明らかではなく、日本語能力等が影響している可能性も否定できないが、いずれにしても、学歴に応じて日本人と同等の所得を得るのが難しい状況が示唆される。

　次に、保護者の子どもに対する学歴期待を見てみよう。耳塚の7項目のうちのひとつ、「保護者が子どもに対して高い学歴を期待し、学校外教育投資も行う」との関連で見ると、先述のとおり、学校外教育投資は日本人よりも乏しい家庭が多かったが、学歴期待については、日本人よりも「高校」「大学・短期大学」等への進学を希望する割合が低く、「大学院」や「留学」などのより高い学歴を希望している割合が顕著に高い（図5-3-13）。この親の希望は子どもの進路希望にも反映されており、子どもが大学院や留学を希望する割合も、日本人に比べて著しく高くなっている。大阪は学歴を重視する傾向の強い中国人の割合が高いことや、大学院を修了した保護者の割合が高いことの影響も考えられるが、日系人の割合の高い「2016年外国人集住都市会議とよはし」の報告書においても日本の大学・大学院に進学させたいとの回答が71.9%に達していることを見ると、永住志向が高まる中で、就職差別を乗り越え日本で暮ら

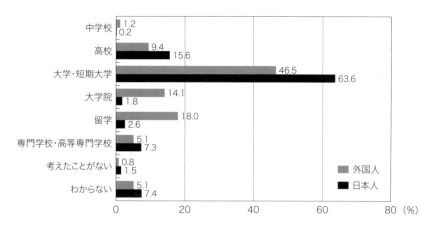

図5-3-13　子どもに対する学歴期待

していくために学歴の必要性を感じていると推測される。

　それでは、このような保護者の下で生活をしている子どもたちの学校での様子はどうであろうか。

　まず、学校の勉強の理解度については、外国につながる子どもは日本人に比べ「ほとんどわからない」「あまりわからない」と回答した割合が高く、学習面に課題がある子どもが多いことがわかる（図5-3-14）。日本人の子どもでも、5人から6人に1人の子どもが「わからない」「ほとんどわからない」「あまりわからない」と答えていることも無視できないが、外国につながる子どもになると、3人から4人に1人の子どもが授業についていけていない。一方で、「よくわかる」と回答した子どもの割合はほぼ変わらず、保護者の母語が日本語以外であっても、4人に1人は日本の学校の授業に十分ついていけていると考えられる。

　外国につながる子どもの場合、来日時期や来日年齢等によっても課題が異なる。母国で年齢相応の教育を受けて学齢期の途中の10歳前後以降に来日し、学習に対する姿勢ができている場合には、日本語の早期習得のために母語を活用し、日本語を集中して体系的に指導することが必要かつ有効である。日本生まれや幼少期来日の場合には、学齢期来日の場合とは「わからない」の質が異なり、日本語も母語も中途半端になるダブル・リミテッドなど、むしろ課題が大きいことも少なくない。一見すると、日常会話には不自由しない場合もあるため、本人の学習能力の問題に帰結されてしまいがちだが、実際は学習の基礎となる言語能力や生活体験などの不足から発達段階をクリアできておらず、学習能力にも課題が生じている可能性が高い。日本語が母語でないために言葉の

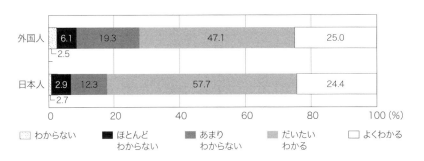

図5-3-14　学校の勉強の理解度

皮膚感覚が欠如し、考える力の基盤となる言語能力が不足してしまう。語彙数の不足や言語構造の理解なども課題となるが、言葉の理解の質を高め、言葉のイメージを広げて考え、抽象化していく力をつける作業が必要になる。

日本生まれや幼少期来日の外国につながる子どもの学習面、生活面の課題は、日本人で学習に困難を抱える子どもと共通のものも多い。外国につながる子どもに特有と思われがちな言語能力の不足や背景知識の不足も、程度の差こそあれ、環境によっては日本人の子どもにも起こり得る。日本人の中にも「日本語が書けないなど学習の遅れが著しい」子どもがいると同時に「子どもの貧困、困難な生活状況にある子どものなかに多くの外国につながる子どもがいる」（鈴木・原 2015）ことを念頭に置いて、外国につながる子どもにも日本人の子どもにも有効な指導・支援を行っていく必要がある。

そうした子どもたちの放課後の勉強時間について見てみると、外国につながる子どもは日本人以上に二極化が著しい。全く勉強しない、あるいは30分に満たない勉強時間の子どもの割合が日本人よりも多い一方で、2時間あるいは3時間以上勉強している子どもの割合が高いのである。全く学習習慣のない子どもと同じぐらいの割合で、しっかりとした学習習慣が身についている子どももいると考えられる。

耳塚（2015）によれば、勉強時間の多さが学力の獲得につながり、学力につながる学習時間のポイントが小6時点では「30分以上」であり、中3時点では「全くしていないかどうか」であるという。今回の調査では調査対象数の少なさから学力やその他の要因との相関関係を導くことはできず、また、国籍も不明であるため、学習時間の多い子ども、少ない子どもがそれぞれどのような家庭の子どもなのか、子どもの学習時間を規定する要因を明らかにすることはできなかったが、学習時間の多寡が家庭背景とは独立の要因として学力の獲得につながる可能性がある以上、貧困の連鎖を断ち切るためにも「全くしない」「30分より少ない」と答えた子どもたちの学習行動を変える仕掛けが必要であろう。

3-3 社会関係資本の欠如

次に、子どもの友人関係や保護者の社会とのつながり、親子関係等に関わる項目を考察する。親子関係は家庭内で人的資本を規定する要因とも考えられる

が、家庭外の人間関係や就労状況との関係から、本項で取り上げる。

　始めに、子どもが放課後に過ごす場所であるが、「ともだちの家」「公園・広場」「学校（クラブ活動など）」といった友人と共に過ごす場所の割合が日本人に比べて顕著に低い。特に「ともだちの家」で過ごす割合は、日本人の4割程度に留まり、友人関係の希薄さが浮き彫りになっている。また、「塾」「習いごと」といった学習の場の割合も低く、特に「習いごと」に通っている子どもは、日本人の6割弱程度しかいない。友だちとのつながりという社会関係資本に乏しく、学校外教育という人的資本にも恵まれていない様子が、このデータからもうかがえる。

　実際、放課後にだれと過ごすかという問いに対しても、友人関係の割合が著しく低い。それだけでなく、ひとりでいる割合が日本人よりも高いことも周りとのつながりの乏しさを示していて気になるところである（図5-3-15）。

　一緒に過ごす相手として一番多いのは大人の家族であるが、保護者に子どもの相手をする時間を尋ねた質問では、外国につながる子どもの保護者のほうが相手をする時間が長いと答えた割合が高い。平日も4時間以上一緒にいるとの答えが22.7％に上り、休日は3割の保護者がほぼ一日を子どもと一緒に過ごしている。家族以外の社会的つながりが乏しい中で、親子や家族の強い絆の中で生活している様子がうかがえる。一方で、平日に相手をする時間が15分に満たない保護者も7％と日本人の倍以上に達し、15分以上30分未満の割合も

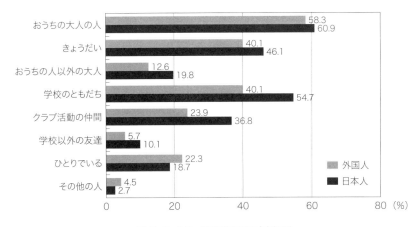

図5-3-15　放課後に過ごす相手

10％を超える。20％近い保護者がほとんど子どもと過ごす時間を持てずにいるのである。このような、時間の貧困ともいうべき状況は、就労状況の厳しさによる可能性が考えられる。

関連して、朝食や夕食を大人の家族と一緒に摂る割合を見ると、朝食については日本人の家庭とあまり違いは見られなかったが、夕食については一緒に摂る割合が下がる。特に顕著なのは、ほとんど一緒に食べない、全く一緒に食べないという割合が7.2％と日本人の倍以上になっていることである。保護者が家にいる時間帯を見ても、保護者が夕食時間までに家に帰ってくる割合は日本人よりも低く、寝た後に帰ってくる保護者や帰宅時間が決まっていない保護者が7.5％と一定数いる。このことは、保護者の就労状況が不安定であったり、夜勤等で家を空け、子どもだけで夜を過ごす家庭の割合が日本人家庭以上に多いことを示すものと考えられる。

一方、外国につながる子どもの家庭では、保護者が日本語ができないために宿題を見てもらうことができないとよく言われるが、今回の調査では、全く見てもらわない割合が日本人よりわずかに多いものの、全体的な割合としては日本人と大きく変わらなかった。日本人であってもおよそ6割の家庭では宿題をほとんど見ないか全く見ないと答えている。

そのような中で親子の会話について尋ねた質問では、子どもと会話をよくする、すると答えた保護者は、日本人も外国につながる子どもの保護者も9割を超える。問題は会話の中身で、子どもに、学校でのできごとについて保護者と話すかどうかを尋ねたところ、日常的に話すと答えた割合は日本人よりもかなり低く、4人に1人はほとんど話さない、全く話さないと答えている。保護者は子どもとよく話しているつもりでいるが、子どもは学校でのできごとを保護者には伝えていないのではないかという懸念が浮かび上がる。

では、外国につながる子どもはどのようなことに悩み、悩みを誰に相談しているのであろうか。

図5-3-16に見られるとおり、外国につながる子どもは「いやなことや悩んでいることはない」と回答した割合が日本人に比べて10％近く低く、4分の3近い子どもが何らかの悩みを抱えている。「学校や勉強のこと」「進学・進路のこと」や「おうちのこと」を挙げている割合が日本人に比べて高いほか、「自分のこと（外見や体型など）」や「ともだちのこと」も割合が高い。学習や

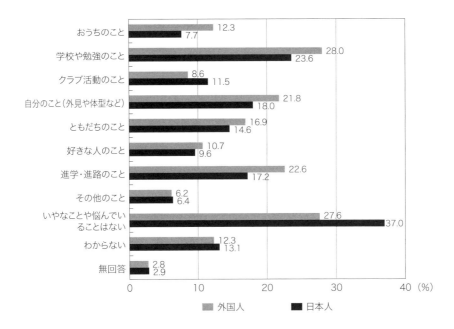

図5-3-16　いやなこと・悩んでいること

　将来の進路に対する不安を抱えつつも親には相談できず、友人関係や複雑な家庭環境などの悩みを抱え、日本人とは異なる自分の外見について悩み、アイデンティティの揺れに直面している姿がうかがえる。
　すでに述べてきたとおり、外国につながる子どもにとっては日本の学校での学習面の課題も非常に大きい。また、貧困率が高く、ひとり親家庭が多いことからも、複雑で困難な家庭環境にあることが推測できる。さらに、外国につながる子どものうち、特に日本生まれや幼少期来日の子どもの中には、他者への関心が薄く、積極的に他者との関わりを持つことができなかったり、自分の思いを表現できずにトラブルに発展するケースが指摘されている。学齢期の途中で来日した子どもの場合も、言葉の拙さや文化の違いから友人とのトラブルを抱えることも少なくない。
　そうした悩みを相談する相手についても、「だれにも相談できない」というよりも、「だれにも相談したくない」という割合が日本人よりも若干高く、いやな思いをしたことや悩みを誰にも言わずに自分の胸の内に抱えている様子が

156 ── 第2部 貧困の諸相 生活上のニーズに着目して

うかがえる（図5-3-17）。

相談相手として、日本人は「学校のともだち」が半数近いのに対して、外国につながる子どもは10％以上も低いことも、ともだち関係が希薄であったり、

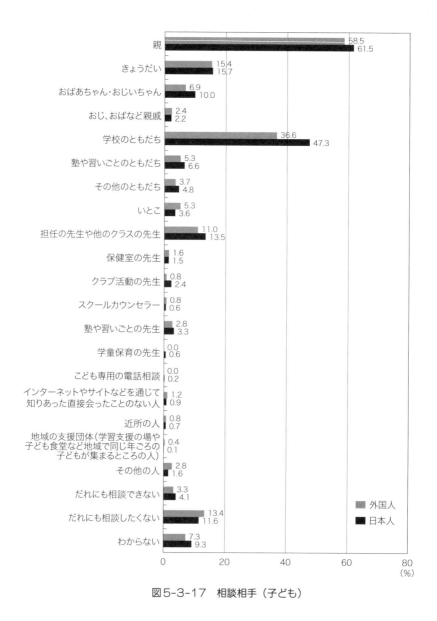

図5-3-17 相談相手（子ども）

むしろ悩みの元である可能性を示唆している。さらに、親、きょうだい、祖父母に相談する割合も日本人より微妙に低い。目を引くのが、おじ、おば、いとこなどの親戚やインターネット等で知り合った、会ったことのない人、その他の人など、最も身近というよりも、少し離れた存在を相談相手として選んでいる割合がわずかながら高いことである。家庭内のトラブルや自分についての悩みなど、誰にも相談したくないプライベートな胸の内の苦しさを、直接関係のない人だからこそ打ち明けられるのかもしれない。

最後に、子どもの人的資本に大きく関わる可能性のある（耳塚 2015）保護者の社会関係資本について考察する。

保護者に対し、身近に相談相手や支えてくれる人がいるかどうかを尋ねたところ、いずれの項目でも日本人に比べて相談相手や頼れる人が少ないという結果が見られた。特に、日々の生活の中で、話をすることで悩みを解消したり、子どもの世界を広げるためのアドバイスなどをしてくれる相手がなかなかいないようである。

では、どのような相手に相談しているかを見てみると（図5-3-18）、「相談できる相手がいない」と答えた割合が日本人の倍以上の5.7％となっている。身近な人への相談割合も、軒並み日本人より低い。以下、個別に見ていこう。

まず、「配偶者・パートナー」への相談割合は日本人より低く見えるが、ひとり親家庭が多く、ふたり親家庭が65.8％しかない中での相談割合が59.6％であるというのは、むしろ日本人より高い割合で「配偶者・パートナー」に相談していることがわかる。

次に「自分の親」や「配偶者・パートナーの親」への相談割合が低いことからは、親が日本にいない可能性や、国際結婚の場合に母語での相談ができない可能性など、日本人の場合よりもハードルが高い可能性が示唆される。さらに、外国人であろう「自分の親」に相談をしても日本の制度や日本での育児に関する情報は得られない可能性が高い。「きょうだい・その他の親戚」に相談する割合も日本人より低く3割以下である。

これまで、都市部の外国人は親戚や知人を頼って近隣に居住する場合も少なくなく、「エスニック・コミュニティといった社会関係資本」（是川 2012）が存在する例が数多く指摘されてきた。そうしたエスニック・コミュニティの存在が日本社会への適応の障害になる恐れが危惧されてきた一方で、集住地域にお

第2部　貧困の諸相　生活上のニーズに着目して

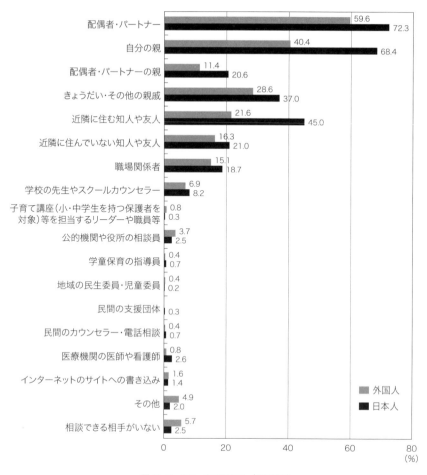

図5-3-18　相談相手（保護者）

いては定住化の流れの中でエスニック・コミュニティに情報資源が蓄積され、外国人の社会関係資本としての役割を増している様子も報告されている（山野上 2015）。

　しかし、本調査では、「近隣に住む知人や友人」に相談する割合は日本人の半分以下の2割程度にとどまる。報告されているような集住地域に居住する外国人ばかりではないことを考慮する必要があるとともに、散住地域における外国人の社会関係資本のあり方や出身国の違いなどを明らかにする詳細な調査が求められる。

また、以前から日本社会の中で社会関係資本に乏しく孤立しているシングルマザーの実態が指摘されているが（移住労働者と連帯する全国ネットワーク2010）、今回の調査でも、「配偶者・パートナー」以外の身近な存在への相談割合が低いことから、相談相手がおらず孤立したシングルマザーの存在が示唆されていると考えられる。

　さらに、数としては少数だが、日本人よりも相談に利用している割合が高いのが「子育て講座」「公的機関や役所の相談員」「地域の民生委員・児童委員」「インターネットサイトへの書き込み」である。特に公的機関に相談する割合が高いことも、身近な相談相手がいない中で、日本の制度等日本社会で生活するのに必要な情報を求める姿が想像できる。

　少数ながら挙がっている「インターネットへの書き込み」については、書き込みに限らず母語で検索ができるインターネットの情報は、近年、外国人にとって非常に有効な情報取得手段になっている。インターネット上の多言語での情報発信を強化し、また情報の整理を進めることは、今後ますます重要になるであろう。

　繰り返しになるが、これらの社会関係資本については居住地域や保護者の出身国等によっても異なる状況が想定されるため、地域ごとのより精緻な調査によって、大阪におけるエスニック・コミュニティやシングルマザー等の孤立の状況を把握し相談体制を整えると同時に、自ら相談に出向くことのできないまま孤立してしまうかもしれない外国人に対するアウトリーチが必要であると思われる。

4　調査の限界

　今回の調査は、日本人と同時に行われた大規模調査の中で外国につながる子どもの実態を明らかにしたという点で、大きな意味を持つものである。しかし、全体を対象とした調査であるがゆえの限界もある。

　第1に、絶対数の少なさである。全体としては詳細な分析に足るサンプル数を持つ調査であるものの、外国につながる子どもの割合が低いうえに、日本語の調査票を主とした実施であったために[6]回収率が低かった可能性がある。

そのため、データの相関関係を明らかにしたいと思っても数値が割れてしまい、信頼に足る結果が得られないものが多かった。

第2に、母語や母文化の異なる外国人に対する量的調査の難しさである。文化の異なる言語への正確な誤差のない翻訳は不可能にも近い。例え全ての言語に対応した翻訳版を用意したとしても、翻訳の段階で、文化の異なる言語の意味合いをどう翻訳するかというひとつめのバイアスがかかり、また、回答者がその翻訳をどう理解するかによって、全く異なる回答が導き出される恐れもある。例えば、「家族」という言葉ひとつをとっても、家族の範囲をどう捉えるかは文化によって大きく異なる。

第3に、「日常生活でよく使う言葉」が日本語以外である対象者が「日本語」のアンケートに回答するという矛盾が生じている▶7。保護者にしても、子どもにしても、どこまで日本語を理解して回答しているか、また、日本語がわかる人の手助けを受けながら回答したとしても、その第三者によるバイアスの問題もある。

第4に、外国人のみを対象とした調査ではないため、調査項目が必ずしも外国人の実態に即したものになっているとは言えない。例えば、家計の赤字を埋めるために親や親族からの仕送りを受けているという項目はあっても、出稼ぎ労働者や国際結婚家庭に多い、国の親族に仕送りをしているかどうかという項目はない。もちろん、日本人と同じ調査項目で調査をしていることにより、日本人と比較分析できることがメリットなのだが、はく奪指標の項でも書いたとおり、外国人と日本人の双方に共通の項目を選ぶ作業には、なお一層の検討が必要である。

第5に、国籍や出身地など家庭の言語・文化等を規定する要因についての情報がないまま分析を行なわなければならなかったことは、非常に残念である。例えば、今回の調査では持ち家率が48.3％と高い数値を示したため、大阪府下での永住傾向が強いことが想定しうるが、両親のいずれかが日本人である割合や、持ち家率の比較的高い中国籍の占める割合が明らかではないため、数値の持つ意味を分析しきれなかった。経済状況や学習時間の長短などの分析においても、国籍や出身地毎の詳細な分析は、今後の対応策を考えるうえでも必須である。

本調査はこのようにいくつもの限界をはらんでいるとはいうものの、在留外

国人、特に子どもや子どもの家庭の生活実態に関する全国的なデータがほとんどない中で、大阪府という広域自治体においてこれだけの統計データが示されたことに大きな意味がある。本調査が今後の施策や研究のあり方に一石を投じ、本調査を一つのステップとして、全国的な調査が行われ、さらにはインタビュー調査などを通じて、より精度の高い実態の把握が行われることを期待したい。

5　まとめ

　本調査を通じて、外国につながる子どもとその家庭が日本人の貧困家庭と同様の課題を抱えていることが改めて明らかになった。非正規雇用やひとり親家庭、ワーキング・プアなどの課題に起因する経済的困窮、時間の貧困、生活体験の乏しさ、社会的つながりの希薄さなど、国籍の如何を問わず、日本社会で暮らす子どもたちが貧困にあえぐ状態を解消するための方策が必要である。

　また、日本人でないからという理由で貧困状態にあることが見過ごされることのないように、国として、外国につながる人々の生活実態を可視化し、客観的データで把握することが求められる。そして、生活実態の全容を客観的に把握したうえで、言語・文化や制度の違い等に起因する特有の課題への対策を講じることが必要である。

　超少子高齢社会を迎えた日本社会の要請を受けて来日した人々とその子どもたちはこれからも日本社会の一翼を担い、日本社会で共に暮らしていく存在である。2017年には、介護の在留資格が新設され、2019年4月からは入国管理法の改正により新たな在留資格「特定技能」が創設された。この資格で来日する外国人は一部を除いて家族の帯同が認められず、定住・永住は認めないというのが現時点での制度設計である。あくまでも人手不足に対応するための労働「力」の受け入れであって移民政策ではないという方針が貫かれている。だが、日本に住む外国人は毎年20万人に迫る勢いで増え続けている。そうした人々の生活実態を把握することもなく、十分な受け入れ論議も尽くさず、受け入れ体制の整備もしないまま、新たな人材の受け入れを始めたことに危機感を覚える。しわ寄せが、これ以上、立場の弱い子どもたちにくることのないよう、早

急な対応が必要である。

　本調査を分析する中で、ひとつだけ、救われたことがある。分析を通じて見えてきた外国につながる子どもの保護者の姿は、経済的に厳しい中、言語や習慣の異なる環境の中で孤独や不安を覚えながら子どもを育てているというものであった。しかし、彼らは将来に対する希望を失ってはいない。「将来に対して希望を持っていますか」という問いに対し、「希望が持てる」と答えた割合は日本人が27.7％であるのに対し、外国につながる子どもの保護者は53.8％もの保護者が「希望が持てる」と回答しているのである。現状の生活は厳しいものかもしれないが、彼らは毎日の生活に必要な衣食は最低限確保し、子どもたちの将来に期待しながら、日本で精いっぱい、希望を失わずに生きている。そんな保護者の姿を子どもたちが見て、そのたくましい精神性を受け継ぎ、将来を切り拓いていってもらいたいと切に願うばかりである。

▶注
1　「在留外国人」数というのは、法務省が在留管理制度に基づき公表している「中長期在留者」と「特別永住者」の合計数。「中長期在留者」というのは、入管法上の在留資格（日本での滞在や活動について定めた資格）をもって日本に中長期間在留する外国籍者のことで、3か月以下の短期滞在者、「特別永住者」、在留資格を有しない人は含まれない。「特別永住者」というのは、第2次世界大戦終戦以前から日本に住み、サンフランシスコ講和条約によって日本国籍を離脱した後も日本に在留している台湾・朝鮮半島等出身者とその子孫。
2　外国人の生活実態等に関する調査は、岐阜県、静岡県、浜松市、可児市、大阪府堺市、大阪市西淀川区、岡山県、島根県等で実施されている。
3　「日本語」と「日本語以外」の両方に○（複数回答）をした保護者とその子どもを対象に加えるかどうかについては議論があったが、日常的に日本語以外の言語を使用するならば、外国出身の可能性が高いという判断をした。
4　「就労状況」の分類については「大阪府子どもの生活に関する実態調査報告書」の「就労状況」分類（39頁）に基づく。
5　最近では、返事が必要な書類や重要な書類をクリアファイルに入れる工夫をする学校もあり、書類の重要性や提出期限を伝えるためのスタンプも数か国語で販売されている。
6　翻訳版は、外国人保護者の多い中国語とタガログ語を用意したものの、希望者配布という形を取ったため、利用した人はほとんどいなかった。
7　注6と同じ。

▶文献
外国人集住都市会議（2016）「セッション1『外国人住民の日本語能力の獲得について』資

料」『外国人集住都市会議とよはし報告書』(89 〜 98 頁)
法務省 (2019)「在留外国人統計」
移住労働者と連帯する全国ネットワーク・移住者と貧困プロジェクトチーム (2010)「在日外国人と貧困——現状と提言」厚生労働省ナショナルミニマム研究会第6回配布資料1(13 〜 21 頁)
厚生労働省 (2018)「平成29年人口動態統計」
厚生労働省 (2017)「平成28年国民生活基礎調査」
是川夕 (2012)「日本における外国人の定住化についての社会階層論による分析——職業達成と世代間移動に焦点をあてて」『ESRI Discussion Paper Series』283、内閣府経済社会総合研究所
耳塚寛明 (2014)『平成25年度全国学力・学習状況調査（きめ細かい調査）の結果を活用した学力に影響を与える要因分析に関する調査研究』国立大学法人お茶の水女子大学
耳塚寛明 (2015)『平成26年度学力調査を活用した専門的な課題分析に関する調査研究（効果的な指導方法に資する調査研究』国立大学法人お茶の水女子大学
宮島喬 (2013)「外国人の子どもにみる三重の剥奪状態」『大原社会問題研究所雑誌』657、法政大学大原社会問題研究所 (3 〜 18 頁)
宮島喬 (2017)「外国人の子どもたちの現在——なぜ『外国人の子ども白書』なのか」荒牧重人ほか編『外国人の子ども白書——権利・貧困・教育・文化・国籍と共生の視点から』明石書店 (3 〜 7 頁)
文部科学省 (2016)「平成28年度学校基本調査」
文部科学省 (2017)「『日本語指導が必要な児童生徒の受入状況等に関する調査（平成28年度)』の結果について」
大阪府 (2019)「推計人口（月報）」
大阪府 (2017)「大阪の学校統計（学校基本調査確報）平成28年度（確報）」
堺市 (2018)「平成29年度外国人市民意識調査報告書」
総務省統計局 (2019)「人口推計」
鈴木健・原千代子 (2015)「青丘社・川崎における多文化家族支援——外国につながる子ども＆経済的に困難な子どもの学習支援・居場所づくり事業」『月刊 社会教育』(2015.8)『月刊 社会教育』編集委員会 (26 〜 31 頁)
髙田充清 (2016)「外国人を対象とした福祉法の必要性」『同志社大学　日本語・日本文化研究』14 (105 〜 126 頁)
高谷幸ほか (2015)「2010 年国勢調査にみる外国人の教育——外国人青少年の家庭背景・進学・結婚」『岡山大学大学院社会文化科学研究科紀要』39、岡山大学 (37 〜 56 頁)
高谷幸 (2017)「外国籍ひとり親世帯と子ども」荒牧重人ほか編『外国人の子ども白書——権利・貧困・教育・文化・国籍と共生の視点から』明石書店 (97 〜 100 頁)
山野良一 (2017)「外国人の子どもの貧困」荒牧重人ほか編『外国人の子ども白書——権利・貧困・教育・文化・国籍と共生の視点から』明石書店 (82 〜 85 頁)
山野上麻衣 (2015)「ニューカマー外国人の子どもたちをめぐる環境の変遷——経済危機後の変動期に焦点化して」『多言語多文化：実践と研究』7、東京外国語大学多言語・多文化教育研究センター (116 〜 141 頁)

第6章

健康・つながりと貧困

Ⅰ　子どもの健康格差… 駒田 安紀
Ⅱ　つながり格差…　　小林 智之

I 子どもの健康格差

1 問題の背景と目的

　健康であるか不健康であるかということは、階層やジェンダー、エスニシティ、年齢、コミュニティなどの社会的区分（social divisions）の1つと見なされ得る。しかし、他の社会的区分と異なる点は、人々が健康と不健康の間において両方向に対する移動性を帯びているという点である（Graham, Payne, Payne et al. 2013）。ところが、健康―不健康間の移動性を失い、不健康に固定されてしまう場合があり、その要因の1つに挙げられるのが貧困である。

　貧困が生み出す健康格差は、大人のみならず子どもにおいても問題視されてきている。特に、子どもの場合、自ら貧困を脱する力を持たず、同じ世帯の大人の貧困から直接的に影響を受ける。それは、例えば貧困によって食事における栄養が不十分な状態になることや医療サービスへのアクセスが制限されることなどに加え、子どもの頃から身につけるべき健康に関わる生活習慣や知識が適切に形成されないという面での不利が生じる、といったものである。結果として、成長過程にある子どもの資本となるべき心身の適切な発達のみならず、その後の健康に対しても悪影響が及ぼされることが危惧されている。

　貧困がもたらす子どもの心身の健康格差については、近年、日本でも実証研究が蓄積されてきた。それらは大きく、3つに分類することができる。1つ目は、貧困の世帯に暮らす子どもにおいて、虫歯が多い（足立区 2016；東京都福祉保健局 2017）、肥満である割合が高い（足立区 2016；佐藤・山口・和田他 2016）、湿疹を生じている割合が高い（Sasaki, Yoshida, Adachi et al. 2016）といった、具体的な症状や状態に着目したものである。

　2つ目は、貧困であるほうが入院経験が多く通院経験が少ない（阿部 2009）、風疹・麻疹の予防接種率が低い（足立区 2016）、インフルエンザの予防接種率が低い（東京都福祉保健局 2017；佐藤・山口・和田他 2016）、時間外受診の経験が多い（佐藤・山口・和田他 2016）、受診抑制経験がある割合が高い（東京都福祉保健局 2017）といった受診行動に着目したものである。

3つ目は、困窮状態にある子どものほうが自らの健康状態を良くないと捉えている（東京都福祉保健局 2017）、貧困層の子どもにおいて主観的健康度の良い子どもの割合が低い（阿部 2010）といった、主観的な健康状態に着目したものである。

　これらを踏まえ、本調査においては、自記式質問紙を用いて子どもの主観的な健康状態を把握するため、具体的な自覚症状の有無に関する質問項目を設けた。これは、1つには、何らかの診断を受ける段階に及ばない、あるいは経済的な理由で受診行動につながらない子どもにおいても、より日常的かつ主観的な不調をすくい上げることを可能にするためである。もう1つは、中流階級以上や高学歴である人々は健康をウェルビーイングとして捉えるのに対し、労働階級や学歴の比較的低い人々においては健康を「病でないこと」と捉える傾向があることから（d'Houtard & Field 1984）、健康の程度をたずねるのではなく、具体的な症状の有無をたずねる方法を用いることで、実態により近い結果が得られると考えられるからである。

　加えて本調査では、健康に関わる生活習慣についてもたずねている。貧困により不健康をもたらしうる生活習慣の格差についても、これまでに、貧困であるほうが朝食の欠食率が高いこと（足立区 2016；東京都福祉保健局 2017）、夕食の孤食、就寝時刻が不規則であることや運動習慣がないこと、テレビ視聴時間やゲームで遊ぶ時間が長いこと（足立区 2016）などが報告されている。

　なお、ここまで触れてきた貧困という概念は調査主体によって多少の異なりを見せており、世帯所得と世帯人員とで捉えているものの他、家計状況や子どもの体験・所有物におけるはく奪を含めて捉えているものも見られる[1]。本調査では、第2章で示したようにはく奪によって貧困を捉える方法と3つの資本（capital）の欠如で捉える方法とを用いている。

　本章で分析に用いる質問項目は、子ども用質問紙より、起床時刻（問2）、就寝時刻（問3）、睡眠時間（問4）、摂食頻度（問5〜7）、入浴頻度（問8）、学習理解度（問15）、悩みごと（問18）、自覚症状（問21）、身長・体重（問26）である。問21は複数回答、他は単一回答の形式で選択肢を設けた。

　ここで、本章の流れを紹介しておく。まず2節では、子どもたちがどのような生活習慣を身につけ、どのような自覚症状を感じているのか、学年別・男女別に示す。3節では、はく奪指標（第2章参照）によって健康状態がどの程度予

測可能かを単回帰分析から明らかにする。

最後に4節では、特に子どものメンタルヘルスに着目し、本調査での貧困の枠組みである経済的資本、ヒューマン・キャピタル、ソーシャル・キャピタルの3つを用いてどのように説明することができるかをパス解析から明らかにし、学年別に男女比較を試みた[2]。

2 小中学生、男女ごとにみた生活習慣と自覚症状、肥満度

ここでは、健康に関わる生活習慣と自覚症状、身長・体重から算出された肥満度を、学年・性別ごとに確認する。

まず、起床時刻の規則性（図6-1-1）では、同じ時刻に起きている割合は小5では男子で61.5%、女子で61.3%であり、中2では男子で64.1%、女子で65.5%と、わずかではあるが中2のほうが規則正しく起床している割合が高い。また、起床時刻が一定でない割合（「あまり、起きていない」「起きていない」）は小5・中2とも、女子のほうがわずかに低かった。

次に、就寝時刻（図6-1-2）を見ると、小5では午後10時台に就寝する割

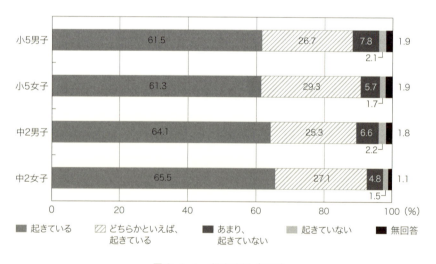

図6-1-1　起床時刻（平日）

合が4割程度で最も高く、次いで午後9時台に就寝する割合が高い。男女別に見ると、午後11時までに就寝する割合は男子で73.4%、女子で70.8%[3]、午後11時以降に就寝している割合は男子では15.7%、女子で17.3%とわずかな差ではあるが女子のほうが遅く就寝する傾向にある。学研教育総合研究所（2016）による小学生を対象とした調査でも、小5男女を比較すると女子のほうが寝る時間が遅い傾向にある。

また、就寝時刻が決まっていないのは男女とも10%程度であった。文部科学省（2015）による全国調査の結果では、小5・小6における就寝時刻は午後9時台が最も多く41%、次いで10時台が36%であり、これと比較すると本調査での小5の就寝時刻はやや遅い傾向にあると考えられる。

中2の就寝時刻は、午後11時台が男女とも4割弱で最も多い。男女別に見ると、午前0時までに就寝する割合は男子で66.8%、女子で57.5%、午前0時以降に就寝する割合は男子で17.0%、女子で25.2%であり、中2でもやはり女子のほうが就寝が遅い傾向にあり、小5よりも大きな差が生じている。また、就寝時刻が決まっていない割合は15%程度であり、小5を5ポイントほど上回っていた。ここでも文部科学省（2015）の全国調査結果を見ると、中学生全体における就寝時刻は午後10時台が33%、午後11時台が35%であり、比較すると本

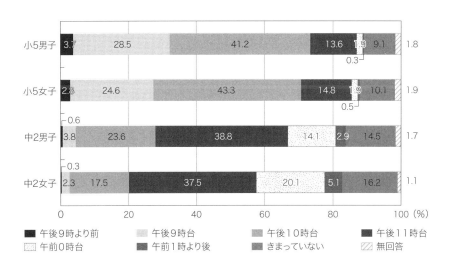

図6-1-2　就寝時刻（平日）

調査では中2の就寝時刻もやや遅いと考えられる。

中2では部活や勉強に時間を割くために、小5に比べ就寝時刻が遅くなるのは当然のことと考えられる。しかし、浅岡（2009）によれば、思春期になると子どもたちが夜更かしをするようになることは海外でも同じ傾向があり、青年期にかけて睡眠の時間帯が遅れやすい時期とも言われている。

睡眠時間（図6-1-3）に関しては、小5では8時間台が最も多く4割弱、次いで9時間台が3割程度、中2では7時間台が最も多く4割弱、次いで8時間台が25％前後であった。睡眠時間が一定でないのは小5で男女とも5～6％、中2で男女とも10％弱と中2のほうがやや多い。男女差に着目すると、小5ではあまり差は見られないが、中2では7時間未満が男子で18.7％、女子で25.3％、8時間未満が男子で56.0％、女子で61.3％と、女子のほうが比較的睡眠時間が短い傾向にある。思春期から青年期にかけての日本人において女子のほうが睡眠時間が有意に短いことは既に他の研究でも示されており（Ohida, Osaki, Doi et al. 2004）、本調査の結果を裏づけるものとなっている。

しかしながら、男子でも睡眠時間が十分であるとは言えない。アメリカ睡眠財団の発表による推奨される睡眠時間（Hirshkowitz, Whiton, Albert et al. 2015）は、6～13歳では9～11時間、14～17歳では8～10時間とされており、これを

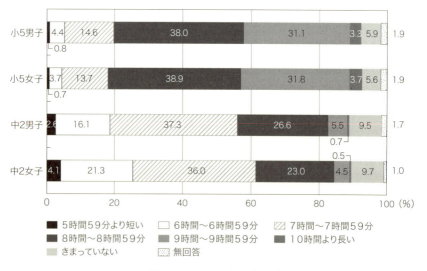

図6-1-3　睡眠時間（平日）

基準にすると本調査では小5・中2とも6割前後が短い睡眠時間であると考えられる。

次に、朝食摂食頻度（図6-1-4）を見ると、ほぼ毎日朝食を摂るのは小5で90%程度、中2では85%程度と、わずかではあるが中2のほうが低い。これは、文部科学省（2015）の調査による、毎日朝食を摂る割合は小学生で89.3%、中学生で86.3%であるという結果とほぼ一致している。起床時刻の規則性とあわせて考えると、中2のほうが起床時刻が一定である割合がわずかに高いにもかかわらず、朝食をほぼ毎日摂る割合は低くなっていることがわかる。そこで、朝食摂食頻度が週4～5回以下である場合の欠食理由を図6-1-5に示した。朝食欠食理由に「時間がない」と答えた割合は、小5男子で36.9%、小5女子で39.6%、中2男子で38.5%、中2女子で42.1%であり、男女とも中2が小5を2ポイント程度であるが上回っており、女子のほうがわずかに割合が高い。また、中2男子では「食べる習慣がない」が7.7%と他に比べ高くなっている。

幼児期・学童期を対象に朝食欠食理由のレビューを行った小林・篠田（2007）では、いずれの調査でも第1位と第2位に挙げられたのは「時間がない」「食欲がない」であり、「時間がない」は学年が上がるにつれて該当割合が高くなった。「朝食が用意されていない」という理由も5～10%程度該当があり、

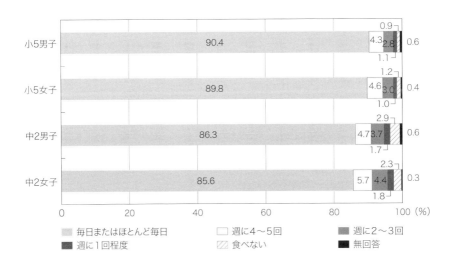

図6-1-4　朝食摂食頻度

これらは本調査でも同様の傾向を示している。また、男女差については調査により様々であり、一定の傾向は示されなかった。

一方、夕食（図6-1-6）については98%前後が毎日摂っており、学年や男女による違いはほとんど見られない。しかし、休日における昼食の摂食頻度

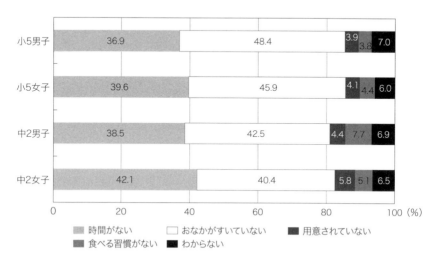

図6-1-5　朝食摂食頻度が週に4～5回以下の場合の欠食理由（無回答を除く）

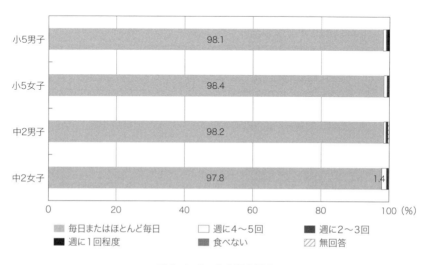

図6-1-6　夕食摂食頻度

（図6-1-7）では、必ず食べる割合は小5男子で86.1%、小5女子では83.6%、中2男子では82.3%、中2女子では73.7%と、中2女子において低い結果となっている。入浴頻度（図6-1-8）では、ほぼ毎日入浴する割合は小5で93～94%、中2で95～96%と、ごくわずかではあるが中2のほうが割合が高かった。

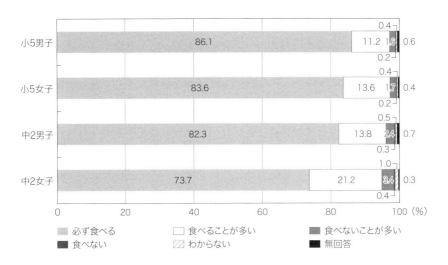

図6-1-7　昼食摂食頻度（休日）

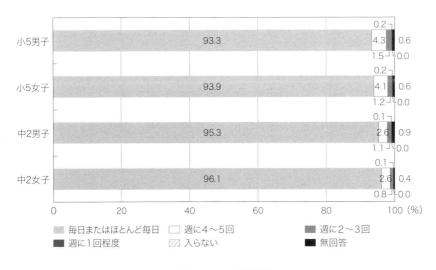

図6-1-8　入浴頻度

以上、健康に関わる生活習慣を総合すると、睡眠習慣のうち起床時刻は中2のほうが小5よりも、女子のほうが男子よりもわずかながら規則性が見られた。就寝時刻については小5よりも中2のほうが遅く、睡眠時間も短い。また、男女で比較すると、小5・中2いずれにおいても女子のほうが就寝時刻が遅く、特に中2女子においては睡眠時間も短い傾向が顕著であった。文部科学省（2015）の全国調査結果と比較すると総じて就寝時刻がやや遅いと考えられるが、調査年や調査地の特徴によって異なる可能性も推測される。

　摂食習慣に関しては、夕食はほとんど全員が摂取しており学年・性別による大きな差は見られなかったが、朝食は中2では小5に比べ毎日摂食する割合が低かった。朝食欠食については、時間がないことや食欲がないことが理由の大半を占めた。また、休日の昼食を必ず食べる割合は朝食・夕食を毎日食べる割合よりも低く、特に中2女子においては昼食を必ず食べるわけではない割合が3割近くに上っていた。入浴習慣に関しては9割以上がほぼ毎日入浴しており、中2のほうがその割合はわずかに高かった。

　睡眠習慣・摂食習慣ともに、中2女子においては望ましいものではなくなる傾向にあると言える。特に睡眠習慣に関しては先行研究でも指摘されていることから、本調査の対象に限らない広い範囲での課題であることも推測される。

　次に、自覚症状への該当割合を確認する。自覚症状は、「ねむれない」「よく頭がいたくなる」「歯がいたい」「不安な気持ちになる」「ものを見づらい」「聞こえにくい」「よくおなかがいたくなる」「よくかぜをひく」「よくかゆくなる」「まわりが気になる」「やる気が起きない」「イライラする」の12の症状についてそれぞれ有無をたずね、さらに「とくに気になるところはない」「その他」「わからない」の選択肢も設けた。各症状に該当した割合を、学年・性別ごとに図6-1-9に示す。

　学年間で比較すると、小5のほうが該当する割合が高い自覚症状は「よくかゆくなる」という皮膚の症状であった。該当する疾患としてはアトピー性皮膚炎が考えられるが、年齢が上がるにつれて有症率が下がる（笠置 2001）ことも関係していると考えられる。また、小5では「とくに気になるところはない」つまり自覚症状を感じていない割合が高く、他の症状の該当割合よりも高いという特徴がある（男子28.7%、女子26.2%）。一方、中2のほうが該当する割合が高い自覚症状は「よく頭がいたくなる」「不安な気持ちになる」「ものを見づら

第6章 健康・つながりと貧困 — 175

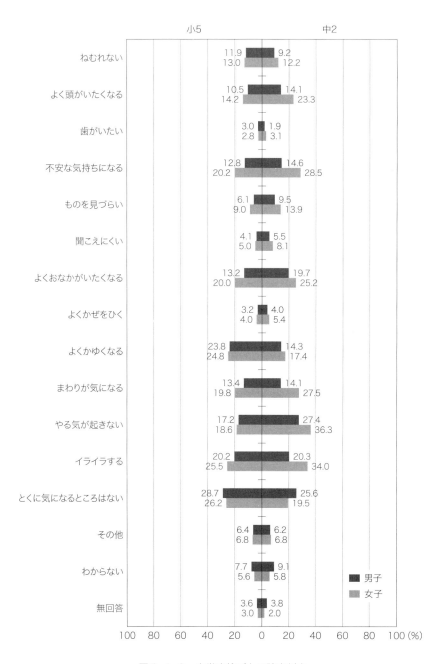

図6-1-9　自覚症状ごとの該当割合

い」「よくおなかがいたくなる」「まわりが気になる」「やる気が起きない」「イライラする」であり、最も該当割合が高いのは「やる気が起きない」であった（男子27.4%、女子36.3%）。

次に、性別間の比較をすると、ほとんどすべての自覚症状において女子のほうが該当割合が高かった。小5女子では「不安な気持ちになる」「よくおなかがいたくなる」「まわりが気になる」「イライラする」が多く、中2女子では「よく頭がいたくなる」「不安な気持ちになる」「よくおなかがいたくなる」「まわりが気になる」「やる気が起きない」「イライラする」が多かった。中でも中2女子では「やる気が起きない」に該当する割合が36.3%、「イライラする」に該当する割合が34.0%と、いずれも3人に1人はこれらの症状を抱えている計算になる。

これら、中2のほうが小5よりも該当割合の高いもの、女子のほうが男子よりも該当割合の高いものは、その多くが広くメンタルヘルスに関わる症状と捉えることができる。本調査では医師による診断等を用いているわけではないため断言することはできないが、近年の児童や生徒においてメンタルヘルスの問題が大きくなっていること、またこうした症状がストレスや精神面による心身症や不定愁訴としても扱われている（日本小児心身医学会 発行年不明；内田・松浦 2001）ことから、ここではメンタルヘルスに関わる可能性のある症状（以下では「メンタルヘルスに関わる症状」とする）として扱うこととする。

このように、自覚症状の中でもメンタルヘルスに関わる症状について男女差が見られたことから、こうした差が統計学的にも有意であるかどうかを明らかにするため、自覚症状を身体症状とメンタルヘルスに関わる症状の2つに分類し、それぞれについて検定を試みた。症状は以下のように分類する。

身体症状：
「歯がいたい」「ものを見づらい」「聞こえにくい」「よくかぜをひく」「よくかゆくなる」の5項目

メンタルヘルスに関わる症状：
「ねむれない」「よく頭がいたくなる」「不安な気持ちになる」「よくおなか

がいたくなる」「まわりが気になる」「やる気が起きない」「イライラする」の7項目

それぞれの分類において学年・性別ごとに該当個数を算出し、学年ごとに男女間でMann-WhitneyのU検定を行ったところ、**表6-1-1**のような結果が得られた。

表6-1-1　症状2分類における該当個数

	身体症状		U検定 p値	メンタルヘルスに関わる症状		U検定 p値
	平均値	標準偏差		平均値	標準偏差	
小5男子	0.42	0.67	<.001	1.03	1.36	<.001
小5女子	0.47	0.72		1.35	1.58	
中2男子	0.37	0.68	<.001	1.24	1.51	<.001
中2女子	0.49	0.79		1.91	1.87	

身体症状はどの群においても平均該当個数は1未満であるのに対し、メンタルヘルスに関わる症状については小5男女および中2男子では1～1.5、中2女子では1.91であった。U検定の結果を見ると、身体症状、メンタルヘルスに関わる症状の可能性があるものいずれにおいても、女子の該当個数が男子の該当個数よりも有意に多かった（p<.001）。

これまでにも、小5と中3の不定愁訴に関する比較調査から、中3のほうがだるさや朝不調などにおいて該当割合が有意に高いこと、女子のほうが男子よりも不眠が有意に多いことが報告されている（内田・松浦 2001）他、小学生女子において頭痛やめまい、イライラなどの自覚疲労が男子よりも多い（濱名・早渕・南里他 2003）など、本調査の結果もこれまでの調査結果と同様であり、少なくとも20年近く同じ傾向が続いていると言える。

最後に、肥満度を示す。肥満度の測定にはローレル指数［体重(kg)÷身長(cm)^3×10^7］を用いた。身長の選択肢は「124.9cm以下」「125cm～129.9cm」以降5cm刻みで「180cm以上」まで、体重の選択肢は「24.9kg以下」「25kg～29.9kg」以降5kg刻みで「80kg以上」までであり、計算には各選択肢の階級値を用いた。なお、「身長124.9cm以下」・「180cm以上」については他の階級値と間隔が等しくなるようそれぞれ122.5cm、182.5cmとし、体重についても同様の処理を行った。なお、ローレル指数は100未満がやせ、100～115がやせ

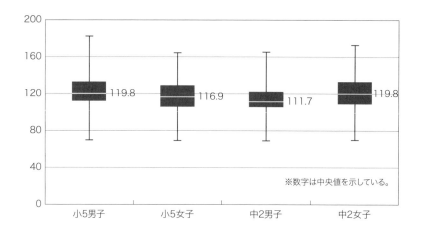

図6-1-10　学年・性別ごとの肥満度（ローレル指数）

ぎみ、115〜145が正常、145〜160が肥満気味、160以上が肥満とされている。ここでは学年と性別で分類し、各群において平均値±3SDより外側のデータを外れ値として除外した。

平均値は、小5男子で123.7、小5女子で118.7、中2男子で115.3、中2女子で121.1であった。学年・性別ごとのローレル指数は滋賀県県民生活部統計課（2016）の学校保健統計調査で公表されており、小5男子で124.0、小5女子で120.3、中2男子で117.8、中2女子で125.2であったことから、比較すると本調査結果はほぼ同程度かわずかに低い傾向にある。

分布を確認するため、図6-1-10に学年・性別ごとの箱ひげ図を示す。

図6-1-10を見ると、小5・中2いずれにおいても、男子のほうが中央の50％にあたる範囲が狭く、中央部分に固まっていることがわかる。しかし、小5男子においては最大値−最小値間の差が大きく全体のばらつきが大きいが、中2男子では全体のばらつきが抑えられる傾向にある。また、ローレル指数は幼年期から徐々に下降し、男子では13歳頃、女子では12歳頃から次第に上昇する傾向があり、本調査でも男子では小5よりも中2のほうが低く、女子では小5よりも中2のほうが高かった。

第6章 健康・つながりと貧困 —— 179

3 はく奪得点と健康格差

2節で示した生活習慣や自覚症状、肥満度は貧困の状況によってどのように説明されるのか。これを明らかにするために、はく奪指標得点（第2章参照）を独立変数とし、健康に関わる各変数を従属変数とした単回帰分析を行った。

健康に関わる各変数は、あらかじめ表6-1-2のように得点化している。

①睡眠習慣得点

まず、起床時刻については、小5・中2とも、「(ほぼ同じ時刻に) 起きている」

表6-1-2　各変数の得点化

変数	質問項目	得点	選択肢
①睡眠習慣得点：右の3つの合計得点	起床時刻	3	(ほぼ同じ時刻に) 起きている
		2	どちらかといえば、起きている
		1	あまり、起きていない／起きていない
	睡眠時間	4	小5：9時間以上　　中2：8～9時間59分
		3	小5：7～8時間59分／中2：7～7時間59分／10時間より長い
		2	小5・中2：7時間未満
		1	小5・中2：きまっていない
	就寝時刻	4	小5：午後10時まで　　中2：午後11時まで
		3	小5・中2：午前0時まで
		2	小5・中2：午前0時以降
		1	きまっていない
②摂食習慣得点：右の3つの合計得点	朝食・夕食・休みの日の昼食	1	毎日またはほとんど毎日
		0	毎日またはほとんど毎日でない
③入浴習慣得点：	入浴頻度	1～5	頻度が高いほうが得点が高くなるよう1～5を反転
④身体症状得点	自覚症状	―	「歯がいたい」「ものを見づらい」「聞こえにくい」「よくかぜをひく」「よくかゆくなる」の5項目のうち該当個数
④メンタルヘルス得点		―	「ねむれない」「よく頭がいたくなる」「不安な気持ちになる」「よくおなかがいたくなる」「まわりが気になる」「やる気が起きない」「イライラする」の7項目のうち該当個数
⑤ローレル指数	身長・体重	―	各選択肢の階級値を用い、[体重 (kg)÷身長 (cm)^3×10^7]で計算。学年と性別で分類し、各群において平均値±3SDより外側のデータを外れ値として除外

を3点、「どちらかといえば、起きている」を2点、「あまり、起きていない」「起きていない」を統合し1点とした。

　睡眠時間については、アメリカ睡眠財団発表の発達段階別の推奨される睡眠時間（Hirshkowitz, Whiton, Albert et al. 2015）を基に得点化した。これによれば、6～13歳で推奨される睡眠時間は9～11時間、許容範囲とされる睡眠時間は7～8時間および12時間で、それより長くても短くても不適切であるとされる。そこで、小5の睡眠時間については「9時間～9時間59分」「10時間より長い」を4点、「7時間～7時間59分」「8時間～8時間59分」を3点、「5時間59分より短い」「6時間～6時間59分」を2点、「きまっていない」を1点とした。同様に、14～17歳で推奨される睡眠時間は8～10時間、許容範囲とされる睡眠時間は7時間および11時間、それより長くても短くても不適切であるとされることから、中学生の睡眠時間については、「8時間～8時間59分」「9時間～9時間59分」を4点、「7時間～7時間59分」「10時間より長い」を3点、「5時間59分より短い」「6時間～6時間59分」を2点、「きまっていない」を1点とした。

　就寝時刻は、文部科学省による全国調査（2015）から得られた起床時刻の最頻値と上記の睡眠推奨時間を基に得点化した。文部科学省（2015）では、小学生の7割、中学生の6割が6～7時の間に起床していることが報告されている。そこで、起床時刻を6～7時とし、上記の推奨睡眠時間を確保するための就寝時刻を割り出し、次のように得点化を行った。小5は、「午後9時より前」「午後9時台」を4点、「午後10時台」「午後11時台」を3点、「午前0時台」「午前1時より後」を2点、「きまっていない」を1点とした。中学生は、「午後9時より前」「午後9時台」「午後10時台」を4点、「午後11時台」を3点、「午前0時台」「午前1時より後」を2点、「きまっていない」を1点とした。

　以上の起床時刻得点・睡眠時間得点・就寝時刻得点を合計したものを睡眠習慣得点としている（最小値3点、最大値11点）。

②摂食習慣得点

　朝食・夕食・休みの日の昼食の摂食頻度について、「毎日またはほとんど毎日」を1点、それ以外を0点とし、これらを合計したものを摂食習慣得点とした（最小値0点、最大値3点）。

③入浴習慣得点

入浴頻度についてはもとの選択肢を反転させ、頻度が高くなるにつれ得点が高くなるように、「入らない」を1点、「毎日またはほとんど毎日」を5点とし、入浴習慣得点とした（最小値1点、最大値5点）。

④身体症状得点・メンタルヘルス得点

自覚症状については、2節で示したように身体症状5項目とメンタルヘルスに関わる症状7項目をそれぞれカウントし、該当数を症状得点とした（身体症状得点：最小値0点、最大値5点、メンタルヘルス得点：最小値0点、最大値7点）。

⑤ローレル指数

ローレル指数は2節で算出した数値をそのまま用い、男女で分類した。

以上の得点を従属変数とし、小5・中2それぞれにおいて単回帰分析を行った結果を表6-1-3に示す。

単回帰分析の結果、健康に関わる変数のいずれを従属変数とした場合でも、回帰係数は有意であった（p<.001）。睡眠習慣得点・摂食習慣得点・入浴習慣

表6-1-3　単回帰分析結果

従属変数	学年	定数	回帰係数	t値	p値
①睡眠習慣得点	小5	8.963	-.023	15.227	<.001
	中2	8.293	-.016	9.113	<.001
②摂食習慣得点	小5	2.820	-.010	21.454	<.001
	中2	2.715	-.010	-18.298	<.001
③入浴習慣得点	小5	4.948	-.004	12.818	<.001
	中2	4.964	-.002	-7.948	<.001
④身体症状得点	小5	.416	.005	7.277	<.001
	中2	.396	.005	7.641	<.001
④メンタルヘルス得点	小5	1.105	.014	10.633	<.001
	中2	1.459	.019	12.105	<.001
⑤ローレル指数（男子）	小5	123.101	.093	3.797	<.001
	中2	114.645	.089	4.353	<.001
⑤ローレル指数（女子）	小5	117.848	.132	6.366	<.001
	中2	120.163	.124	5.883	<.001

得点ははく奪得点が高くなるほど低くなり、自覚症状得点とローレル指数ははく奪得点が高くなるほど高くなった。よりはく奪されることで健康に関わる生活習慣が悪化し、心身ともに自覚症状が増加し、肥満度が高くなる。このように、貧困・はく奪により影響がもたらされることについては、貧困による朝食欠食率の高さ（足立区 2016；東京都福祉保健局 2017；川崎市 2017）や就寝時刻の不規則（足立区 2016）、主観的健康感の低下（東京都福祉保健局 2017）、入浴頻度の低さ（川崎市 2017）などの先行研究とも矛盾するものではない。

　学年間で結果を比較する。睡眠習慣得点では中2のほうが定数がやや小さく、はく奪のない状況でも小5に比べると睡眠習慣はわずかではあるが良くないと言うことができる。メンタルヘルス得点については定数の値が中2で小5よりもやや大きく、はく奪のない状況でも中2では小5に比べメンタルヘルスに関する症状を多く抱えていると言える。これらの変数においては、回帰係数の学年差は見られなかった。ローレル指数については、定数を比較すると、はく奪のない状況では男子において小5よりも中2のほうが低く、女子において小5よりも中2のほうが高かった。男女間で比較すると、女子のほうが回帰係数がやや大きく、はく奪状況が進むにつれて女子のほうが肥満が進んでいることが明らかとなった。

4　貧困がメンタルヘルスにもたらす影響

　2節から、中2においては小5に比べ、睡眠習慣および摂食習慣が望ましいものではなく、メンタルヘルスが相対的に損なわれているという結果が得られた。また、3節においてはく奪がもたらす影響を分析した結果からは、小5・中2いずれにおいてもはく奪によって生活習慣が悪化したりメンタルヘルスが損なわれ、中2でははく奪状況にない場合であってもメンタルヘルスが比較的損なわれていることも明らかとなった。

　本節では、本調査で貧困を捉えるために用いた3つのキャピタルである経済的資本、ヒューマン・キャピタル、ソーシャル・キャピタルの概念（第2章参照）を用いて、各キャピタルがメンタルヘルスにどのように影響をもたらすのかを、小5・中2それぞれについて多母集団同時分析を用い、男女比較を行う。

なお、ここでのキャピタルは、世帯あるいは保護者のキャピタルのみを扱う。

　経済的資本がメンタルヘルスに及ぼし得る影響については、既に大規模調査から示されている。困窮層では自己肯定感を測定する項目のいくつかにおいて得点が低い他、幸福度の低い割合が高く、抑うつ傾向にあること（東京都福祉保健局 2017）、生活困難世帯の子どもにおいては、逆境を乗り越える力が低い割合が高く、抑うつ傾向にある割合が高く、幸福度の低い割合が高いこと（足立区 2016）などが明らかにされてきた。

　それでは、経済的資本、ヒューマン・キャピタル、ソーシャル・キャピタルの3つのキャピタルの欠如が互いに関連しながら子どものメンタルヘルスに影響を及ぼす可能性については、これまでどのように論じられてきたのであろうか。これらのキャピタルに該当するものを説明変数とした先行研究を以下に挙げる。中3を対象とした内閣府調査の中で、稲葉（2011）は、等価世帯所得と親の抑うつを含めた男女別のパス解析から、世帯の貧困は親の抑うつを通じて子どものメンタルヘルスに影響すること、また子どもの抑うつは学業成績と関連があることを示した。ただし、男子においては所得が高いほうが子どものメンタルヘルスが悪く、所得の高い層では親が教育熱心である傾向に言及している。親の貧困と子どもの発達に着目しレビューを行った喜多・池野・岸（2013）は、先行研究の分析結果を基に、SES（社会経済的背景）は子どもの様々な面での発達格差に直接影響するだけでなく、親の言語能力、社交性や育児ストレスを介して養育態度に影響し、養育態度が発達格差を生むというモデルを提示した。藤原（2017）は足立区のデータ分析結果から、生活困難群の子どもにおけるレジリエンスの低さを指摘し、それには親のメンタルヘルスや朝食欠食、運動習慣が媒介していることを明らかにした。このように、経済的資本が乏しいことは子どものメンタルヘルスを望ましくないものとし、それらを媒介するものとして、親の抑うつやストレスをはじめとするメンタルヘルスなど、ヒューマン・キャピタルに相当するものが抽出された一方で、ソーシャル・キャピタルに相当するものは見出されなかった。

　次に、子どものメンタルヘルスに関連する要因にはどのようなものがあるのか、確認しておく。子どものメンタルヘルスについては、貧困が問題視される以前、1990年代より研究が蓄積されてきた。そこでは、摂食・睡眠、友人関係、親との信頼関係など（朝倉・有光 1993）、親子関係（森本・和田・古川他 1994）、

食生活や睡眠の乱れ（森本1994）、朝食欠食やストレス、就寝の遅さとそれによる睡眠時間の減少（内田・松浦2001）、睡眠時間の短さ（田中2004）、朝食の孤食（竹原・純浦・福司山他2009）、などが要因であると考えられてきた。文部科学省（2015）においても、起床時刻や就寝時刻の遅い子どものほうが午前中の不調を感じる、週のうちで起床時刻のずれがある子どもや就寝時刻の遅い子どもでは、なんでもないのにイライラを感じる傾向にあることが示された。

　経済的資本の乏しさが生活習慣に影響を及ぼすことについては、朝食欠食率が高い（足立区2016；東京都福祉保健局2017；川崎市2017）、就寝時刻が不規則である（足立区2016）などが既に明らかになっている。

　ここまでの先行研究から、経済的資本が親自身のストレスやメンタルヘルスといったヒューマン・キャピタルに影響し、さらに子どもの睡眠や摂食を中心とした生活習慣や子どものストレスに影響すること、それが子どものメンタルヘルスにつながるという図式が想定される。

　さらに、先述の稲葉（2011）の分析結果から、学業成績をもモデルに含めて検討できる可能性が浮かび上がってくる。経済的資本と学力との関連については、耳塚（2009）による文部科学省委託研究「全国学力・学習状況調査」から、世帯年収・学校外教育支出の高い世帯の子どもほど国語・算数の正答率が高いことが明らかにされ、さらに、学力の高い子どもにおいては、保護者が睡眠や朝食などの生活習慣が望ましいものとなるような関わりを行ったり、様々な文化的体験を促していることが示された。2013年度の文部科学省委託研究「平成25年度全国学力・学習状況調査（きめ細かい調査）の結果を活用した学力に影響を与える要因分析に関する調査研究」では、家庭のSES（社会経済的背景）が高い子どもほど学力が高いことが示されただけでなく、SESが低い世帯において学力が高い子どもの特徴が、生活習慣や学習習慣、親子の関わりの面から抽出された（文部科学省2014）。この平成25年度全国学力・学習状況調査データを用いて分析を行った卯月・末冨（2015）は、国語・算数／数学の学力に対して、貧困世帯・ひとり親世帯がそれぞれ独立に負の効果を持つことを示すとともに、貧困世帯・ひとり親世帯であることが朝食摂食や起床・就寝時刻などの生活習慣に影響していることも示している。また、自己肯定感に着目した阿部（2015）は、家庭の経済状況と自己肯定感との関係を中心に多変量解析を行った結果、学力・貧困ともに自己肯定感に影響すること、そして、貧困が学力

低下につながり、それが自己肯定感を下げるということをも示した。

先に想定したモデルにこれらの知見を加えると、経済的資本は一方では親のストレスやメンタルヘルスなどのヒューマン・キャピタルに影響し、それが子どもの睡眠や摂食を中心とした生活習慣や子ども自身のストレスに影響し、さらに子どものメンタルヘルスにつながるという経路が想定される。他方では生活習慣への影響を持ち、生活習慣は学力と関連しながらメンタルヘルスに影響をもたらすという経路も考えられる。なお、先行研究ではソーシャル・キャピタルに相当する変数は扱われていなかったが、本モデルでは3キャピタルそれぞれの持つ影響を測りたいことから、ソーシャル・キャピタルを説明変数に含めることとした。加えて、本調査では子どもたちに悩みごとについてたずねた項目があり、その該当数がメンタルヘルス得点と相関が見られた（r=.598, p<.001）ことから、同様にモデルに含めて考える。これらをまとめると、図6-1-11のようなモデルが構築される。

生活習慣には、先行研究で取り上げられたものが主に摂食習慣と睡眠習慣を中心としていることから、摂食習慣得点と睡眠習慣得点から構成される潜在変数として「生活習慣得点」を設定した。各キャピタルは得点が高いほうがその

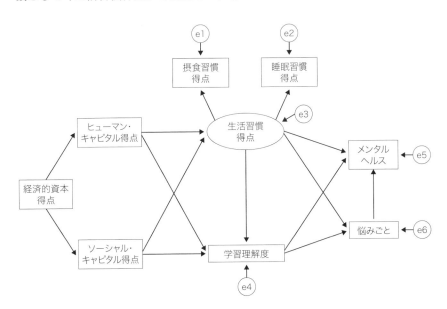

図6-1-11　最初に構築したモデル

キャピタルが備わっており、生活習慣得点は高いほうが望ましい状態、学習理解度も得点が高いほうが理解度が高いことを示している。また、メンタルヘルス得点、悩みごと得点は高いほうがそれぞれ該当する症状、悩みごとが多いことを表していたため、反転させて使用した。

まず、図6-1-11のモデルを用いて共分散構造分析を行ったところ、小5・中2いずれにおいても十分な適合度が得られず（小5：CFI=.689、RMSEA=.088、中2：CFI=.832、RMSEA=.070）、妥当なモデルであるとは言えなかった[4]。そこで、3つのキャピタルに共変関係を想定し、それぞれが同列の関係となるようモデルを修正した（図6-1-12）。

このモデルを用い、小5・中2それぞれについて男女間比較を行った。分析対象となったのは小5男子4759名、小5女子5116名、中2男子3953名、中2女子4264名であった。パス解析による多母集団同時分析を行ったところ、次のような適合度指標が得られた。小5男子では、CFI = .975、RMSEA = .038、GFI = .995、AGFI = .985、小5女子では、CFI = .984、RMSEA = .034、GFI = .996、AGFI = .988であった。中2男子では、CFI = .967、RMSEA = .047、GFI = .993、AGFI = .977、中2女子では、CFI = .983、RMSEA = .037、GFI =

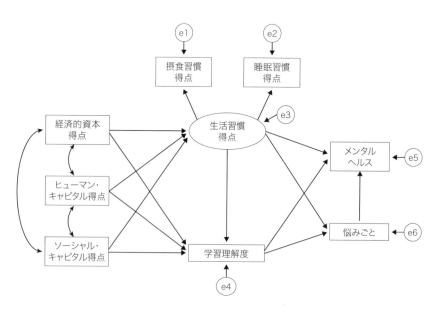

図6-1-12　分析に用いたモデル

.996、AGFI = .986であった。これらの数値から、いずれも妥当なモデルであると判断した。

そこで、配置不変性を確認したところ、適合度指標は小5でCFI=.980、RMSEA=.025、GFI=.996、AGFI=.987、中2でCFI=.976、RMSEA=.030、GFI=.994、AGFI=.982であったことから、モデルはいずれにおいても男女両母集団に共通して適合が良く、配置不変が成り立つ可能性が高い。次に、それぞれの分析結果に基づき、差に対する検定統計量が有意（p<.001）であったパスに等値制約を置いた。小5では経済的資本得点から生活習慣得点へのパスの1箇所および複数の誤差からのパス、中2では経済的資本得点から学習理解度へのパス、学習理解度から悩みごとへのパス、生活習慣得点から睡眠習慣得点へのパスの3箇所および複数の誤差からのパスがこれに該当する。そのうえで、制約なしモデル・制約ありモデルで比較を行ったところ、表6-1-4のような結果が得られた。

表6-1-4　モデルごとの適合度

学年	モデル	CFI	RMSEA	GFI	AGFI	AIC
小5	制約ありモデル	.906	.048	.984	.960	763.792
小5	制約なしモデル	.980	.025	.996	.987	260.425
中2	制約ありモデル	.930	.044	.985	.963	589.155
中2	制約なしモデル	.976	.030	.994	.982	282.611

表6-1-4より、小5・中2いずれにおいても制約なしモデルのほうが適合が良く、したがって本モデルにおいて小5と中2いずれも、男女の異質性を考慮するのは妥当であると判断した。

分析の結果得られたパス図から、有意であるパス（p<.001）のみを図6-1-13～図6-1-16に示す（誤差項は省略）。男女間で有意差のあったパス（p<.001）は二重線で表している。

まず、小5男女の結果を比較する。各キャピタルから生活習慣得点、学習理解度への関連を見ると、男子では経済的資本得点から生活習慣得点、ヒューマン・キャピタル得点から生活習慣得点、学習理解度への有意な正の関連があり、そのうち最も係数が高いのはヒューマン・キャピタル得点から生活習慣得点への関連（.23）であった。ソーシャル・キャピタル得点からの有意な関連はい

ずれに対しても見られなかった。女子では3キャピタルのいずれも生活習慣得点に正の関連があり、学習理解度にもソーシャル・キャピタル得点以外の2キャピタルから正の関連がある。このことから、女子においては男子と比べて親のキャピタルの多くが生活や学習に影響をもたらしていると考えられる。男女間で有意に異なるのは経済的資本得点から生活習慣得点への関連であり、女子

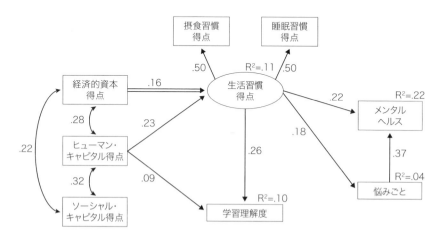

図6-1-13 小5男子におけるパス解析結果

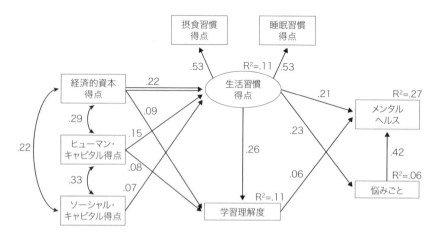

図6-1-14 小5女子におけるパス解析結果

のほうが係数が有意に高くなっている（男子：.16、女子：.22）。生活習慣得点から学習理解度は男女とも正の関連があり、ここでは有意な差は見られなかった。メンタルヘルスと悩みごとへの関連をみると、生活習慣得点から悩みごとには男女とも有意な関連があったが、男女差は見られなかった（男子：.18、女子：.23）。また、学習理解度からメンタルヘルスへの有意な関連は、係数はか

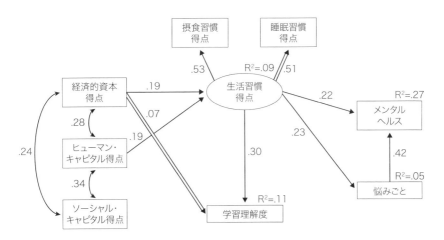

図6-1-15　中2男子におけるパス解析結果

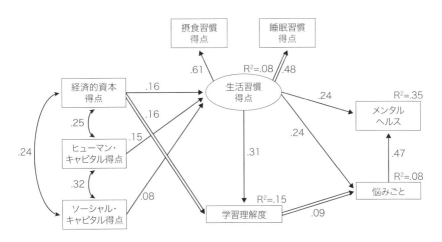

図6-1-16　中2女子におけるパス解析結果

なり低いものの女子においてのみ見られた（.06）。悩みごとからメンタルヘルスには男女いずれも正の関連があり、各モデルの中で比較的係数は高く（男子：.37　女子：.42）、有意な男女差は見られなかった。まとめると、小5では女子の生活習慣と学習理解度は男子に比べ親のキャピタルの影響を受けやすく、中でも親の経済的資本は女子において男子よりも生活習慣により強い影響を持つと考えられる。

　次に、中2男女の結果を比較する。各キャピタルから生活習慣得点、学習理解度への関連を見ると、男子では経済的資本得点は生活習慣得点と学習理解度のいずれにも正の関連があり、ヒューマン・キャピタル得点からは生活習慣得点へのみ正の関連があった。いずれも係数は高くないが、経済的資本得点から生活習慣得点（.19）、ヒューマン・キャピタル得点から生活習慣得点（.19）への関連が比較的強い。ソーシャル・キャピタル得点からの有意な関連は見られなかった。女子においては、経済的資本得点からは生活習慣得点と学習理解度のいずれにも正の関連があり、ヒューマン・キャピタル得点およびソーシャル・キャピタル得点からは生活習慣得点のみに対し正の関連が見られた。係数はいずれも高くないが、経済的資本得点から生活習慣得点への関連（.16）、学習理解度への関連（.16）、ヒューマン・キャピタル得点から生活習慣得点への関連（.15）が比較的高い。女子では生活習慣得点に対し親のすべてのキャピタルからの影響が見られ、小5での男女比較の結果と同様、女子においては親のキャピタルの影響を受けやすいと考えられる。男女間で有意差のあったものは経済的資本得点から学習理解度へのパスであり、女子のほうが係数が高かった（男子：.07、女子：.16）。生活習慣得点から学習理解度は男女とも正の関連があり、有意な差は見られない。メンタルヘルスと悩みごとへの関連を見ると、男女いずれも生活習慣得点から正の関連があり、ここでも男女間の有意差は見られない。女子においてのみ、学習理解度から悩みごとへの有意な正の関連があったが、係数は低かった（.09）。悩みごとからメンタルヘルスへは男女とも正の関連があり、いずれも係数は比較的高く（男子：.42、女子：.47）、有意な男女差は見られなかった。

　小5と中2との係数を直接比較することはできないが、小5では親の各キャピタルから生活習慣得点・学習理解度へのパス係数と生活習慣得点・学習理解度から悩みごと・メンタルヘルスへのパス係数が大きく変わらないのに対し、

中2では前者のほうが後者よりも係数がやや低いという違いがあり、中2では親のキャピタルの影響が相対的に小さくなる可能性が推測される。

また、小5・中2いずれにおいても女子のほうがモデル内の有意なパスが多い。男子には見られないが女子に共通して見られるものは、ソーシャル・キャピタル得点から生活習慣得点への有意なパス、学習理解度から悩みごとあるいはメンタルヘルス得点への有意なパスであった。ただしいずれも係数はかなり低くなっている。

以上から、経済的資本はヒューマン・キャピタルを通じて子どもの生活や健康に影響するという先行研究に従ったモデルではなく、これらのキャピタルが互いに関連しながらそれぞれに影響を持つというモデルが確認され、影響の程度を比較することができた。小5・中2いずれにおいても、経済的資本およびヒューマン・キャピタルが世帯に備わっていることは生活習慣を望ましいものとする効果があり、生活習慣を経由してメンタルヘルスを良いものとし得る。生活習慣が良いことは悩みごとが増えるのを抑制し、さらにメンタルヘルスに良い影響をもたらす。子どもにおけるメンタルヘルスの問題は、これまでに生活習慣やストレスを中心として説明されることが多かったが、その根底に貧困を置いて捉えることが可能であることが確認できた。男女比較では経済的資本の持つ影響に男女差があり、小5では経済的資本が生活習慣にもたらす影響が女子のほうが大きく、中2では経済的資本が学習理解度にもたらす影響が女子のほうが大きかった。また、学習理解度はメンタルヘルスに対してほとんど影響を持たず、先述の先行研究（稲葉 2011）で明らかにされた学業成績とメンタルヘルスの関連については今回の調査から示すことはできなかった。

5　まとめ

本章では、まず、子どもの健康の実態を自覚症状の視点から明らかにすることができ、中2において小5より、女子において男子より、メンタルヘルスが損なわれていることが傾向として示された。中2という学齢においてメンタルヘルスに不調が生じることは、ある程度、思春期としての正常な成長過程と捉えられる面もあるが、メンタルヘルスが損なわれること自体は決して良いこと

であると考えられるわけではない。特に中2女子においては、3人に1人が不安・やる気のなさ・イライラを感じている計算になり、家庭や学校、友人関係など、生活や人間関係において看過できない問題であると考えられる。

また、メンタルヘルスははく奪によって損なわれ、それが中2において顕著であることも示すことができた。さらに、3キャピタルで捉える貧困が子どもの健康にもたらす影響を分析することで、経済的資本およびヒューマン・キャピタルが子どもの生活習慣を介してメンタルヘルスに影響を及ぼしていることを明らかにすることができた。メンタルヘルスの向上のために、思春期という生活習慣が崩れやすい時期であることを考慮しながら、貧困の問題に取り組む必要がある。

なお、分析の中で、先行研究で指摘されていた学業成績とメンタルヘルスとの関連を併せて明らかにできる可能性があったため学習理解度をモデルに投入したが、予測された結果は得られず、学習理解度からメンタルヘルスへの影響はほとんど見られなかった。本調査での学習理解度を測る変数は、本人が学校の勉強をどれほどよく理解しているかを主観的に回答したものであるため実際の成績とは異なる可能性もあり、より客観的に試験の成績などの数値を用いて分析を行うことが調査主体としても自治体としても今後の課題となろう。

▶注
1 足立区における生活困難世帯とは、①世帯年収300万円未満、②生活必需品の非所有、③支払い困難経験のいずれか1つでも該当する世帯を指す。また、東京都における調査では、①世帯所得が135.3万円未満、②家計の逼迫、③子供の体験や所有物の欠如のうち、2つ以上に該当する層を困窮層、1つに該当する層を周辺層としている。
2 集計、分析にはIBM SPSS Statistics 23.0およびAMOS 23.0を用いた。
3 グラフに示すパーセンテージの値は小数第二位以下を四捨五入した値を用いているが、文中においてそれらの合計や差に言及する場合には四捨五入前の値を用いて計算しているため、グラフに示す数字を用いて計算する場合とは0.1ポイントほど差が生じているものがある。
4 適合度指標は豊田（2007）を参考に、CFIは0.95を上回っていること、GFIおよびAGFIは0.9を上回り1に近いこと、RMSEAは0.05未満であることを基準とした。

▶文献
阿部彩（2009）「子どもの疾病と経済階層」『厚生労働科学研究費補助金政策科学推進研究事業「パネル調査（縦断調査）に関する統合的高度分析システムの開発研究」平成20年

度報告書』（171 〜 180 頁）
阿部彩（2010）「日本の貧困の動向と社会経済階層による健康格差の状況」内閣府男女共同参画局『生活困難を抱える男女に関する検討会報告書——就業構造基本調査・国民生活基礎調査特別集計』（37 〜 56 頁） http://www.gender.go.jp/research/kenkyu/konnan/houkokusho.html（2018.5.28.）
阿部彩（2015）「子どもの自己肯定感の規定要因」埋橋孝文・矢野裕俊編著『子どもの貧困／不利／困難を考える I ——理論的アプローチと各国の取組み』ミネルヴァ書房（69 〜 96 頁）
足立区、足立区教育委員会、国立成育医療研究センター研究所社会医学研究部（2016）第 2 回 子どもの健康・生活実態調査平成 27 年度報告書 http://www.city.adachi.tokyo.jp/kokoro/fukushi-kenko/kenko/documents/27honpen-2.pdf（2018.1.28.）
朝倉隆司・有光由紀子（1993）「大都市部における小学生の生活上のストレスと健康に関する研究」『学校保健研究』35（437 〜 449 頁）
浅岡章一（2009）「思春期の睡眠問題」日本睡眠学会編『睡眠学』朝倉書店（391 〜 392 頁）
d'Houtard A., & Field, M., G. (1984) 'The image of health: Variations in perception by social class in a French population', *Sociology of health and illness*, 6(1), 30-60.
藤原武男（2017）「子どもの健康支援と貧困」末冨芳編著『子どもの貧困対策と教育支援——より良い政策・連携・協働のために』明石書店（66 〜 78 頁）
学研教育総合研究所（2016）「小学生白書 Web 版 小学生の生活・学習・グローバル意識に関する調査 2016 年 9 月調査」 https://www.gakken.co.jp/kyouikusouken/whitepaper/201609/index.html（2018.5.28.）
Graham, R., Payne, J., Payne, G. et al. (2013) 'Health'. Payne, G. (ed). *Social Divisions*. 3rd edition, Palgrave Macmillan, 332-351.
濱名涼子・早渕仁美・南里明子他（2003）「福岡県内の小学生を対象とした食生活と自覚疲労調査——学年・男女の比較」『人間環境学部紀要』35（47 〜 54 頁）
Hirshkowitz, M., Whiton, K., Albert, S. M. et al. (2015) National Sleep Foundation's sleep time duration recommendations: methodology and results summary, *Sleep Health*, 1, 40-43.
稲葉昭英（2011）「貧困・低所得とメンタルヘルス及びその世代的再生産」内閣府『平成 23 年度「親と子の生活意識に関する調査」報告書』（230 〜 234 頁）
笠置文善（2001）「アトピー性皮膚炎患者数の全国推定に関する研究」『厚生労働科学研究費補助金 感覚器障害及び免疫・アレルギー等の研究事業 アトピー性皮膚炎の患者数の実態及び発症・悪化に及ぼす環境因子の調査に関する研究 平成 13 年度総括・分担研究報告書（主任研究者：山本昇壮）』（12 〜 14 頁）
川崎市（2017）「川崎市子ども・若者生活調査 分析結果報告書」 http://www.city.kawasaki.jp/450/cmsfiles/contents/0000089/89901/bunsekikekkahoukoku.pdf（2018.8.16.）
喜多歳子・池野多美子・岸玲子（2013）「子どもの発達に及ぼす社会経済環境の影響：内外の研究の動向と日本の課題」『北海道公衆衛生雑誌』27（33 〜 43 頁）
小林奈穂・篠田邦彦（2007）「幼児、児童、生徒の朝食欠食を促す要因に関する系統的レビュー」『新潟医療福祉学会誌』7〔1〕（2 〜 9 頁）
厚生労働省（2016）「平成 28 年 国民生活基礎調査の概況」 https://www.mhlw.go.jp/toukei/saikin/hw/k-tyosa/k-tyosa16/index.html（2018.7.17.）
耳塚寛明（2009）「お茶の水女子大学委託研究・補完調査について（文部科学省「全国学

力・学習状況調査の結果を用いた追加分析結果等について）」http://www.mext.go.jp/b_menu/shingi/chousa/shotou/045/shiryo/__icsFiles/afieldfile/2009/08/06/1282852_2.pdf（2018.1.22.）

文部科学省（2014）「平成25年度全国学力・学習状況調査『保護者に対する調査』文部科学省委託研究『平成25年度全国学力・学習状況調査（きめ細かい調査）の結果を活用した学力に影響を与える要因分析に関する調査研究』」（国立大学法人お茶の水女子大学）http://www.nier.go.jp/13chousakekkahoukoku/kannren_chousa/hogosya_chousa.html（2018.1.21.）

文部科学省（2015）平成26年度「家庭教育の総合的推進に関する調査研究　睡眠を中心とした生活習慣と子供の自立等との関係性に関する調査」http://www.mext.go.jp/a_menu/shougai/katei/1357460.htm（2018.7.17.）

森本哲（1994）「小児の不定愁訴の疫学的検討―第二報：生活行動の影響について」『小児保健研究』53（856〜862頁）

森本哲・和田紀子・古川裕他（1994）「小児の不定愁訴――不適応徴候・親子関係・生活行動との関連について」『日本医事新報』3651（49〜52頁）

日本小児心身医学会「小児の心身症―各論」（発行年不明）http://www.jisinsin.jp/detail/index.htm（2019.5.9.）

Ohida, T., Osaki, Y., Doi Y. et al. (2004) 'An epidemiological study of self-reported sleep problems among Japanese adolescents', *Sleep*, 27, 978-985.

Sasaki, M., Yoshida, K., Adachi, Y., et al. (2016) 'Environmental factors associated with childhood eczema: Findings from a national web-based survey' *Allergology International*, 65, 420-424.

佐藤洋一・山口英里・和田浩他（2016）「貧困世帯で暮らす小中学生の健康実態と家庭の特徴――外来診療の多施設共同調査より」『日本小児学会雑誌』120〔11〕（1664〜1670頁）

滋賀県県民生活部統計課（2016）「平成28年度学校保健統計速報（学校保健統計調査の結果速報）」http://www.pref.shiga.lg.jp/c/toukei/gakkou_hoken/28gakkou_hoken/files/111.pdf（2018.5.27.）

竹原小菊・純浦めぐみ・福司山エツ子他（2009）「児童生徒の食習慣と健康状態の実態調査：『朝孤食』と『朝共食』の比較」『鹿児島女子短期大学紀要』44（7〜26頁）

田中孝知（2004）「中学生の心の健康と睡眠の関係について」『日本生活体験学習学会誌』4（89〜98頁）

東京都福祉保健局（2017）「『子供の生活実態調査』の結果について」http://www.fukushihoken.metro.tokyo.jp/joho/soshiki/syoushi/syoushi/oshirase/kodomoseikatsujittaityousakekka.html（2018.5.27.）

豊田秀樹（2007）『共分散構造分析 AMOS編　構造方程式モデリング』東京図書

内田勇人・松浦伸郎（2001）「小学生時と中学生時における不定愁訴の背景」『行動医学研究』7〔1〕（47〜54頁）

卯月由佳・末冨芳（2015）「子どもの貧困と学力・学習状況：相対的貧困とひとり親の影響に着目して」『国立教育政策研究所紀要』144（125〜140頁）

II　つながり格差

　人づきあいは窮屈なこともあるが、だいたいにおいて私たちの生活を豊かにしてくれる。心理学者のエド・ディーナーとマーティン・セリグマンは、世界で幸福度が上位10％に入る人々の特徴として、他者との強いつながりを持っていることをあげた（Diener & Seligman 2002）。日々の中で、手を差し伸べてくれ、心の支えになってくれる人の存在は大切である。しかし、人づきあいの機会は、経済的な事情と合わせて機会が失われることがある。例えば、経済的な余裕がなければ、友達との外食や冠婚葬祭のつきあいは難しいだろうし、あるいは、社会的な劣等感から、友達と顔を合わせることに抵抗を覚えることもあるだろう。そのため、人とのつながりは貧困の助けになるかもしれないが、一方で、貧困のせいで人づきあいは抑制されることがある。

　経済的な事情で人づきあいが制限される問題は、親から子どもへ波及する可能性もある。子どもが友達と遊ぶのにもお金がかかるし、学習塾や習い事に通うことや、クラブ活動の道具を用意することにもお金がかかる。そうすると、塾や習い事に行く子と行かない子、クラブ活動に行く子と行かない子といったように、子どもの友達関係は分断される。

　本章では、大阪府で行われた子どもの貧困調査に基づき、子どもの人間関係や人づきあいについて議論する。貧困は子どもの人づきあい自体を制限する可能性がある。一方で、近年では、人とのつながりは貧困によるストレスや将来へのあきらめを緩和することも指摘されている（Domínguez & Watkins 2003）。これは、親世代から子どもへの貧困の連鎖を断ち切ることができることを示唆するかもしれない。

1 人づきあいを制限する貧困の働き

1-1 子どもの貧困と友達関係

2014年に内閣府で定められた子供の貧困対策に関する大綱では、貧困状況にある子どもが社会的に孤立して一層困難な状況に置かれてしまう可能性について触れている。その基本方針のひとつとして、子ども及び保護者の人間関係の持ち方や社会参加などに配慮することが述べられている（内閣府 2014）。子どもの孤立の問題は、親子関係や友達関係、地域の住民とのつきあいなど、様々な文脈で語られる。しかし、子どもにとって「社会」とは友達との間で築かれるコミュニティが中心になることから、ここでは友達関係における孤立や関係の強さに焦点を当てることとする。

貧困にある子どもが孤立する原因には、ひとつとして、友達と遊ぶための交際費の不足もあるかもしれない。しかし、学校の中で友達と遊ぶのには特別に交際費が必要というわけではない。社会学や心理学の領域からは、各家庭の経済的格差による生活水準や価値観の違いが友達とのづきあいを制限している可能性が懸念される。例えば、社会心理学では、貧困による生活水準が一種の社会集団の枠組みを形成することが知られている（Lin, 1999; Oishi 2014）。すなわち、親の経済的な事情は、子どもの持ち物や経験（例えば学習塾や習い事）に関連し、また、子どもの持ち物や経験は子どもたちの間での共通の話題や接触頻度に影響する。共通の話題がある友達や良く遊ぶ友達は、そうでない子よりも仲良くなりやすい。結果的に仲の良い友達は、学校の中でも家庭の経済的格差の影響を受けてしまう可能性がある。

大阪府で小学5年生と中学2年生を対象に行われた本調査では、仲の良い友達がいるかについて、「あなたが、何かに失敗したときに、たすけてくれる」友達がいるかや、「あなたが、勉強やスポーツでがんばったときに、ほめてくれる」友達がいるかなど、8項目[1]が尋ねられた。その8項目に該当する数を友達得点（0点から8点）とし、子どもの家庭のはく奪指標得点が及ぼす影響について回帰分析を実施した。その結果、はく奪指標得点は、子どもの仲の良い友達の獲得にネガティブな影響を持っていることが示唆された（小学生: $b =$

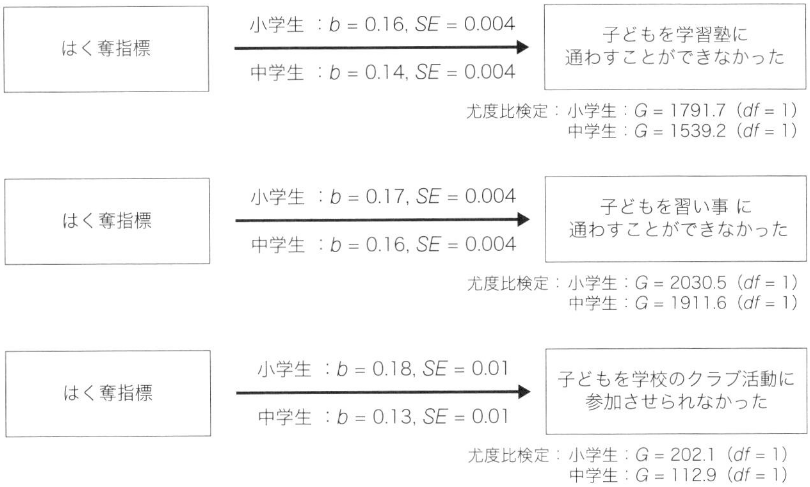

第6章　健康・つながりと貧困　197

```
┌─────────┐  小学生：b = 0.16, SE = 0.004   ┌──────────────┐
│ はく奪指標 │ ──────────────────────────→ │ 子どもを学習塾に │
│         │  中学生：b = 0.14, SE = 0.004   │ 通わすことができなかった │
└─────────┘                               └──────────────┘
                    尤度比検定：小学生：G = 1791.7 (df = 1)
                           中学生：G = 1539.2 (df = 1)

┌─────────┐  小学生：b = 0.17, SE = 0.004   ┌──────────────┐
│ はく奪指標 │ ──────────────────────────→ │ 子どもを習い事に │
│         │  中学生：b = 0.16, SE = 0.004   │ 通わすことができなかった │
└─────────┘                               └──────────────┘
                    尤度比検定：小学生：G = 2030.5 (df = 1)
                           中学生：G = 1911.6 (df = 1)

┌─────────┐  小学生：b = 0.18, SE = 0.01    ┌──────────────────┐
│ はく奪指標 │ ──────────────────────────→ │ 子どもを学校のクラブ活動に │
│         │  中学生：b = 0.13, SE = 0.01    │ 参加させられなかった │
└─────────┘                               └──────────────────┘
                    尤度比検定：小学生：G = 202.1 (df = 1)
                           中学生：G = 112.9 (df = 1)
```

図6-2-1　はく奪指標が子どもに対してしてあげられなかったことに及ぼす影響の
ロジスティック回帰分析（いずれも0.1％水準で有意）

-0.02, $SE = 0.002$, $t(10756) = 8.38$, $p < .001$；中学生：$b = -0.02$, $SE = 0.002$, $t(9848) = 7.75$, $p < .001$）。

　続いて、はく奪指標が子どもの経験に及ぼす影響として、塾、習い事、クラブ活動に着目した分析を行った。保護者のアンケートの中で「子どもに対してしてあげられなかったこと」として「子どもを学習塾に通わすことができなかった」「子どもを習い事に通わすことができなかった」「子どもを学校のクラブ活動に参加させられなかった」を選択した割合を予測変数としたロジスティック回帰分析を行った（図6-2-1）。その結果、保護者のアンケートの中の「子どもに対してしてあげられなかったこと」については、はく奪指標得点は、学習塾に通わすことができなかったこと、習い事に通わすことができなかったこと、クラブ活動に参加させられなかったことをそれぞれ説明することが示された。すなわち、貧困が、子どもの経験または人づきあいの機会（塾、習い事、クラブ活動）を制限している可能性が示唆された。とくに、塾や習い事はクラブ活動への参加と比べて優先的に控えられていることがうかがえる。

1-2 ステレオタイプ

　経済的な事情に基づき仲の良い友達が規定された場合、そうしてできた仲間の集団にステレオタイプが結び付けられることが懸念される（Bargh 1999）。私たちは、誰かと接する際にはまだよく話さないうちから、相手がどのような人物なのかについて印象を抱く。相手の印象を形成するとき、私たちがもっとも容易に手掛かりとしているのが相手の性別や服装、あるいは社会的地位といった相手の社会集団に関する情報である。特定の社会集団には、感じがいいとか、頭がいいとか、それぞれ結びつけられた性質のイメージ（ステレオタイプ）があるため、相手の印象形成ではステレオタイプが反映されやすい。貧困に係る社会集団に対してもステレオタイプが存在しており（佐久間 2015）、子どもたちの間で貧困に基づく友達の選択があるなら、学校の中で、貧困に基づくイメージが個人に当てられることが懸念される。

　ステレオタイプの問題の恐ろしさは、他者から差別や偏見の対象とされることだけでなく、セルフスティグマのように、自分に対してネガティブなイメージを持ってしまうことや自身の社会的活動に制限をかけてしまうことである。例えば、自身が貧困者の社会集団に属するという認識があった場合、周囲からは自分が冷たく、頭が悪い人間だと思われているという意識を持ってしまうかもしれない（佐久間 2015）。そうすると、周囲から避けられることを恐れて周囲とのかかわりを控えたり、頭が悪いことを証明してしまわないように常に緊張した状態にいる可能性がある（Steele & Aronson 1995）。とりわけ、小中学校に通う時期の子どもは、発達の段階として、自分のアイデンティティすなわち自分が社会の中でどのような立場にあるのかという感覚や、他者との優劣に敏感であることが知られている（Erikson 1968）。この時期に、家庭の都合の経済的格差が子どもたちの間での格差意識を生み出してしまったら、子どもが自分のアイデンティティを形成する中で、自分に対する自信や肯定感を持てず、学校にもなじむことが難しくなる子どもが出てくる可能性もある（Erikson 1968）。自分が貧困者であることを受け入れた場合、しばしば将来的に自身の経済状況の改善を試みようという動機づけが低下することも言われている（Jost & Banaji 1994）。すなわち、将来的に高い学歴を持つことができれば経済状況が改善される可能性があるにもかかわらず、貧困の子どもは、自分たちの社会集団には

合わないと、高い学歴を持ちたいという考えを持ちにくいかもしれない。これでは、貧困対策として経済的支援や教育支援に力を注いでも、被支援世帯の現状を変えたいという意識がそがれてしまっているために、支援の効用は十分に機能しない可能性がある。

　孤立している子どもは、心の居場所と呼べるような、自分の安心できる場所ないしは自分の存在が認められていると思える場所を持っていないことが指摘される。このような懸念に対して、わが国では、1985年に不登校の子どもの親によって「東京シューレ」というフリースクールがつくられ、2004年には文部科学省が「子どもの居場所づくり新プラン」という3か年計画で子どもが安心できる居場所を用意しようという施策も発表されてきた。このような子どもの居場所づくりの活動や施策は、不登校やひきこもりの子どもに安心感のある居場所を与え、子どもの孤立を抑制する重要な役割を果たしている（西中2014）。

　しかし、子どもの社会集団に偏りが生じると、そこにはステレオタイプが伴われる可能性がある。この点を踏まえた場合、子どもの居場所づくりでは、貧困や孤独のうちにある子どもに安心できる場所を用意することに主眼を置きながらも、そこへ来た子どもたちに不条理なステレオタイプを持たれないことにも留意しておかねばならない。実際、いくつかの子ども食堂では、その場所が不条理なステレオタイプの対象になりにくい形になっていることがうかがえる。例えば、福島県で開催される「おばあちゃんとこども食堂」では、普段一人で食事をしている子どもや高齢者に焦点を当てつつも、彼らの友達も巻き込んで対象としている。このような包括的な開催形式は、子ども食堂に様々な特徴を持つ個人が集まることで、比較的、特定のステレオタイプが形成されにくいと考えられる。

2　貧困の連鎖における人づきあいの効用

2-1　貧困のストレスと人づきあい

　このように、子どもの人づきあいや人間関係は、貧困によって抑制され、貧

困の連鎖の一輪になっている可能性が考えられるが、一方で、良好な人間関係の形成は、貧困による日々のストレスや自己効力感の低下を緩和する可能性も考えられる。

心理学者のスーザン・フォルクマンとリチャード・ラザルスによると、人々のストレスに対する対処方法として問題焦点型対処と情動焦点型対処がある（Folkman & Lazarus 1980）。問題焦点型対処とは、人々がストレスを感じたときに、その原因となっている問題を直接解決しようというもので、情動焦点型対処とは、その原因を解決しようとするのではなく、ストレスそのものを発散しようというものである。これらのストレス対処の方法は、いずれも信頼できる他者の存在によって達成が容易になる（Tardy 1985）。例えば、クラブ活動の道具が買えなくてクラブ活動に参加できないならば、誰かから道具を借りる（問題焦点型対処）ことがあるだろうし、ガスや電気が止められてストレスを感じているならば、誰かに相談や愚痴話、あるいはまったく関係のない雑談をすることで気分が和らぐ（情動焦点型対処）ことがあるだろう。

また、良好な人間関係の形成は、貧困により制限された人生や日常生活に対する自己効力感を促進させる可能性も考えられる。自己効力感とは、心理学者のアルバート・バンデューラにより提唱された概念で（Bandura 1977）、ある状況において必要な行動を自身が効果的に遂行できる可能性の認知を指す（成田ら 1995）。自己効力感の形成には、熟達経験、生理反応、社会的説得、代理経験の4つの要素が重要な役割を担うとされる（Bandura 1977）。熟達経験とは、ある状況において必要な行動を実際に成功させた経験のことを指し、生理反応とは、その行動中に感じる緊張やストレスを指す。貧困によるストレスを感じる生活を送っている場合、人生や日常生活に対して成功した経験、すなわち自分の人生がうまくいっていったことがあるという経験は、認知されにくく、ポジティブな生理反応も少ないことが考えられる。そのため、貧困は、人生や日常生活を自分が効果的に遂行できる感覚（自己効力感）を低下させる。一方、社会的説得とは、ある状況において必要な行動についての周囲の者による称賛や受容の言葉かけのことを指し、代理経験とは周囲の者の成功経験を指す。すなわち、熟達経験と生理反応は個人の経験に基づくものであるのに対して、社会的説得と代理経験は人間関係に基づくものである。人づきあいや良好な人間関係が十分にできていれば、周囲から人生や日常生活について前向きな声掛け

を受け取る経験や、似たような環境にある他者の成功経験を、自分にもできそうと自信につながる形で知ることもあると考えられる。

この点について、大阪府で小学5年生と中学2年生の保護者を対象に行われた本調査で、他者からのサポート（ソーシャルサポート）が日常の幸福感と人生に対する自己効力感に及ぼす影響について分析を行った。保護者のソーシャルサポートについては、「心配ごとや悩みごとを親身になって聞いてくれる人」や「あなたの気持ちを察して思いやってくれる人」などの7項目[2]に当てはまる人物が「いる」と回答した数を保護者のソーシャルサポート得点（0点から7点）として算出した。保護者のソーシャルサポート得点は45.5％が7点に該当したため、分析にあたっては7点の回答者をソーシャルサポート高群、7点未満の回答者をソーシャルサポート低群としてカテゴリー化した。

保護者の幸福感については、「生活を楽しんでいますか（仕事や家事、育児など）」という問いに対して、「とても楽しんでいる」を4点、「楽しんでいる」を3点、「あまり楽しんでいない」を2点、「楽しんでいない」を1点とし、「あなたはご自身が幸せだと思いますか」という問いに対して、「とても幸せだと思う」を4点、「幸せだと思う」を3点、「あまり幸せだと思わない」を2点、「幸せだと思わない」を1点とし、これらを合計して幸福感得点を算出した。本調査では、幸福感得点を予測変数とし、はく奪指標得点とソーシャルサポート群を説明変数とした重回帰分析を行った（図6-2-2）。その結果、幸福感ははく奪指標得点が高くなるほど低くなるが（$b = -0.24$, $SE = 0.01$, $p < .001$）、それとは独立して、ソーシャルサポートの高い保護者は幸福感が高いことが示された（$b = 0.27$, $SE = 0.01$, $p < .001$）。

保護者の自己効力感については、成田らの特性的自己効力感尺度を参考に（成田ら 1995）、「自分が立てた目標や計画はうまくできる自信がある」「はじめはうまくいかない事でも、できるまでやり続ける」「人の集まりの中では、うまくふるまえない（逆転項目）」「私は自分から友だちを作るのがうまい」「人生で起きる問題の多くは自分で解決できない（逆転項目）」という5項目に対して、「そう思う」を4点、「まぁそう思う」を3点、「あまり思わない」を2点、「思わない」を1点とし、これらを合計して自己効力感得点を算出した。自己効力感得点を予測変数とし、はく奪指標得点とソーシャルサポート群を説明変数とした重回帰分析を行った（図6-2-3）。その結果、幸福感と同様に、自己

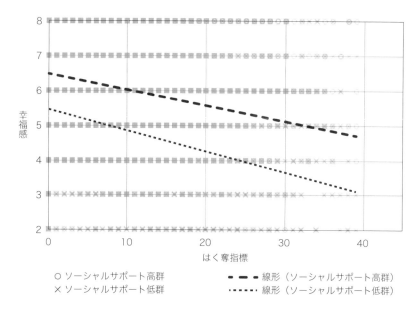

図6-2-2　はく奪指標得点とソーシャルサポート群が幸福感に及ぼす影響

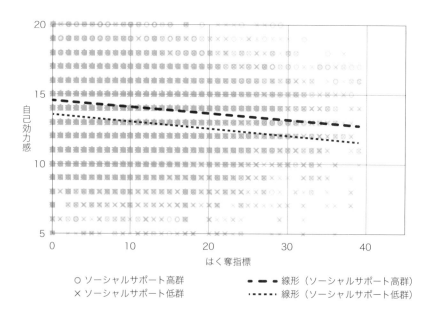

図6-2-3　はく奪指標得点とソーシャルサポート群が自己効力感に及ぼす影響

効力感ははく奪指標得点が高くなるほど低くなるが（$b = -0.14$, $SE = 0.01$, $p < .001$）、それとは独立して、ソーシャルサポートの高い保護者は自己効力感が高いことが示された（$b = 0.20$, $SE = 0.01$, $p < .001$）。貧困のうちにあっても、人づきあいや良好な人間関係の重要性がうかがえる。

2-2　子どもの貧困を断ち切る人づきあい

　それでは、子どもの貧困で問題視される貧困の連鎖（例えば、勉学や進学への低い動機づけ）が人づきあいや人間関係の効用で抑制されることはないのだろうか。心理学や教育学の中では、勉学や職業訓練において自己効力感の高い子どもは、勉強や職業訓練により取り組みやすく、成果を得やすいことが多く報告されている（Anderson & Betz 2001; Bandura 2000; Joët, Usher & Bressoux 2011; Usher & Pajares 2006; 小林 2015）。自己効力感は、他者からの称賛や受容の言葉がけ、または、他者の成功経験を知ることで高まる（Bandura 1977）。だとすると、貧困の中にある子どもでも、人づきあいや良好な友達関係を持てれば、勉強や職業訓練に対する自己効力感を獲得し、高い動機づけを保持できる可能性は考えられないだろうか。

　このような可能性について、本調査においては、子どものアンケートの中から、学習理解、学習時間、子どもの将来の希望について分析を行った。分析にあたり、保護者のソーシャルサポート得点と同様に、子どものアンケートに基づく友達ソーシャルサポート得点に基づき、中央値3点以上の回答者を友達ソーシャルサポート高群に、中央値3点未満の回答者を友達ソーシャルサポート低群にカテゴリー化した。

　学習理解については、「学校の勉強について、一番あなたの気持ちに近いものはどれですか」という問いに対して、「よくわかる」を5点、「だいたいわかる」を4点、「あまりわからない」を3点、「ほとんどわからない」を2点、「わからない」を1点とし、学習理解得点を算出した。本調査では、学習理解得点を予測変数とし、はく奪指標得点と友達ソーシャルサポート群を説明変数とした重回帰分析を行った（図6-2-4）。その結果、小学生と中学生のいずれにおいても、学習理解ははく奪指標得点が高くなるほど低くなるが（小学生：$b = -0.13$, $SE = 0.01$, $p < .001$; 中学生：$b = -0.15$, $SE = 0.01$, $p < .001$）、ソーシャルサポートが高い子どもは学習理解が高かった（小学生：$b = 0.14$, $SE = 0.01$, $p < .001$; 中学

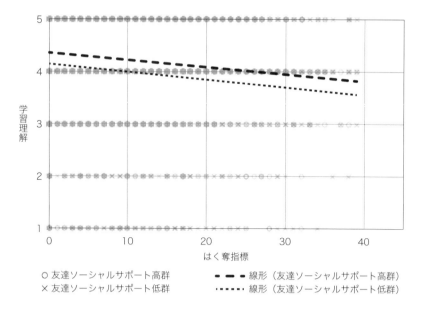

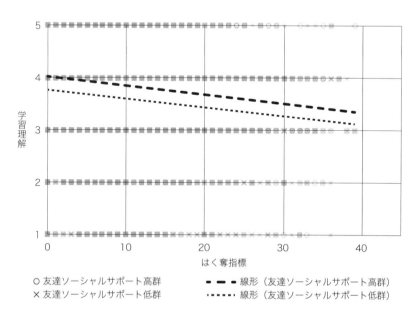

図6-2-4 はく奪指標得点とソーシャルサポート群が学習理解に及ぼす影響
（上：小学生、下：中学生）

生：$b = 0.14$, $SE = 0.01$, $p < .001$）。

　学習時間については、「あなたは、学校のある日、授業時間以外に1日あたりどれくらいの時間、勉強をしますか（塾などの時間も含みます）」という問いに対して、「3時間以上」を6点、「2時間以上、3時間より少ない」を5点、「1時間以上、2時間より少ない」を3点、「30分以上、1時間より少ない」を3点、「30分より少ない」を2点、「まったくしない」を1点とし、学習時間得点を算出した。本調査では、学習時間得点を予測変数とし、はく奪指標得点と友達ソーシャルサポート群を説明変数とした重回帰分析を行った（図6-2-5）。その結果、小学生と中学生のいずれにおいても、はく奪指標得点（小学生：$b = -0.14$, $SE = 0.01$, $p < .001$；中学生：$b = -0.13$, $SE = 0.01$, $p < .001$）とソーシャルサポート群（小学生：$b = 0.08$, $SE = 0.01$, $p < .001$；中学生：$b = 0.09$, $SE = 0.01$, $p < .001$）の有意な効果が確認された。

　子どもの将来希望については、「自分の将来の夢や目標を持っている」という問いに対して、「持っている」を4点、「どちらかというと持っている」を3点、「どちらかというと持っていない」を2点、「持っていない」を1点とし、「将来のためにも、今、頑張りたいと思う」という問いに対して、「そう思う」を4点、「どちらかというとそう思う」を3点、「どちらかというとそう思わない」を2点、「そう思わない」を1点とし、これらを合計して将来希望得点を算出した。本調査では、将来希望得点を予測変数とし、はく奪指標得点と友達ソーシャルサポート群を説明変数とした重回帰分析を行った（図6-2-6）。その結果、小学生と中学生のいずれにおいても、ソーシャルサポート群（小学生：$b = 0.17$, $SE = 0.01$, $p < .001$；中学生：$b = 0.20$, $SE = 0.01$, $p < .001$）の有意な効果が確認されたが、はく奪指標得点（小学生：$b = -0.002$, $SE = 0.01$, $p = .083$；中学生：$b = -0.01$, $SE = 0.01$, $p < .001$）は有意な効果が確認されなかった。

　以上、分析の結果として、いずれもはく奪指標得点の効果とは独立して、友達ソーシャルサポート群の効果が確認された。貧困は勉学に対する動機づけを抑制することが懸念されるが、子どもの人づきあいや友達関係はそのような貧困による障壁を緩和する可能性が示唆された。また、貧困は子どもの将来に対する希望も抑制することも懸念されたが、本調査ではそのような影響は見られなかった。子どもの友達関係は将来に対する希望も高めていた。

　人づきあいや人間関係は、貧困によって阻害される幸福感や勉学への動機づ

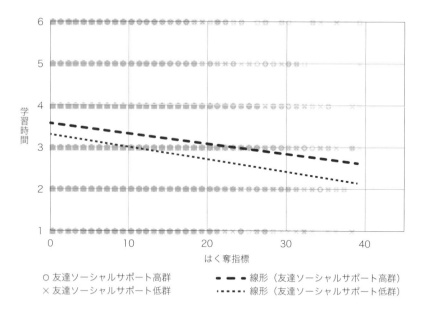

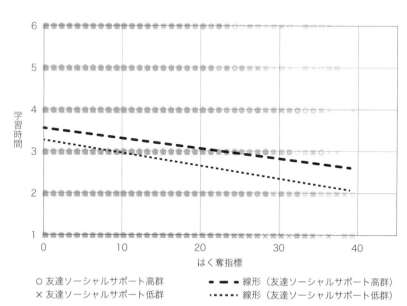

図6-2-5 はく奪指標得点とソーシャルサポート群が学習時間に及ぼす影響
（上：小学生、下：中学生）

第6章 健康・つながりと貧困 — 207

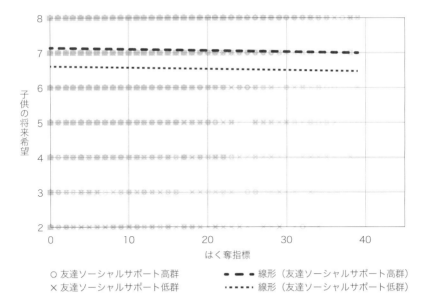

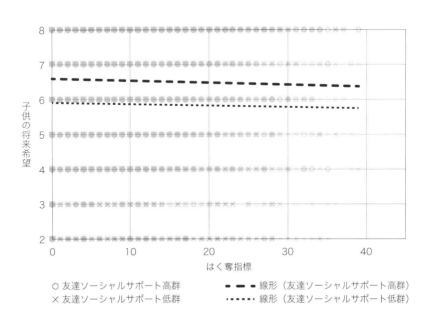

図6-2-6 はく奪指標得点とソーシャルサポート群が子供の将来希望に及ぼす影響
（上：小学生、下：中学生）

けなどにポジティブな効果を持つ。当然ながら、人づきあいや人間関係の効果は、貧困による直接的な障壁（例えば、進学への資金不足）を解決するのではない。しかし、これまでの貧困対策でとられてきた、子どもの教育にかかる資金面や経験面が中心の施策を効果的に機能させることができる可能性があるだろう。子どもの居場所づくりなどをするにあたっては、友達同士で受容的な言葉かけを行いながら（社会的説得）、他の学生と共に勉強を行う機会（代理経験）を設けることが大切であると考えられる。このような経験は、単に居場所が子どもにとって安心できる場所であるというだけでなく、子どもの自己効力感の形成を促し、将来的に社会への適応を容易にしていく重要な意味を持つものと考えられる。

3　今後の展望

　本章では、貧困が子どもの人づきあいや人間関係を抑制する可能性と、その人づきあいや人間関係が貧困の連鎖を抑制する可能性について分析を行った。しかし、本調査だけではいくらか分析の限界もあり、今後さらなる検討が必要である。

　本章では、貧困が子どもの社会集団を規定する可能性について言及したが、子どもがどのような個人特性を持った者同士で友達関係を築いているのかや、子どもたちの間で形成されるそれぞれの友達関係に対してどのようなイメージを抱いているのかは明らかになっていない。このような調査は倫理的な配慮が十分に行われる必要があるが、子どもたちの将来に対する希望や動機づけにもかかわる重要な要件であると考えられる。例えば、友達集団に対して貧困に基づくイメージの保持は、社会の格差に対する信念（格差は変動的なのか固定的なのか）に影響を及ぼす可能性も考えられる（Jost & Banaji 1994）。しかし、子どもが何を基準に社会集団を形成し、何を基準にイメージを形成するのかを明らかにできれば、そうした格差の固定化の問題にも対処が見つかる可能性は十分にある。そのためには、学内での友達関係の形成過程や社会的なネットワークの構造について、今後は検討する必要があるだろう。

　また、本章では、人づきあいや人間関係が貧困の連鎖を抑制する可能性を指

摘したが、そのような効用がより効果的に機能するためには人間関係の内容についても考慮する必要があるかもしれない。社会学者のシルビア・ドミンゲスとセレステ・ワトキンスは、ボストンに住む低所得者層の母親を対象に行われたインタビューで、彼女らの人づきあいの形と、そのベネフィットの種類について分析した（Domínguez & Watkins 2003）。ボストンの母親たちは日常生活の中で、互いに子どもの世話を請け負ったり、物品を融通し合ったりすることで、社会的なつながりを維持していることが見られた。同時に、興味深いこととして、社会集団の枠組み（例えば、人種や職業）を超えた様々な人と広く人づきあいしている母親は、社会的な地位を高めるためのアドバイスや経験を得ることができる機会を多く持つとされた。すなわち、限られた人づきあいの中で、自分と類似した背景を持つ人物とつきあうのではなく、より広く人づきあいをしている母親は、新たな考え方や、教育や就職への機会に触れ、より貧困の連鎖から逃れるように促されたのである。一方で、本調査では貧困が個人特性の偏りがある社会集団の形成を促す可能性が示唆されており、また、自己効力感の形成を担う代理経験では、自分と類似していない背景の人物の成功経験を知ったとしても効果がないことが知られている（Bandura 2000）。当然、特定の人間関係の内容に善し悪しを評価しようとすべきではないが、バラエティを持った人間関係を促すことは貧困問題への対処として望ましいかもしれない。今後は、そのような可能性を期待しつつも、人間関係の内容がもたらす効用の違いについても分析することが重要になるだろう。

▶注

1　仲の良い友達がいるかについては、「あなたが、何かに失敗したときに、たすけてくれる」「あなたが、勉強やスポーツでがんばったときに、ほめてくれる」「一人ではできないことがあったときには、気持ちよく手伝ってくれる」「ふだんから、あなたの気持ちをよくわかってくれている」「いつでも、あなたのことを信じてくれる」「あなたが悩んでいるときに、どうしたらよいか教えてくれる」「あなたの良いところも、良くないところもよくわかってくれる」「あなたのことをとても大切にしてくれる」の8項目に当てはまる人物として「ともだち」が該当するかが尋ねられた。

2　保護者のソーシャルサポートについては、「心配ごとや悩みごとを親身になって聞いてくれる人」「あなたの気持ちを察して思いやってくれる人」「趣味や興味のあることを一緒に話して、気分転換させてくれる人」「子どもとの関わりについて、適切な助言をしてくれる人」「子どもの学びや遊びをゆたかにする情報を教えてくれる人（運動や文化活

動)」「子どもの体調が悪いとき、医療機関に連れて行ってくれる人」「留守を頼める人」の7項目に当てはまる人物がいるかが尋ねられた。

▶文献

Anderson, S. L., & Betz, N. E. (2001). Sources of Social Self-Efficacy Expectations: Their Measurement and Relation to Career Development. *Journal of Vocational Behavior, 58*(1), 98–117. https://doi.org/10.1006/jvbe.2000.1753

Bandura, A. (1977). Self-efficacy: Toward a unifying theory of behavioral change. *Psychological Review, 84*(2), 191.

Bandura, A. (2000). *SOCIAL COGNITIVE THEORY: An Agentic Perspective.* 28.

Diener, E., & Seligman, M. E. P. (2002). Very Happy People. *Psychological Science, 13*(1), 81–84. https://doi.org/10.1111/1467-9280.00415

Domínguez, S., & Watkins, C. (2003). Creating Networks for Survival and Mobility: Social Capital Among African-American and Latin-American Low-Income Mothers. *Social Problems, 50*(1), 111–135. https://doi.org/10.1525/sp.2003.50.1.111

Education Policy and Data Center. (2013, May 7). International Standard Classification of Education. Retrieved July 2, 2018, from Education Policy Data Center website: https://www.epdc.org/about-help/isced

Erikson, E. (1968). Youth: Identity and crisis. *New York, NY: WW.*

Folkman, S., & Lazarus, R. S. (1980). An analysis of coping in a middle-aged community sample. *Journal of Health and Social Behavior*, 219–239.

Joët, G., Usher, E. L., & Bressoux, P. (2011). Sources of self-efficacy: An investigation of elementary school students in France. *Journal of Educational Psychology, 103*(3), 649–663. https://doi.org/10.1037/a0024048

Jost, J. T., & Banaji, M. R. (1994). The role of stereotyping in system-justification and the production of false consciousness. *British Journal of Social Psychology, 33*(1), 1–27. https://doi.org/10.1111/j.2044-8309.1994.tb01008.x

Lin, N. (1999). Social Networks and Status Attainment. *Annual Review of Sociology, 25*, 467–487.

Oishi, S. (2014). Socioecological Psychology. *Annual Review of Psychology, 65*(1), 581–609. https://doi.org/10.1146/annurev-psych-030413-152156

Steele, C. M., & Aronson, J. (1995). Stereotype Threat and the Intellectual Test Performance of African Americans. *Journal Of Personality and Social Psychology, 69*(5), 797–781.

Tardy, C. H. (1985). Social support measurement. *American Journal of Community Psychology, 13*(2), 187–202. https://doi.org/10.1007/BF00905728

Usher, E. L., & Pajares, F. (2006). Sources of academic and self-regulatory efficacy beliefs of entering middle school students. *Contemporary Educational Psychology, 31*(2), 125–141. https://doi.org/10.1016/j.cedpsych.2005.03.002

佐久間勲（2015）「社会集団に対するイメージ——ステレオタイプ内容モデルの検討」『生活科学研究』37（67～75頁）

内閣府（2014）「子供の貧困対策に関する大綱について」

小林智之（2015）「社会的説得の補償効果——自己効力感形成に対する4つの情報源モデル」

『ソーシャル・モチベーション研究』(= Developmental Reports of Social Motivation, 8, 26-35.)

小林智之・及川昌典（2015）「メタステレオタイプと集団相互依存観が外集団に対する反応に及ぼす影響」『心理学研究』86〔5〕（467〜473頁） https://doi.org/10.4992/jjpsy.86.14327

成田健一・下仲順子・中里克治・河合千恵子・佐藤眞一・長田由紀子（1995）「特性的自己効力感尺度の検討」『教育心理学研究』43〔3〕（306〜314頁）

西中華子（2014）「居場所づくりの現状と課題」『神戸大学発達・臨床心理学研究』13〔7〕

西原尚之（2006）「『養護型不登校』における教育デプリベーション——補償教育システムおよび家族との協働の必要性について」『社会福祉学』46〔3〕（87〜97頁）

第7章 就学前の子どもと貧困

Ⅰ　就学前の親と子どもの実態… 山野 則子
Ⅱ　はく奪指標を用いた検討… 　小林 智之

I 就学前の親と子どもの実態

　本章では、5歳児に対して子どもの実態調査を実施した4自治体の結果を分析している（約1万7000件中、数10件の3、4歳が含まれる）。1節において、まずは5歳児の子ども家庭の状況全体像として概観する。さらに2節において、第1章で明らかにしたはく奪指標を活用した分析を示す。つまり、今回構築した大人の質問項目によるはく奪指標が使用可能なものであるのか、どのように活用できるかを含め結果と考察を示す。対象に関する詳細は、2節2に記載している（表7-2-1）。

1 「就学前」の意味

　2節において詳細を述べるが、すでに貧困は乳幼児期から暮らしを覆い、成長・発達に大きな影響を与えることは周知の事実となっている。浅井（2016）は、その三大要因として、保護者の低学歴、低年齢出産、離婚をあげている。
　OECD教育委員会は、1998年幼児教育・保育（Early Childhood Education and Care：以下、ECEC）（人生初期の教育とケア）政策に関する調査に着手し、その調査報告書を「Starting Strong」（人生の始まりこそ力強く）として、2001年から刊行している。保育政策と保育施設の現状を精査したうえで、ECEC政策の成功の鍵を握る要素（2001）、政策課題（2006）を提案し、ECECの質を高めるにあたって有効な5つの政策レバーを各国の具体例を紹介しながら提示し（2012）、各国のモニタリング・システムを調査し、2015年には「Starting Strong Ⅳ」として、質改善のための5領域を抽出している。
　OECDは、各国政府が就学前の保育・教育へ投資する理由の4つ目に子どもの貧困と教育上の不利益問題をあげている。すでに、ECECは、子どもの成長発達、より公平な子どもの育ちと貧困の削減、出生率の向上、社会経済全体のよりよい発展等、子ども・親・社会にとって幅広い恩恵をもたらすことを多くの研究者が明らかにしている（泉 2017）。また教育だけではなく、公衆衛生

の世界では、貧困は子どもの食生活、口腔疾患、心身の発達困難に関連し健康を脅かし（喜多・岸 2017）、不健康状態を高める（藤原 2017）としている。

このような中で、日本の位置は、保育施設への公共財源支出は、OECD加盟国の中で最低レベルである。

今回の5歳児調査から改めて、子どもたちの置かれている実態について、注目していくこととする。

2 子どもたちのおかれた生活実態

2-1 親の就労状況、経済状況

5歳児の家庭の就労状況や経済状況について、前章までに述べてきた、小中学生調査（小学校5年と中学2年）の調査結果と傾向はほぼ同じであり、基本的には困窮度が高まれば高まるほど就労形態が不安定になる状況である。それぞれの群の中で占める割合は、就学前も小中学生もほぼ同じである。困窮度Ⅰの状況でありながら、約60％が正規雇用以外である実態など家計の苦しさが想像できる（図7-1-1）。その数値は、困窮度Ⅰ群の中で、「貯金をしたいができない」割合が、64.7％を占めていることからも考えられる（図7-1-2）。

世帯構成では、母子家庭がもっとも厳しい状況にあり、浅井（2016）が指摘した三大要因の1つである離婚に関連している。困窮度Ⅰのうちの5歳児調査で43.2％（図7-1-3）、小中学生調査で50.6％（大阪府立大学 2017）が母子家庭である。しかし、5歳児では困窮度Ⅰの54.7％ほどがふたり親であり、半数を超えている。これは、小中学生に比べ高い割合であり、子どもの年齢が低いほどふたり親であっても経済的に厳しい状況にあると言えよう。

困窮度Ⅰで母子家庭ということは児童扶養手当を受給できると考えられるが、児童扶養手当の受給状況でいうと、困窮度Ⅰであるにもかかわらず、「受けたことがない」世帯が5歳児12.6％（図7-1-4）、小5と中2が10.1％（大阪府立大学 2017）となり、5歳児のほうがやや割合が高い。つまり受給できる制度であるにもかかわらず受けておらず、年齢が低いほど、受給に繋がっていない可能性が考えられる。

第2部　貧困の諸相　生活上のニーズに着目して

　子どもに経済的な理由でできなかった経験では、各割合は大人の経済的理由でできなかった経験よりも低い。親はまずは自分たちの生活を切り詰めて、子どもの生活を大切にしているのであろう。また「どれにも当てはまらない」という回答は63.4％であり、何らかの経済的理由で経験させることができていないという認識が36.6％あることになる。最も高かったものが、「家族旅行

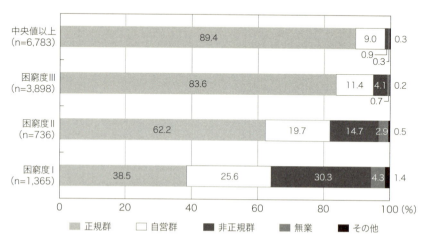

図7-1-1　困窮度別就労形態

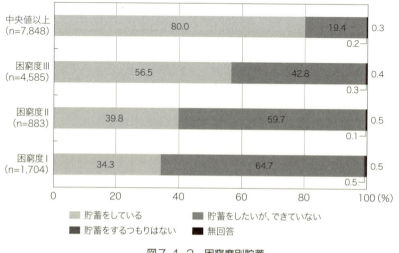

図7-1-2　困窮度別貯蓄

（テーマパークなど日帰りのおでかけを含む）」16.6％、次に高いのが「習い事」14.6％であった（図7-1-5）。これはちょうど7人に1人の数であり、厳しい現実である。

さらに、このできなかった経験のうち「家族旅行」の項目において、困窮度別にみると中央値以上が7.9％、困窮度Ⅰが34.9％とかなり差がある。「どれに

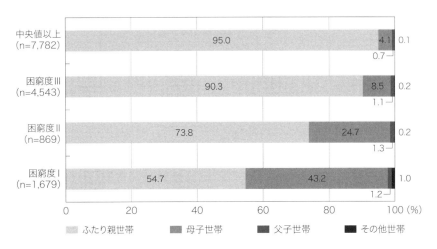

図7-1-3　困窮度別世帯構成

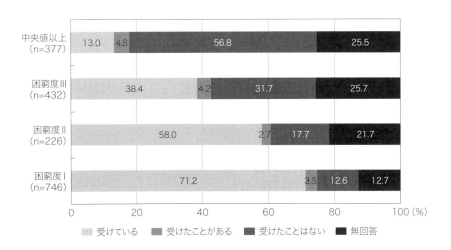

図7-1-4　困窮度別児童扶養手当

も当てはまらない」が、中央値以上群が76.1％占めているのに対して、困窮度Ⅰではおおむね半分の38.8％となる。親の経済的状況が、子どもたちの生活を脅かす可能性を示唆している。「子どものための本や絵本が買えなかった」項

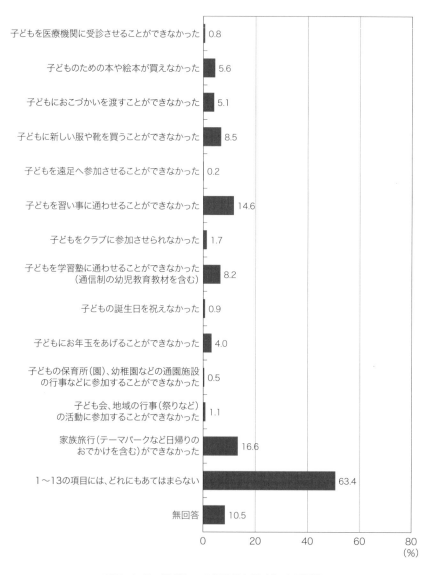

図7-1-5　子どもへの経済的な理由による経験

第 7 章　就学前の子どもと貧困 — 219

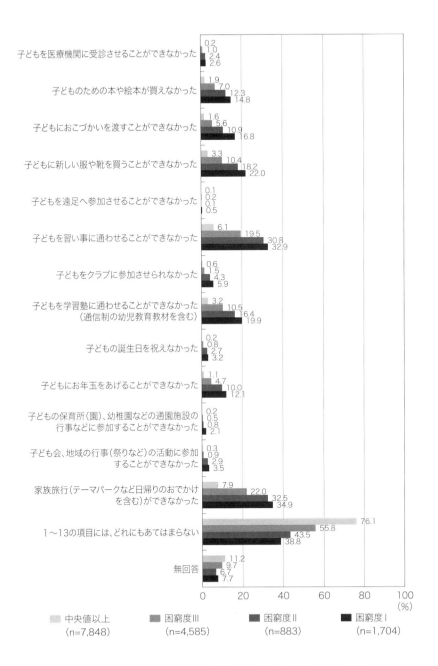

図7-1-6　困窮度別に見た、子どもへの経済的な理由による経験

目においては、中央値以上が1.9％であるのに対して、困窮度Ⅰになると14.8％となり、その差が約10倍となり最も大きい（図7-1-6）。まさに子どもの生活に直結する格差を生んでいることがわかる。

2-2 子どもの基本的生活

子ども自身の朝食や寝る時間など、5歳児という年齢を考慮すると、自身で何等かに対応できることはなく、まさに家庭の状況が影響してしまう、発達にとって基本的な項目である。しかし、残念ながら、「必ず食べる」が89.0％で食べない家庭も存在する（4自治体の2016年生活実態調査報告書）。さらに困窮度別にみると、困窮度が高まるにつれ「必ず食べる」が中央値以上の92.5％から困窮度Ⅰの81.2％と減少する（図7-1-7）。「食べる習慣がない」という家庭も存在した。

寝る時間も同様に、「午後9時より前」が20.2％、「午後9時台」が51.7％、「午後10時台」が24.0％、「午後11時以降」が3.3％であり、さらに困窮度別にみると、困窮度が高まるにつれ「午後9時より前」が中央値以上の21.7％から困窮度Ⅰの14.6％と減少し、困窮度Ⅰでは「午後10時台」が31.9％にのぼり、「午後11時以降」が6.0％ほどになる（図7-1-8）。

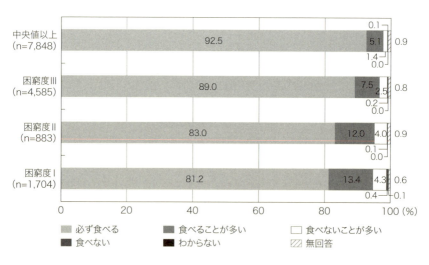

図7-1-7　困窮度別に見た、朝食の頻度

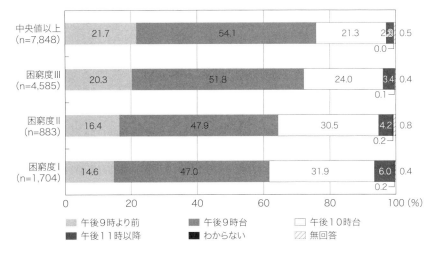

図7-1-8　困窮度別に見た、就寝時間

子どもたちの基本的な生活習慣が構築されにくく、脅かされている様子がうかがえる。

2-3　絵本の読み聞かせなどしつけ

　しつけの項目を見てみると、どれも困窮度ごとに差がある。「絵本の読み聞かせ」に焦点化してみると、「絵本の読み聞かせ」を実施しているというのは、中央値以上が72.6％に対し困窮度Ⅰは49.9％という結果で最も困窮度ごとの差が明らかであった（図7-1-9）。これは困窮度だけではなく、学歴ごとが最も顕著な差があり、大学院卒86.7％、大学卒80.4％、中卒が34.5％であった（図7-1-10）。同じく出産年齢ごとに「絵本の読み聞かせ」の実施率のみ取り出してみると、40代で出産が75.8％に対して、10代で出産が40.4％であった（図7-1-11）。そして、「絵本の読み聞かせ」は、親が「将来への希望を持てているか」どうかによっても違いが明らかであり、「希望が持てる」が73.1％、「希望が持てない」が46.7％であった（図7-1-12）。また、生活を楽しんでいるかどうかによっても、「とても楽しんでいる」が73.0％、「楽しんでいない」が42.4％（図7-1-13）と、どちらも困窮度や出産年齢の時と同様の差が見られた。

他のしつけをみると、あいさつなどを教えるや生活リズムを整える、文字や計算を教えるなども「絵本の読み聞かせ」ほど大きな差はないが、困窮度ごと、親の学歴ごと、ともにゆるやかに差がみられた。すでに研究成果が出されている早期の教育という意味において、今後の長い子どもの人生を考えると、この時期に何らかの対策を早急に検討する必要があるであろう。

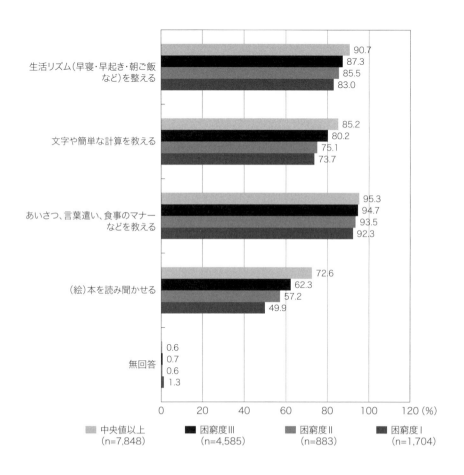

図7-1-9 困窮度別しつけ状況

第7章　就学前の子どもと貧困 —— 223

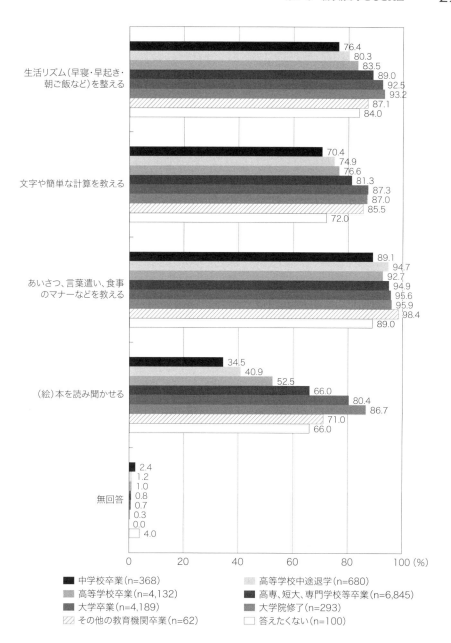

図7-1-10　母親の学歴別しつけ状況

第2部 貧困の諸相 生活上のニーズに着目して

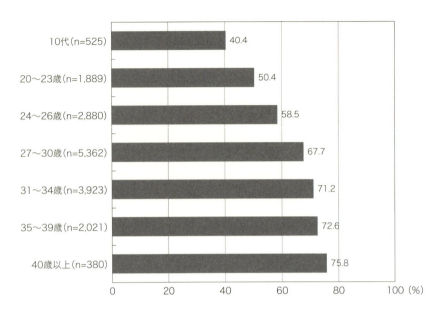

図7-1-11 初めて親になった年齢別 絵本の読み聞かせ実施率

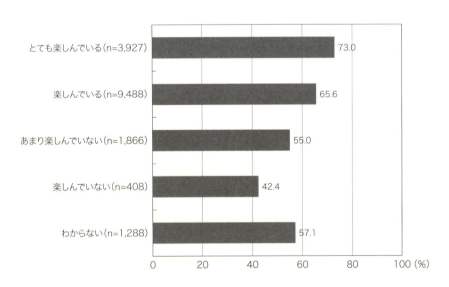

図7-1-13 心の状態（生活を楽しんでいる）別 絵本の読み聞かせ実施率

第7章 就学前の子どもと貧困 —— 225

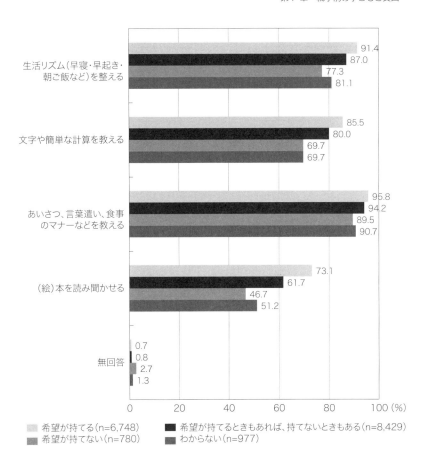

図7-1-12 希望別しつけ状況

2-4　子どもと関わる時間

　就労状況と子どもと関わる時間を見ると、確かに正規雇用のほうが無業よりもかかわる時間が少なくなる（図7-1-14）。物理的にそうなるであろう。さらに、生活を楽しんでいるか、という主観的な視点で見ると、「楽しんでいない」層の中で、子どもと関わる時間が「0〜15分未満」という回答が9.6％、「とても楽しんでいる」層の中で、「0〜15分未満」という回答が0.8％と占める割合が10倍となる（図7-1-15）。占める割合として、「楽しんでいない」層は、「とても楽しんでいる」層に比べ、子どもと関わる時間が短い傾向にある。同様に将来に希望を持てるかどうかという主観的視点においても、「希望を持てない」層の中で、子どもと関わる時間が「0〜15分未満」という回答が5.6％、「希望が持てる」層の中で、「0〜15分未満」という回答が1.0％であった。「希望を持てない」層が、子どもと関わる時間が短い傾向にある（図7-1-16）。希望を持てる人ほど、子どもと長くかかわっていることになる。

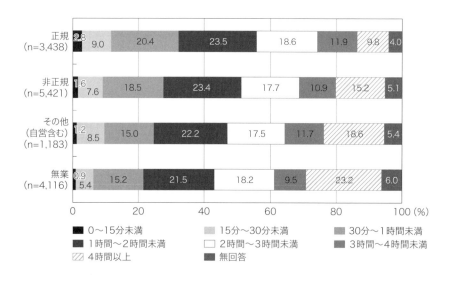

図7-1-14　就労状況別　子どもと関わる時間（平日）

第7章 就学前の子どもと貧困 — 227

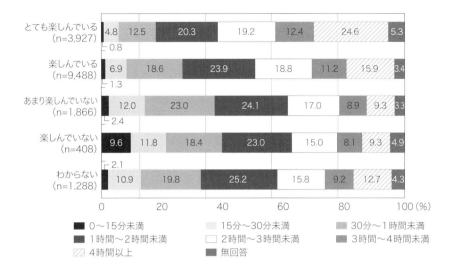

図7-1-15 心の状態（生活を楽しんでいる）別 子どもと関わる時間（平日）

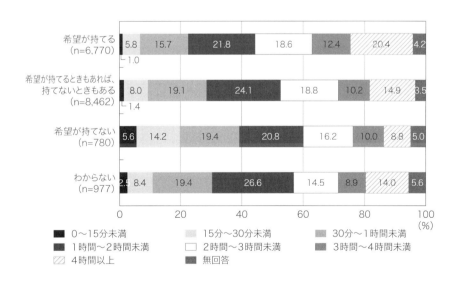

図7-1-16 心の状態（将来に希望を持てる）別 子どもと関わる時間（平日）

2-5 親の自己効力感

　将来に希望を持てるかどうかによって、子どもとのかかわりが変わるとすれば、ではその将来への希望はどのように生まれるのかを検討する。

　三大要因の不利は、将来への希望にも影響していく。希望が持てるかどうか出産年齢別にみると、「希望が持てる」において、10代の出産では27.2％、最も高い27～30歳での出産では43.9％と差が16.7ポイントも生じている。「希望を持てない」「わからない」を足すと10代の出産が16.3％、27～30歳の出産が8.6％と、不安が2倍の数値になる（図7-1-17）。

　自己効力感との関連をみると、親の自己効力感と将来の希望に関連がみられ、自己効力感が低い群は、31.6％、高い群は57.8％（図7-1-18）と明らかに差がみられ、親の自己効力感が高いほど将来に希望が持てると言える。

　また相談相手がいるかどうかについても困窮度ごとに差が見られ、「相談相手がいない」になると、中央値以上群が0.9％に対して、困窮度Ⅰ群では3倍以上の3.5％（図7-1-19）となってしまう。このことは、社会的孤立と関連し、現実とともに、さらに厳しい状況になることが想定される。

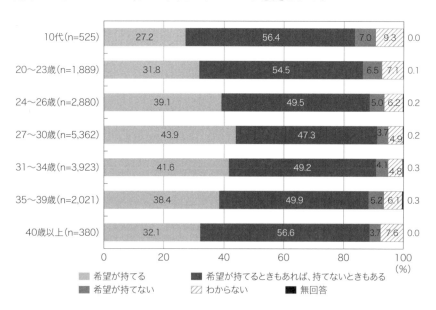

図7-1-17　初めて親になった年齢別　将来に希望が持てる

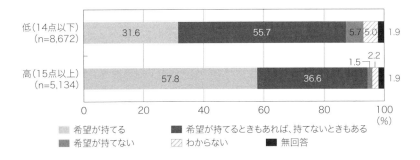

図7-1-18 自己効力感別 将来に希望が持てる

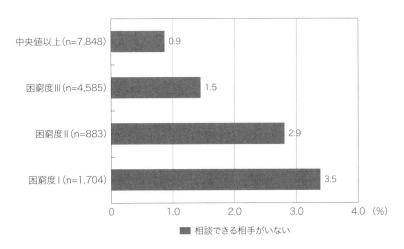

図7-1-19 困窮度別に見た、相談相手のいない割合

3 危惧されること

5歳児調査において、明らかになった就労状況や経済状況、子どもの基本的生活、絵本の読み聞かせなどしつけ、子どもと関わる時間、親の自己効力感について、概観してきた。子どもの年齢が5歳という幼児段階において、すでに経済的状況が様々な格差を生んでいることを明らかにしてきた。傾向自体は、小中学生調査と基本的に変わらないが、人生早期という年齢にとって意味は大

きいであろう。また、日本では子どもの貧困が社会問題化している中で、その関心は学童期の子どもに向けられ、就学前の子どもに対する関心は今のところ十分ではなく、対策を考えるためのエビデンスがほとんどないとも指摘されている（喜多・岸 2017）。喜多・岸（2017）は、過去の500ほどの追跡北海道データから、親の教育歴よりも所得が幼児期の発達に影響すること、社会経済的要因が発達に影響するのがみられるのは18か月からであることを示している。また欧米の先行研究からの想定として社会経済的要因が育児ストレスや養育態度という媒介変数を経て発達の遅れや心理的・社会的行動の問題に影響することを仮説モデルとして示し、分析は今後の課題にしている。こういった中での約1万7000件という大量データでの分析である今回の調査の意味は大きいだろう。

まず、経済状況が厳しくなるにつれ、5歳の幼児にとって最も重要な食事や就寝という基本的な生活が脅かされている状況であった。これはまさに経済的要因が、子どもの基本的に必要な自立していく力に影響し、この状況が人生早期から続く可能性を考えると大きな課題である。

そして、困窮度が高まれば高まるほど、子どもに経験させることが減り、特に絵本を買うことや家族旅行など経済的状況による差が大きかった。これは、300万円未満を低所得、300万円以上500万円未満を中所得、500万円以上を高所得として420件（回収率57.5％）を所得階層ごとに分析した小西ら（2016）の調査の結果と照らすと、家族旅行は同傾向であるが、絵本やおもちゃなど子どもの持ち物に差がないとした結果とは異なった。等価可処分所得ではないため正確には比較できないが、違う傾向を示したことになる。

子どもを主語で考えたときに、家庭の収入状況によって、子どもの発達に重要な提供がなされるかどうか違ってくるという現実である。家庭の収入や早期教育への投資額にかかわらず、家族の読書好きや幼児期からの読み聞かせが重要であるという指摘もある（内田 2017）が、まずその絵本が経済的理由で用意できないということが存在することが示された。そして、内田（2017）の指摘の通り、「絵本が家にない」ことによって、子どもへの「絵本の読み聞かせ」の実施率が減少する実態である。

そして、この「絵本の読み聞かせ」は、あいさつや生活リズム、文字や計算を教えるなどよりはるかに大きく、経済的状況や学歴、出産年齢、主観的な希

望の有無や生活を楽しんでいるかなどに影響していた。

　5歳児の家庭の状況は、基本的には前章までの小中学生調査（小学校5年と中学2年）の調査結果と傾向はほぼ同じであり、就労状況や経済状況、母子家庭の厳しさ、子どもと関わる時間などについて、困窮度が高まれば高まるほど厳しくなることを示してきた。

　このことは大きな課題であり、今後の長い子どもの人生を考えると、この時期に何らかの対策を早急に検討する必要がある。このまま放置することは、格差をますます生むことになるであろう。人生早期のこの時期にすべての子どもたちに向けた対応を徹底することは、大変重要なことで国の責任として取り組むべきである。それには、フィンランドのように、子どもは国の子どもであるという意識をどう醸成していくかにかかってくる。

　今回の結果から、子どもの貧困対策として、乳幼児期の子どもがいる家庭への経済的補填、母子家庭や再就職の家庭への給料面の対応、正規賃金での労働の場の補填などまず第一であることが強く言える。

　そして、これら第一の問題が解決することで変わることは前提としながら、それ以外に検討すべきは親の主観的な意識を変えることができるかどうかである。なぜなら親が「生活を楽しんでいる」や「将来に希望を持てる」が高いほど、子どもと長くかかわっている結果が見られたこと。将来への希望は、親の自己効力感が高いほど持てる状況にあったこと、からである。

　さらに困窮度ごとに差のあった「相談相手がいない」状態をどうするのかという課題もある。この「相談相手がいない」からといって、公的な相談機関の広報ということでは、年齢が低いとよりミスマッチするであろう。もっと身近なささいなことを気軽に話せる、インフォーマルな地域レベルでの対応をどう入れていくか、これがポイントになっていくと考える（山野 2018）。

▶文献

浅井春夫（2016）「乳幼児の貧困問題の現実と解決への施策を考える――人生はじめに確かなスタートができるために」『まなびあい』9（46〜57頁）

泉千勢（2017）「世界の保育の質改革の動向」『なぜ世界の幼児教育・保育を学ぶのか――子どもの豊かな育ちを保障するために』ミネルヴァ書房（1〜28頁）

内田伸子（2017）「子どもの貧困と学力格差――貧困は超えられるか？」『学術の動向』22〔10〕（24〜28頁）

大阪府立大学（2017）「大阪府 子どもの生活に関する実態調査」
喜多歳子・岸玲子（2017）「社会経済要因の影響―②認知／行動発達」『公衆衛生』81巻1号（79〜84頁）
小西祐馬（2016）「乳幼児期の貧困と保育」秋田喜代美ほか編著『貧困と保育——社会と福祉につなぎ、希望をつむぐ』かもがわ出版（26〜52頁）
藤原武夫（2016）「日本における揺さぶりの実態とリスク要因、予防に関するエビデンス」『子どもの虐待とネグレクト』18〔1〕（38〜42頁）
山野則子（2018）『学校プラットフォーム——教育・福祉、そして地域の協働で子どもの貧困に立ち向かう』有斐閣

Ⅱ　はく奪指標を用いた検討

1　貧困の連鎖と就学前教育

　経済学者のジェームズ・ヘックマンは、就学前からの教育が、貧困のうちにある子どもの成人後の経済的格差を狭めるのに有用であることを指摘した（Heckman 2013）。

　この主張の主な根拠として、ヘックマンは、1962年から米国ミシガン州イプシランティで行われたペリー就学前プロジェクトの研究を報告している。ペリー就学前プロジェクトとは、アフリカ系アメリカ人の低所得世帯を対象に30週間にわたり行われた就学前教育のプロジェクトである。各世帯の就学前の子どもは、毎日午前中に2時間ずつ教室での授業を受け、週に1度は90分間の家庭訪問による指導を受けた。

　プロジェクトの学術的な価値のひとつは、就学前教育の効果が、この教育を受けた子どもと、受けなかった子どもを比較しながら40歳まで追跡調査されたことである。驚くべきことに、追跡調査の結果は、就学前教育を受けた子どもは、受けなかった子どもよりも、学力成績や学歴が高いことを示したばかりか、40歳時点での収入や持ち家率、生活保護の非受給率においても明確な差を示したのである。

　就学前教育が将来の経済状況を改善する可能性について、ヘックマンは自己制御のスキルの観点から説明している。人々が社会的な成功を収める重要な要素には、目標に向けて努力を続ける根気強さや集中力、他者との協力に必要な感情制御、あるいは様々なことに挑戦できるだけの自信といったことが挙げられる。それらの能力は、小学校や中学校で焦点が当てられる算数や国語の能力とは半ば独立して存在しており、就学前において基盤が築かれやすい。そのため、就学前の段階から、これらの能力を育む教育を受けられることが重要というのである。

　就学前の子どもの自己制御スキルが将来の社会的な成功に影響する可能性は、社会心理学者のウォルター・ミシェルによるマシュマロ・テストでも知られる

(Mischel 2014)。スタンフォード大学内のビング保育園で、ミシェルは、就学前の子どもを1人部屋に招くと、目の前にマシュマロ（あるいはクッキーなどのその子の好きなお菓子）を置き、時間まで食べるのを我慢できればマシュマロが2個食べられるが、我慢できなければ1個しか食べられないという過酷な課題を与えた。何人かの子どもは長期的な利益（マシュマロ2個）を得るために目の前の誘惑に打ち勝つことができたが、我慢できなかった子どももいた。その後の追跡調査では、より多くのマシュマロのために我慢が出来た子どもは、就学時の学業成績が高く、危険薬物の使用率や肥満指数が低い傾向などが統計的に支持された。

注意すべきこととして、ヘックマンは、なにも低所得世帯の子どもをもれなく保育園や幼稚園に入れることを絶対条件のように主張しているわけではない。ヘックマンは低所得世帯における子どもへの就学前の教育がその後の経済格差を改善する可能性を指摘するが、それは低所得世帯の子どもが他の子どもよりも自己制御スキルを獲得しにくい環境にあるという見解に基づくものである。すなわち、ただ保育園や幼稚園に入園させておけば子どもを放っておいてもいいことを意味するわけでもなければ、入園させないことが社会的な成功の見込みがなくなることを意味するわけでもないのである。

それでは、子どもの自己制御スキルはどのように獲得されるのであろうか。子どもの自己制御スキルの獲得については、発達心理学の領域において多くの研究が報告されている。子どもは、3歳から4歳にかけた第一反抗期を過ぎるころ、自他の区別が明確になっていき、それに合わせて自己の欲求を自制して他の子どもへの配慮を示すようになるとされる。例えば、柏木は、子どもの自己制御スキルについて、その子どもたちの教師に評定を求めて測定したところ、3歳から6歳にかけて徐々に獲得していくことを示している（柏木 1988）。

このような年齢による自己制御スキルの獲得は、親の言葉かけとの関連が報告されている。ミシェルのマシュマロ・テストでは、長期的な利益を得るために目の前の誘惑に打ち勝つのに、子どもたちが行動抑制の言語化を行っている（「待っていればクッキーが2つもらえるんだよ」などと自分に言い聞かせる）ことが報告されている。そのような言語化は、親から、報酬や禁止について明確な言語化を受けているほど、自己制御スキルとして獲得していきやすい（Mischel & Patterson 1976）。すなわち、子どもは、しばしば親からしつけを受ける中で、

自己の欲求を我慢する経験をする。そのような経験を繰り返していくうち、自ら自身の欲求を制御するスキルを獲得していくのかもしれない。

しかし、子どもが自己制御スキルを獲得するにあたっては親からの言語的な働きかけが重要であると考えられるものの、そのような働きかけは世帯の経済状況に伴い減少する可能性がある。例えば、経済的な事情によっては、両親が共に子どもにつきっきりになる機会を持てない可能性がある。親子の時間が十分に確保できていない場合、当然親は子どもに言葉かけする機会を持てず、また、いざ機会を持てたとしても、子どもに対する厳しい指摘を控える可能性もあるだろう。このような親子関係の物理的な抑制要因は、親の意識とは独立して影響するものであり、個人として対策を練ることは難しいだろう。

このような議論を踏まえると、子どもの貧困や貧困の連鎖の問題を議論するにあたって、就学前の子どもを持つ世帯の所得やはく奪状況、あるいは親子関係について検討することは重要であることが考えられる。前章までは、小学校5年生と中学2年生の子どもを持つ世帯を対象とした議論を行ってきたが、本章では、就学前の3歳から5歳の子どもを持つ世帯を対象に貧困について議論する。

2　就学前の子どもを持つ世帯

就学前の子どもを持つ世帯を対象にした調査は、大阪府の一部の市町村において、就学時の子どもを持つ世帯を対象にした調査と同時期に合わせて行われた。大阪府内の認定こども園、幼稚園、保育所（園）などの施設を通して、3歳から5歳の子どもの保護者に調査票が配布された。

対象者は1万7367名（母親：1万4387名、父親：805名、祖父母：44名、親戚：7名、施設職員・ファミリーホーム・里親：25名、その他：14名、無回答：2085名）であった。はじめに、本調査において対象となった世帯の構造と住居について表7-2-1に示す。

続いて、対象となった世帯の就業状況について分析を行った。本調査では、母親、父親、その他の世帯員のそれぞれについて、「勤め（常勤・正規職員）」「勤め（パートまたはアルバイト、非正規職員で1か所に勤務）」「勤め（パートまた

表7-2-1 対象となった就学前の子どもを持つ世帯の構成と住居

		n
世帯構成	ふたり親家庭	14,887
	母子家庭	2,042
	父子家庭	153
	その他	53
世帯の人数	2人	500
	3人	3,010
	4人	8,528
	5人	3,786
	6人	827
	7人	238
	8人	77
	9人	21
	10人以上	13
	無回答	367
住居	持ち家	11,424
	府営・市営住宅	678
	UR賃貸住宅・公社賃貸住宅	514
	民間の賃貸住宅	4,131
	官舎・社宅	348
	その他	127
	無回答	145

はアルバイト、非正規職員で2か所以上に勤務)」「自営業・家業」「その他の就業形態」「仕事を探している」「仕事を探していない」の7つの項目から当てはまるものをすべて回答するように求めた。ここでは、これらの項目を用いて、各世帯における就業状況の分類を行うクラスター分析を行った。各項目間のユークリッド平方距離を算出し、それを項目間の非類似性の指標としてウォード法による階層的クラスター分析を行った。また、Calinski-Harabasz基準を用いて最適なクラスター数について評価したところ、5クラスターが最適であることが示唆された。第1クラスターの世帯では、父親は常勤か正規職員として勤め、母親は仕事を探しているか2か所以上のパートまたはアルバイト、非正規職員で勤めていることが示された。第2クラスターの世帯では、父親は常勤か正規職員として勤め、母親は仕事を探していないことが示された。第3クラスターの世帯では、父親は常勤か正規職員として勤め、母親は1か所のパートまたは

アルバイト、非正規職員で勤めていることが示された。第4クラスターの世帯では、父親も母親も自営業か家業をしていることが示された。第5クラスターでは、父親も母親も常勤か正規職員として勤めていることが示された。

3 はく奪指標得点

　就学前の子どもを持つ世帯において、はく奪指標得点を算出した（図7-2-1）。就学時の子どもを持つ世帯と同様の重みづけ係数を用いた。就学前の子どもを持つ世帯におけるはく奪指標得点は、平均値（SD）は6.95（7.37）点、中央値は5点（範囲：0点—40点）であった。

　はく奪指標得点について、世帯構成、世帯ごとの就業状況、所得が及ぼす影響を検討するため、それぞれ分析を行った。なお、有意水準は0.1%とした。

　はじめに、世帯構成を説明変数、はく奪指標を予測変数としてクラスカル・ウォリス検定を行った。その結果、世帯構成による有意な効果が確認された（$\chi^2(3) = 510.52, p < .001$）。ボンフェローニの多重比較検定の結果、母子家庭（$M = 10.67$点）は、ふたり親家庭（$M = 6.41$点）と父子家庭（$M = 7.25$点）よりも有意にはく奪指標得点が高かった。ふたり親家庭と父子家庭の間に、また、

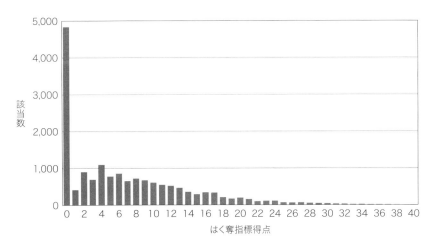

図7-2-1　就学前の子どもを持つ世帯におけるはく奪指標の分布

その他の世帯構成を持つ家庭（M = 9.19点）と他の3つの世帯構成との間に、統計的に有意な差は確認されなかった。はく奪指標得点に基づく貧困の評価では、母子家庭において貧困の程度が高いことがうかがえた。

　次に、世帯ごとの就業状況を説明変数、はく奪指標を予測変数としてクラスカル・ウォリス検定を行った。その結果、就業状況による有意な効果が確認された（$\chi^2(4)$ = 916.86, p < .001）。ボンフェローニの多重比較検定の結果、はく奪指標得点は第5クラスター（M = 4.77点）が最も低く、続いて第2クラスター（M = 5.47点）と第4クラスター（M = 7.00点）が低く、第1クラスター（M = 8.16点）と第3クラスター（M = 8.45点）が高かった。第1クラスターと第3クラスターの間、第2クラスターと第4クラスターの間に有意差は認められなかった。すなわち、はく奪指標得点に基づく貧困の評価によると、母親と父親がともに常勤か正規職員として勤めている場合（第5クラスター）に最も貧困の程度が低く、父親のみが常勤か正規職員として勤めて母親が仕事を探していない場合（第2クラスター）か自営業または家業をしている場合（第4クラスター）が続いて貧困の程度が低いことがうかがえた。父親が常勤か正規職員として勤めながらも、母親がパートやアルバイトをしている場合（第1、3クラスター）先の2つのクラスターよりも貧困の程度が高いことがうかがえた。

　最後に、所得を説明変数、はく奪指標を予測変数としてポアソン回帰分析を行った。その結果、所得ははく奪指標得点を有意に予測した（Residual deviance = 101144, df = 14813, b = − 0.0016, SE = 0.000013, p < .001）。すなわち、所得が高いほど、はく奪指標得点が高くなっていることが示された。

4　貧困と親子のこころとからだ

　就学時の子どもを持つ世帯においては、貧困が親子のこころとからだの状態に影響を及ぼしている可能性が示唆された。そのような貧困の影響は、就学前の親子に対しても同様に見られることが予測される。そこで、就学前の子どもを持つ世帯の調査票における親子の心身に関わる項目について、回帰分析を用いてはく奪指標得点の影響を分析した。

① 親の幸福感

親の幸福感については、「生活を楽しんでいますか（仕事や家事、育児など）」という問いに対して、「とても楽しんでいる」を4点、「楽しんでいる」を3点、「あまり楽しんでいない」を2点、「楽しんでいない」を1点とし、「あなたはご自身が幸せだと思いますか」という問いに対して、「とても幸せだと思う」を4点、「幸せだと思う」を3点、「あまり幸せだと思わない」を2点、「幸せだと思わない」を1点とし、これらを合計して幸福感得点を算出した。本調査では、幸福感得点を予測変数とし、はく奪指標得点を説明変数とした単回帰分析を行った（図7-2-2）。その結果、はく奪指標得点（R^2_{adj} = .07, standardized b = －.27, SE = .01, t (14537) = 33.08, p < .001）の有意な効果が確認された。

② 人生に対する親の自己効力感

親の自己効力感については、成田らの特性的自己効力感尺度を参考に（成田ら 1995）、「自分が立てた目標や計画はうまくできる自信がある」「はじめはうまくいかないことでも、できるまでやり続ける」「人の集まりの中では、うまくふるまえない（逆転項目）」「私は自分から友だちを作るのがうまい」「人生で起きる問題の多くは自分で解決できない（逆転項目）」という5項目に対して、「そう思う」を4点、「まぁそう思う」を3点、「あまり思わない」を2点、「思わない」を1点とし、これらを合計して自己効力感得点を算出した。自己効力

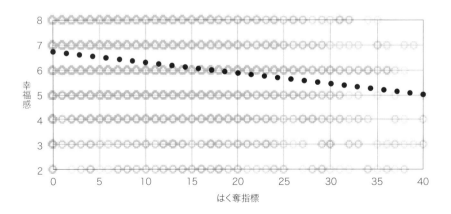

図7-2-2　はく奪指標が親の幸福感に及ぼす影響

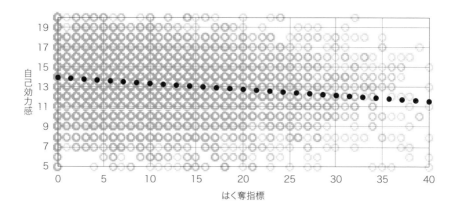

図7-2-3 はく奪指標が親の自己効力感に及ぼす影響

感得点を予測変数とし、はく奪指標得点を説明変数とした単回帰分析を行った（図7-2-3）。その結果、はく奪指標得点（R^2_{adj} = .03, standardized b = − .17, SE = .01, t (13258) = 20.01, p < .001）の有意な効果が確認された。

③ 親の心身で気になること

親の心身で気になることについては、「ねむれない」「よく頭がいたくなる」「歯がいたい」「不安な気持ちになる」「ものが見づらい」「聞こえにくい」「よくおなかがいたくなる」「よくかぜをひく」「よくかゆくなる」「まわりが気になる」「やる気が起きない」「イライラする」「よく肩がこる」「よく腰がいたくなる」から該当するものをすべて回答するように求め、その該当数を得点とした（0点から14点）。気になること得点を予測変数とし、はく奪指標得点を説明変数とした単回帰分析を行った（図7-2-4）。その結果、はく奪指標得点（R^2_{adj} = .12, standardized b = .35, SE = .01, t (15357) = 46.68, p < .001）の有意な効果が確認された。

④ 親のソーシャルサポート

親のソーシャルサポートについては、「心配ごとや悩みごとを親身になって聞いてくれる人」「あなたの気持ちを察して思いやってくれる人」「趣味や興味

第7章　就学前の子どもと貧困 — *241*

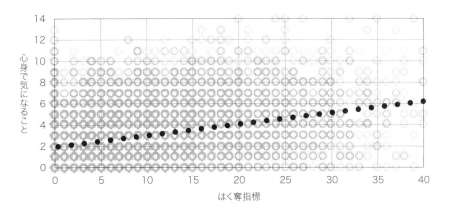

図7-2-4　はく奪指標が親の心身で気になることに及ぼす影響

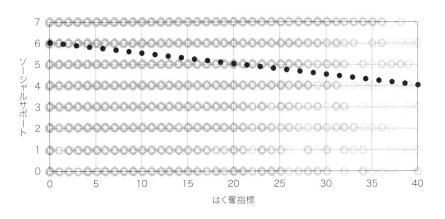

図7-2-5　はく奪指標が親のソーシャルサポートに及ぼす影響

のあることを一緒に話して、気分転換させてくれる人」「子どもとの関わりについて、適切な助言をしてくれる人」「子どもの学びや遊びをゆたかにする情報を教えてくれる人（運動や文化活動）」「子どもの体調が悪いとき、医療機関に連れて行ってくれる人」「留守を頼める人」の7項目に当てはまる人物が「いる」と回答した数をソーシャルサポート得点（0点から7点）として算出した。ソーシャルサポート得点を予測変数とし、はく奪指標得点を説明変数とした単回帰分析を行った（図7-2-5）。その結果、はく奪指標得点（R^2_{adj} = .04, standardized $b = -.21$, $SE = .01$, $t(16143) = 27.48$, $p < .001$）の有意な効果が確認された。

⑤ 子どもの食習慣

　子どもの食習慣については、朝食と夕食のそれぞれ、「必ず食べる」を4点、「食べることが多い」を3点、「食べないことが多い」を2点、「食べない」を1点として得点を算出した。朝食または夕食の食習慣得点を予測変数として、はく奪指標得点を説明変数とした単回帰分析を行った。その結果、朝食（$R^2_{adj} = .01$, standardized $b = -.12$, $SE = .01$, $t(16490) = 15.24$, $p < .001$）と夕食（$R^2_{adj} = .004$, standardized $b = -.07$, $SE = .01$, $t(16479) = 8.29$, $p < .001$）のいずれにおいてもはく奪指標得点の有意な効果が確認された。

⑥ 子どもの歯磨き習慣

　子どもの歯磨き習慣について、歯磨きの習慣が「ある」を選択した割合を予測変数とし、はく奪指標得点を説明変数として、ロジスティック回帰分析を行った。その結果、はく奪指標得点により、歯磨き習慣の低下が予測された（$G = 67.1$ ($df = 1, p < .001$), $b = -0.05$, $SE = 0.006$, $p < .001$）。

　このように、就学前の子どもを持つ世帯においても、就学時の子どもを持つ世帯における分析と同様に、貧困が親子のこころやからだ、生活に影響を及ぼしていることが示唆された。

5　貧困と親子関係

　貧困は、子どもの生活や将来に影響を及ぼし、そうして親から子へ貧困の連鎖を導いていく。子どもの将来の社会的な成功に影響を及ぼすとされる自己制御スキルは、就学前の頃から獲得されることが知られる（Mischel 2014）。さらに、ジョン・ブランドフォードとカレン・ヘルドマイヤーは、そのような子どもの能力の成長について、就学前における家庭での親との個人的なやり取りの中での学習の重要性を指摘している（Bransford & Heldmeyer 1983）。彼らによる

と、親は自分の子どもの能力や興味についてよく把握できており、そのため、他の大人と比べて、子どもの能力や興味に合った言葉がけや動機づけが可能である。また、子どもに対する強い愛着から、子どもの些細な成功や達成に対して、子どもと一緒に喜ぶことができ、また、成功や失敗の基準も子どもの関心に合わせて柔軟に設定する。このような環境は、子どもが自身の能力をのびのびと伸ばすうえで望ましいものと考えられる。

しかし、経済的な困窮は、子どもの成長に不利な環境を生み出している可能性があると指摘される（Heckman 2013）。本調査においては、はく奪指標得点は各世帯の就業形態と関連があることが示唆されていた。そこでは、父親と母親の両方が常勤・正規職員として勤めている、あるいは、より多くのパートやアルバイトに勤めていることが貧困の程度を下げる可能性がうかがえた。仕事に就くことは世帯の貧困状況を緩和することに成功するかもしれないが、一方で親子の時間が制限されていることはないだろうか。

就業状況について、貧困と親子の時間との関連を検討するため、本調査の「あなたがお子さんと一緒に何かをしたり、相手をしたりしている時間は、1日あたり平均すると、だいたいどれくらいになりますか」という問いについて分析を行った。回答者は、平日と休日における親子の時間について選択式で回答を求められた。分析にあたっては、平日では「0〜15分未満」を7.5分、「15分〜30分未満」を22.5分、「30分〜1時間未満」を45分、「1時間〜2時間未満」を90分、「2時間〜3時間未満」を150分、「3時間〜4時間未満」を210分、「4時間以上」を270分、休日では「2時間未満」を60分、「2時間〜4時間未満」を180分、「4時間〜6時間未満」を300分、「6時間〜8時間未満」を420分、「8時間〜10時間未満」を540分、「10時間以上」を660分と、それぞれ代表値を用いた。

世帯ごとの就業状況を説明変数、親子の時間を予測変数として、平日と休日のそれぞれについてクラスカル・ウォリス検定を行った。その結果、平日と休日のいずれにおいても就業状況による有意な効果が確認された（平日：$\chi^2(4) = 189.49, p < .001$；休日：$\chi^2(4) = 49.60, p < .001$）。ボンフェローニの多重比較検定の結果、平日の親子の時間は、第5クラスター（118.93分）は他のすべてのクラスターよりも統計的に有意に短かった。第3クラスター（127.03分）は、第1クラスター（135.93分）と第2クラスター（145.17分）よりも有意に短かった。

第4クラスター（140.69分）は第5クラスター以外のクラスターとは有意な差は見られず、第2クラスターは第1クラスターよりも有意に長かった。休日の親子の時間は、第5クラスター（438.80分）は、第1クラスター（409.54分）、第2クラスター（403.72分）、第3クラスター（411.42分）よりも統計的に有意に時間が長かった。第1クラスターと第2クラスターと第3クラスターの間で有意差は見られず、第4クラスター（426.07分）はいずれのクラスターとも有意差が見られなかった。

　すなわち、平日においては、父親のみが常勤か正規職員として勤めて母親が仕事を探していない場合（第2クラスター）に親子の時間を比較的多く持ち、同様に父親が常勤か正規職員として勤めて母親が2つ以上のパートやアルバイトをしている場合（第1クラスター）と父親と母親のいずれもが自営業か家業に勤めている場合（第4クラスター）も同様に親子の時間を持っていた。それらの場合よりも、父親が常勤か正規職員として勤めて母親が1つのパートやアルバイトをしている場合（第3クラスター）は親子の時間が持てず、父親も母親も常勤か正規職員として勤めている場合（第5クラスター）はさらに短い時間しか親子の時間を持てていなかった。ただし、父親も母親も常勤か正規職員として勤めている場合には、休日において多くの親子の時間を持っており、平日と休日でメリハリがあることが示されている。

　就業状況ごとのはく奪指標得点と親子の時間について表7-2-2にまとめる。ヘックマンは、経済状況が子どもの成長に不利な環境を生み出していることを指摘しており、ここでは親子の時間に着目した分析を行った。その結果、父親のみが常勤か正規職員として勤めて母親が仕事を探していない場合、親子の時間は比較的自由に確保することができるものと考えられる。自営業や家業をしている世帯や、父親が常勤か正規職員で勤めて母親が2つ以上のパートやアル

表7-2-2　就業状況ごとのはく奪指標得点と親子の時間

就業状況	はく奪指標得点	親子の時間（平日）	親子の時間（休日）
第1クラスター	8.16点	135.93分	409.54分
第2クラスター	5.47点	145.17分	403.72分
第3クラスター	8.45点	127.03分	411.42分
第4クラスター	7.00点	140.69分	426.07分
第5クラスター	4.77点	118.93分	438.80分

バイトを掛け持ちしながら働いている世帯は、父親のみが働いている世帯よりも貧困の程度が低いものの、親子の時間を同等に確保していることが見られた。

また、母親が2つ以上のパートやアルバイトをしている世帯は、母親が1つのパートやアルバイトをしている世帯よりも、平日において親子の時間を多く確保していた。この解釈は慎重を要するが、1つの可能性として、パートやアルバイトを1つだけしている場合、仕事への拘束の形態は常勤や正規職員の形態と類似しているのかもしれない。パートやアルバイトを2つ以上している場合、子育てに合わせて働き方を組み合わせている可能性も考えられる。

しかし、父親が常勤か正規職員として勤め、母親が1つのパートやアルバイトをしている世帯は、最もはく奪指標得点が高かったにもかかわらず、特に平日に親子の時間が取れていなかった。また、父親も母親も常勤か正規職員として勤めている世帯のように、休日において特別多くの時間を確保できているということも見られなかった。彼らに対しては、非正規職員にも対応した組織内の保育施設の充実化や、フレックスタイム制の導入など、親子の時間も確保しながら働けるような仕組みが必要になるかもしれない。

ただし、驚くべきことではないかもしれないが、父親も母親も常勤か正規職員として勤めている世帯は、はく奪指標得点が最も低かったが、一方で平日の親子の時間が比較的短いことがうかがえた。ヘックマンは、経済状況が子どもの成長に不利な環境をもたらしている可能性を指摘しているが、本調査では、はく奪指標得点の最も低い就業形態を持つ世帯において平日の親子の時間が十分に取られていない可能性が示唆された（休日では親子の時間が多く取られている）。この点は、経済状況と親子関係との関係を率直に対応させないものである。今後、親世代の就業状況が子どもの成長や将来の社会的成功に及ぼす影響について議論するうえでは、両親の共働きが及ぼす影響についても着目する必要があるだろう。

6 今後の展望

本章においては、就学前の子どもの生活環境が将来の社会的成功に影響を及ぼす可能性から、就学前の子どもを持つ世帯の貧困状況や親子関係について検

討してきた。その中で、経済状況が親の子育てに及ぼす可能性の検討として、親子の時間の確保に着目した。しかし、経済状況が親の子育てに及ぼす影響には他の側面もあることが考えられる。例えば、経済状況は、子どもに本や絵本を買ってあげたり、習い事に通わせたりといった親の提供する子どもの生活環境に影響する可能性も考えられる。貧困の程度が上がるにつれ、子どもにしてあげられないことは増えていくだろう。子どもに様々な経験をさせてあげることができれば、子どもは多くの知識や気づきに触れることができ、より良い成長につながることだろう。

また、経済状況によって子どもに対する親の意識が異なる可能性も指摘されている。例えば、スティーブン・タルキンとジェローム・ケイガンは、世帯の所得との関連を検討している。彼は、低所得層の母親は、中流層の母親よりも、子どもが他者とのコミュニケーションが困難であると考えている者が多く、言語的な働きかけが少ないことを示した（Tulkin & Kagan 1972）。また、ベティ・ハートとトッド・リスレーは、子どもに対する親の言葉がけの言語数を測定し、専門職に就いている親は平均して1時間に2153語、労働者の親は1251語、生活保護を受給している親は616語であることを示している。また、それに対して、3歳児の語彙はそれぞれ1100語、750語、500語と関連していることも示された（Hart & Risley 1995）。このような経済状況による親から子どもに対する意識の違いは、親に対する育児方法の心理教育などが効果的に機能する可能性が考えられ（Nurse-Family Partnership 2018）、今後はそのような取り組みの効果についても検討するとよいだろう。

▶文献

Bransford, J. D., & Heldmeyer, K. (1983). Learning from children learning. In J. Bisanz, G. L. Bisanz, & R. V. Kail (Eds.), *Learning in Children: Progress in Cognitive Development Research* (pp. 171–190). New York: Springer-Verlag.

Hart, B., & Risley, T. R. (1995). *Meaningful differences in the everyday experience of young American children*. Paul H Brookes Publishing.

Heckman, J. J. (2013). *Giving kids a fair chance*. Mit Press.

Mischel, W. (2014). *The marshmallow test: understanding self-control and how to master it*. Random House.

Mischel, W., & Patterson, C. J. (1976). Substantive and structural elements of effective plans for self-control. *Journal of Personality and Social Psychology*, 34(5), 942.

Nurse-Family Partnership. (2018). Nurse-Family Partnership – Helping First-Time Parents Succeed. Retrieved July 13, 2018, from https://www.nursefamilypartnership.org/

Tulkin, S. R., & Kagan, J. (1972). Mother-child interaction in the first year of life. *Child Development*, 31–41.

成田健一・下仲順子・中里克治・河合千恵子・佐藤眞一・長田由紀子（1995）「特性的自己効力感尺度の検討」『教育心理学研究』*43*〔3〕（306 〜 314頁）

柏木惠子（1988）『幼児期における「自己」の発達——行動の自己制御機能を中心に』東京大学出版会

終章

政策提言

Ⅰ　就労支援の限界と所得保障の重要性… 所　　道彦
Ⅱ　子育て世帯を支える所得保障制度… 嵯峨　嘉子
Ⅲ　調査・施策・評価が循環する設計… 山野　則子

I　就労支援の限界と所得保障の重要性

「子どもの貧困」問題の本質が、社会構造的問題・世帯の所得格差にあることは議論の余地がない。今回の調査が示すように、所得階層が低くなるにしたがって、子どもをめぐる生活状況は悪化し、はく奪指標で「できなかった」ことが増すのである。子どもの生活基盤の安定が絶対不可欠であり、親も含めた世帯全体の家計状況の改善が必要である。低所得の子育て世帯に対する経済的な支援策をとらなければ、貧困問題は解決しないということになる。子どもを直接的な対象とした施策だけで、子どもの貧困は解決しないことを確認しておきたい。さて、家計の状況を改善する（可処分所得を増やす）施策としては、「雇用」と「社会保障（所得保障）」の2つの領域がある。以下、それらの課題を検討しておきたい。

1　労働市場の現状と雇用・就労による貧困対策の限界

「雇用」による貧困対策とは、親の就労によって世帯収入を増やすことである。近年の子どもの貧困問題の解決に向けて、様々な議論が行われてきたが、就労しやすい環境や就労インセンティブ、あるいは、雇用環境の改善など、労働市場への統合を前提とした施策には限界がある。

まず、日本における労働市場の問題がある。近年、低い失業率や高い求人状況が報じられているが、雇用の質を意味するものではなく、非正規雇用の増加、パートタイム型ではなくフルタイム型の非正規雇用が増加していること、そしてこれに伴って低賃金雇用が拡大していることが指摘されている（川村 2019）。

今回の調査では、所得階層が低い層でも「無業」の世帯の割合が少ないこと、そして、非正規雇用の割合が高くなるという結果が示された。すなわち「親が働いているにもかかわらず経済的に困窮している」という子どもの貧困問題の特徴が改めて確認されたと言えよう。また、以前から日本では母子世帯の母親が就労している割合が高いにもかかわらず、その多くが困窮していることがよ

く知られているが、1990年代後半以降、男性の雇用・労働条件の悪化も進んでいる（川村 2019）。単に親の就労支援を促進するだけでは貧困解決にはならない。

　また、賃金水準の問題だけでなく、子どもとの関わりのための時間が十分とれるようなディーセントワークが用意されなければならない。「長時間労働と低賃金の併存」「長時間働いても貧困から抜け出せない者の拡大」という労働市場の状況が指摘されている（川村 2019）。藤原が指摘するように、残業や休日出勤も含めた長時間労働によって貧困水準を超える所得を得られたとしても、子どもを起こしたり寝かしたり、朝食や夕食、お弁当、入浴など、社会的に親に対して要求される労働をどうこなすかという問題が生じることになる。「子どもを育てながら、生活できる賃金が得られる仕事」のあり方が問われている（藤原 2017）。

　貧困世帯の親を雇用につなげることも容易なことではない。例えば、自明なことではあるが、親のスキルや経験に適した雇用が、現在の生活圏ですぐに見つかるとは限らない。今回の調査からは、高校中退などの学歴が、安定した雇用を求めるうえで大きな障害となっていることが推測できる。現在のいわゆる人手不足の労働市場であっても、子育て世帯の親に適した安定した仕事を確保することは難しいと言えよう。行政による直接的な雇用の創出なども考えられるが、日本の労働市場全体で不安定化、非正規化が進行しており、公的セクターですら大きな問題を抱えている。就労や雇用による貧困解決を論じる場合には、労働市場の現実と向き合うことが求められる。

　そもそも、子どもの親を非正規で低賃金の雇用に追い立てることは許されない。子育ての環境、職場での人間関係など、様々な要素が絡み合う中で、自らの仕事が主体的に選択されなければならない。

　雇用・就労を通じた貧困対策とは、これまで政府が促進してきた労働市場の規制緩和の見直し、子育てする労働者の権利を拡大していくことを意味しなければならないのである。

2　サービス給付と住宅保障

　雇用・就労を通じた貧困対策を進める場合には、労働市場の状況の改善だけでなく、様々な条件を整えることが前提となる。例えば、就労を支える施策として、保育サービスの拡大・充実がある。親の就労時間や賃金に見合った形で利用できることが重要であり、また、子どものウェルビーイングの視点からは、保育サービスの質も重要である。また、様々な「無償化」が進められているが、実際にサービスが利用できるようサービスの量的充実が前提条件である。

　次に、子どもの年齢や様々なニーズに応じたサービスの提供が必要となる。小学校就学後から高等教育の進学の機会の保障などフォーマルなサービスへのアクセスだけでなく、補助学習に関する費用の負担も、「格差是正」の観点から重要となる。

　さらに、すべての給付に先立って、住宅・居住環境の保障が重要である。住宅についても安価であればよいのではなく、子どもが育つ環境としての最低基準を満たす必要がある。日本ではこれまでの貧困対策の中で、住宅の広さや質について十分な議論が行われてきたとは言いがたい。家だけでなく、その周囲の環境も重要となる。一方、親にとっても住まいは重要となる。例えば、就労する場合には、ワークライブバランスが保てる距離に住宅が確保されることが必要となる。子どもや子育て世帯にとっての住環境のナショナルミニマムとは何かが問われていると言えよう。

3　就労支援から所得保障への転換

　以上を踏まえると、現在の子どもの貧困対策は、基本的な構造の部分で多くの問題を抱えており、将来の展望は厳しいものと言える。労働市場の状況を転換することが難しいのであれば、既存のアプローチを大きく転換することが求められる。例えば、不安定な就労と低賃金しか期待できないのであれば、むしろ、所得保障の比重を大幅に高めて、就労しなくても十分な生活ができるよう支援することを検討すべきではないか。まずは、子どものウェルビーイングに

とって、親の長時間・低賃金労働を前提とした諸施策の問題点をよく検証する必要がある。生活保護など社会扶助は補足給付であるが、低質の労働を前提とした中途半端な「補足」ではなく、「代替」についても検討すべきと思われる。

実際、雇用による収入（所得）が不足する場合には、家計上必要な経済的資源を公的に投入することが必要になる。国際的に見れば、所得保障制度の拡大という選択肢が、子どもの貧困対策の本流・主流であることは言うまでもない。所得保障制度について十分な検討をしてこなかった点が、日本の子どもの貧困対策の最大の問題点と言ってよい。

所得保障制度の強化の例としては、1990年代以降、イギリスで実施された就労家族タックスクレジット（Working Family Tax Credit : WFTC）がある。これは、就労している子育て世帯の親に対して現金給付を行うものであり、子どもの貧困撲滅を掲げた労働党のブレア政権の下で拡大した。所得制限つきの現金給付であり、従来の児童手当（Child Benefit）とは、制度設計が大きく異なるものである。就労のインセンティブを高めることが意図されており、一定の就労が条件となっている。イギリスでは、水平的再分配を担う普遍主義的な児童手当と低所得の子育て世帯にたいする所得補助であるWFTCを組み合わせて、所得保障が行われてきた。日本の場合は、就労している親の割合が高いことから、就労インセンティブの議論をそのまま取り入れることはできないが、子育て世帯に対する所得保障制度の拡大という点は重要である。

日本の場合、ひとり親世帯に対しては児童扶養手当が設けられている。もともと、死別母子世帯とのバランスを配慮し、比較的高い給付水準でスタートした制度であるが、近年、父子世帯への拡大が行われる一方で、給付水準が大幅に引き上げられているわけではない。また、その手続きをめぐる問題が報道されている（朝日新聞2019年9月12日）。給付水準の改善や手続き面での問題を解消することも重要であるが、これらの手当を統合し、もう一度、低所得の子育て世帯全体に焦点を当てつつ所得保障制度を構築することが必要ではないかと思われる。この点は、阿部（2014）なども指摘している。

さらに、格差是正という観点からは、再分配施策が重要であることは言うまでもない。給付だけでなく、負担の部分での取り組みも必要と言える。消費税など給付のための財源確保といった視点だけでなく、水平的、垂直的、世代間のそれぞれの再分配の効果を高めるための累進課税の強化など所得税全体の見

直しも必要と言える。

4　国に求められる貧困対策

　子どもの貧困を改善するためには、具体的な施策の実施だけでなく、国全体で取り組みを推進するための実施体制の整備が必要と言える。

　先述の通り、非正規・低賃金・長時間労働の問題は、国の労働政策によって拡大している。国が労働政策を転換しないかぎり、貧困問題は解決しない。また、現在、子どもの貧困対策の担い手の中心は、地方自治体となっており、今回のような調査や具体的な取り組みが各地で実施されている一方、国の取り組みは目立たない。子ども食堂や学習支援といった地域の取り組みとは別に、国レベルでやるべきことが多数あるように思われる。本来、所得再分配の強化や所得保障制度の充実は国の責務である。

　子どもの貧困対策においては、「地域格差」が生じないように取り組む必要がある。どの地域で生まれ育っても、日本で生活する子どもとして平等にその権利が保障されなければならない。「子どもの貧困対策は地域の取り組み次第」というのは、極めて無責任な状況と言えよう。地域格差の是正に向けた国の姿勢が問われている。

　子どもの貧困対策と称して「総花的な」施策が発表されているが、実際に子どもの貧困問題が改善したかどうかを判断する基準を明確化することが必要である。子どもの貧困問題の核心は、世帯の経済問題によって、子どもの育ちや将来の可能性に、「格差」が生じることである。問題解決としては、単に当面の衣食住が満たされればよいということではない。

　子どもの貧困問題の取り組みの成果は、時系列的に検証しなければならない。イギリスのブレア政権が目標値を掲げたことはよく知られている。何をもって子どもの貧困対策が進んでいるのか。所得のデータによる相対的貧困率だけでなく、多様な「格差」の指標を用意する必要がある。その意味では、いわゆる「はく奪指標」は意義があるものであるが、所得や家計のデータと併用することが求められる。

　また、結果の評価も重要である。例えば、高校進学率や大学進学率自体は、

貧困の連鎖の改善を説明するデータとしては、全く不十分である。高校中退の問題があり、さらに現実問題として教育機関は多様であり、その後の進路（就職先）を大きく左右する。つまり、高校に進学したこと自体が、その子どもの貧困からの脱却を保障するものではないからである。さらに、「子ども食堂」や「学習支援」についても、その内容や効果について客観的に評価すべきであろう。善意の地域住民やボランティアによる取り組みについて称賛する声があふれることは理解できるものの、それがどのように子どもの貧困の改善につながっているのか冷静に検討することが必要なのではないか。子どもの貧困対策としては、「やっていることに意義がある」というわけにはいかない。

5　まとめ

　繰り返しになるが、現代の貧困問題の本質は、経済格差である。この点に関しては、近年の子どもの貧困対策のイメージが、「子ども食堂」と「学習支援」に偏っている点は問題と言わなければならない。限定された「居場所」や「つながり」で、困窮世帯の所得が増加するわけではない。また、将来の経済的な見通しが立たない中で、学習支援の効果も限定的とならざるを得ない。「専門職」による相談も、それ自体が経済的な困窮の脱却につながるわけではない。貧困問題を、「つながり」や「教育」の問題にすり替えないことが重要であろう。子どもへの支援の場としては、「学校」や「地域」だけではなく、「家庭」「家計」における国による公的な支援が必要になると言える。

　近年の子どもの貧困対策の議論では、「子どもに焦点を当てる」ことが強調されてきたように思われる。それ自体が間違っているわけではないが、親の就労や所得を取り巻く状況、家計の問題を理解しながら、対策を進めていくことが重要である。イメージ先行を回避し、子どもの姿や表情からは見えない「労働」や「家計」の状況を改善すること、日本社会全体のあり方を見直していくことが、本来の子どもの貧困対策のあり方ではないだろうか。子どもや親といった生活主体に焦点を当てるだけでなく、労働市場や雇用の現状など生活環境に焦点を当てたアプローチ、社会全体の中での格差の是正が求められている。

▶文献

朝日新聞「ひとり親への審査、プライバシーは　児童扶養手当の資格めぐり「援助男性は？」「宿泊回数は？」」朝日新聞〔2019年9月12日〕　https://digital.asahi.com/articles/DA3S14174324.html?iref=pc_ss_date

阿部彩（2014）『子どもの貧困Ⅱ──解決策を考える』岩波書店

阿部彩（2017）「女性の貧困と子どもの貧困再考」松本伊智朗編『「子どもの貧困」を問い直す──家族・ジェンダーの視点から』法律文化社（57～75頁）

川村雅則（2019）「生活の基盤は安定しているか（1）：雇用・労働、賃金」松本伊智朗・湯澤直美編『生まれ、育つ基盤──子どもの貧困と家族・社会』明石書店（66～85頁）

藤原千沙（2017）「新自由主義への抵抗軸としての反貧困とフェミニズム」松本伊智朗編『「子どもの貧困」を問い直す──家族・ジェンダーの視点から』法律文化社（35～56頁）

II 子育て世帯を支える所得保障制度

　子育て世帯（子ども、およびその家族）に対する所得保障制度（サービス給付に対する費用補助を含む）に焦点を当ててその課題を述べる。

　子育て世帯に関する社会保障制度は、給付対象のターゲットを子どものみにしている制度と、世帯全体（あるいは保護者）に対する制度に分けられる。さらに、子どもに関する公的給付についても、ユニバーサル型給付（所得制限等を設けない普遍的な制度設計）か、あるいはターゲット型の給付か（所得要件等を設けてある特定の世帯のみを給付対象にする）、いずれかの方向性がありえる。阿部（2014）では、普遍的な制度（川上対策）、あるいは選別的な制度（川下対策）としてそれぞれの政策が有するメリット・デメリットが指摘されている。本稿では、子どもと子どもを含む世帯全体に対する社会福祉および社会保障制度の課題について本調査データの分析結果に基づきながら述べる。

1　就学援助制度

　子どもに対する教育費等の補助としてまず就学援助制度を取り上げる。文科省によると、就学援助制度は、市町村教育委員会が担当し、その対象基準は、自治体によって異なっており、生活保護基準に一定の係数をかけたものや児童扶養手当制度受給等の複数の要件がある。2016年度時点における大阪府の制度の運用状況をみると、公立小中学校生徒数に対する要保護児童生徒の割合[1]は3.04％（全国平均1.36％）、準要保護児童の割合が19.66％（全国平均13.68％）、合計22.70％（全国平均15.04％）となっている（文科省 2019）。財政負担は、要保護児童生徒援助費に対しては国の補助割合は2分の1、準要保護に対する就学援助については、2005年より国の補助を廃止し、一般財源化されている。一般財源化された2005年以降、自治体間の格差が顕在化したと指摘されている（鳶 2013）。

　大阪府内の自治体ごとの実施状況で異なっている対象費目の1つとして挙げ

られるのが給食費であろう。給食については、大阪府では、中学校給食の実施率が低いことが課題となっていた（嵯峨・伊藤・若林ら 2018）。学校別の実施率でみると、93.9％（430/458校）（大阪府教育庁 2017年3月）と徐々に増加してきた。しかし、実際には、選択制を採っている自治体もあり、自治体ごとに喫食率に大きな格差が見られる[2]。

選択制を理由として、中学校の給食費については就学援助の対象外としている自治体も見られる。また、援助対象となったとしても、喫食率が低い自治体の場合、クラスの大半の子どもが弁当を持参してくる中、給食を選択せざるをえないことになる。選択制の問題は、生活保護世帯にとっても同様である。教育扶助費内の学校給食費の支給対象となるためには、たとえ喫食率が低くても給食を選択することを強いられ、給食を選択せず弁当等を持参した場合は、学校給食費の支給対象とならない。このことは、最低生活保障を目的とするはずの生活保護制度において、自治体施策のありようによって基礎生活費である食費に該当する費用が保障されないおそれが生じることを意味する。

世帯の経済力の格差が学校での昼食の場面で目に見える形で現れることのないよう、喫食率の向上、また、費用面での負担を軽減するため補助対象とすることが求められている。

給食費の例に見るように、就学援助制度の対象そのものになっている費目も自治体によって異なる。今後は、就学援助制度の実施率のみならず、各自治体レベルにおいては、給付対象および補助水準等、詳細な実施内容を確認していく必要があるといえる。

2　医療費に対する補助制度

本調査結果によると、経済的な理由から「国民健康保険料の支払いが滞ったことがある」経験を有する世帯の割合は、小5、中2いずれの保護者も困窮度Ⅱ群では14％、困窮度Ⅰ群では22〜23％となった（駒田ら 2018）。また、第6章では、世帯のはく奪状況が保護者のメンタルヘルスに影響を及ぼし、それが、子どものメンタルヘルスに影響が出ていることを明らかにした。

医療費に対する補助制度として、まず子どもの医療費助成制度が挙げられる。

大阪府内の自治体における医療費助成制度の実施状況は、**表終-2-1**の通りである。近年、子どもの医療費助成制度は、対象年齢の引き上げなど、改善の傾向にある。しかし、2019年4月1日現在、小学生以上の医療費助成については、減免措置により生ずる医療費分（償還払いをのぞく）に対して、国により国民健康保険制度において国庫負担を減額する措置（いわゆるペナルティー）が講じられている。国の施策に対し、自治体独自の取り組みが先行している形だが、子どもの貧困対策に積極的に取り組む自治体に対して、減額措置の対象とするのは望ましくない。

　自治体レベルでは、医療費負担の補助に加えて、子ども以外の世帯員も含めて、国民健康保険料の減免要件の緩和等によるさらなる充実が求められるが、国の施策として、それを下支えする財政的措置が求められる。

表終-2-1　大阪府内自治体における乳幼児等医療費助成制度
（2019年4月1日現在）

対象年齢	通院	割合（%）	入院	割合（%）
小学校卒業年度末	1	2.3	0	0.0
中学校卒業年度末	33	76.7	34	79.1
18歳到達年度末	9	20.9	9	20.9
合計	43	100.0	43	100.0

注：所得制限あり自治体1、一部（小学校卒業年度末）なしが自治体1
出所：大阪府福祉部国民健康保険課資料より作成

3　児童扶養手当

　児童扶養手当は、一定の所得要件を満たすひとり親世帯を対象にしており、本調査データに基づく受給率は、ひとり親世帯全体で53.2%、母子世帯で56.6%、父子世帯で20.9%となっている。第5章Ⅲ（外国につながる子どもと貧困）では、日本語使用世帯で66.7%、外国につながる子どもがいる世帯で48.1%と受給割合が日本語使用世帯の7割程度にとどまっている。学校による書類の配布が行われているかなど、制度へのアクセスの容易さが制度利用率の違いに表れているとの指摘もなされている。そもそも、ひとり親世帯全体において、経済的ニーズがありながら制度につながっていない漏給層の存在が指摘

されている（第5章Ⅰ：ひとり親世帯）。

　児童扶養手当制度については、第2子、第3子以降の加算額の増額（2016年8月〜）、物価スライド制（2017年4月〜）の導入、支給回数の見直し（2019年11月〜4か月分年4回から2か月分年6回へ）、全部支給の所得限度額の引き上げ、と制度改正が続いている。これらの改正がひとり親世帯の貧困の削減につながっているかどうかの検証がなされなければならない。日本のひとり親世帯の親の就労率が国際的にも高いことは知られているが、就労すればするほど受給金額が減額される仕組みとなっている。就労してもなお高い貧困率を考慮すると、賃金にプラスしてケア部分を代替する社会手当の充実が求められているといえる。

4　生活保護制度

　本調査回答者において、生活保護制度を現在「受けている」世帯は2.6％、「受けたことがある」0.8％、「受けたことはない」64.7％となっている。嵯峨・山野・所・駒田・小林（2018）では、生活保護基準を等価可処分所得の中央値の60％とほぼ同額とみなし、生活保護の捕捉率[3]の算出を試みた。その結果、本調査に基づく生活保護制度の捕捉率は、15.2％と算出された。

　生活保護制度については、2013年から生活扶助基準、冬季加算および住宅扶助の見直しが進行し、さらに2018年保護基準の見直しが実施されている。子どもの貧困対策法が施行される中で、生活保護の基準引き下げが起きていることは、政策のねじれと指摘されている（松本2013）。子どものいる世帯にとっては、これまで児童手当の支給対象および内容と連動させてきた児童養育加算の支給対象および金額の変更、母子加算の見直し、等がなされた。また教育扶助（小中学生）および生業扶助（高校生）における学習支援費の見直しによって、これまで毎月定額の支給だったものが実費支給（高校等の場合年間上限額は8万3000円）に変更され、その対象はクラブ活動費に限定された。変更内容は、表終-2-2の通りである。

　支給対象となるクラブ活動費には、「学校で実施するクラブ活動に限定するものではなく、地域住民や児童若しくは生徒の保護者が密接にかかわって行わ

表終-2-2　教育扶助および生業扶助における学習支援費の変化

	見直し前（2018年9月以前）【定額給付】	見直し後（2018年10月以降）【実費支給（年額）】	変化（額）
小学校	2,630円（年間の支給総額：31,560円）	15,700円以内	15,860円減
中学校	4,450円（年間の支給総額：53,400円）	58,700円以内	5,300円増
高校	5,150円（年間の支給総額：61,800円）	83,000円以内	21,200円増

資料出所：『生活と福祉』2018年11月号から著者作成

れる活動も含む」（『生活保護手帳』2018年度版、326頁）とされているが、子どもが何かしらの活動を行っていない世帯にとっては実質の減額を意味する。本調査結果では、生活保護世帯の中学生におけるクラブ活動の参加率は、50.6％であるのに対して、「利用なし（困窮度Ⅲ・中央値以上群）」では68.4％と、17.8ポイントの差が見られた（嵯峨・山野・所ら2018）。生活保護世帯の子どものクラブ活動参加率の低さの背景には、費用の負担感に加え、ヤングケアラーとして、親の代わりにきょうだいの世話や家事等をする必要から放課後の様々な諸活動に参加できない状況にある子どもの存在も指摘されている。家事支援サービス等の適切な利用につなげるなどの支援も求められている。

　生活保護世帯の子どもに対する支援については、生活保護世帯の親等への支援が中心となっており、子どもに対しては親を介した間接的な関わりとなっている場合も多い。ケースワーカーの人員配置が社会福祉法16条に定める標準数80世帯を充足できるよう実施体制の整備が求められる。子どもがいる世帯を担当することは、当然ながら支援の対象となる世帯員数が多いことを意味することから、子どもや親など、世帯員それぞれに対する適切な支援を可能とするため、子どものいる世帯のケースワーカーの加配等の措置などが考えられよう。

　現在、生活保護世帯の約半数は、高齢者世帯となっており、子どもを有する世帯にとって利用しやすい制度となっていない。また、有子世帯の中でもひとり親世帯が7割を占め、家族が家族のままでの利用には至らず離別等の経験を経たあとにやっと利用できる制度となっている（嵯峨2017）。子育て世帯にとって生活保護利用を妨げるハードルとなっている自動車や預貯金の保有等の要件緩和も求められている。また、住宅扶助基準の引き下げは、子どもの住環

境・学習環境にも影響を及ぼす。調査時点での子ども部屋の有無は、生活保護「利用なし（困窮度Ⅲ・中央値以上群）」は、77.1％であるのに対して、生活保護世帯では、54.3％にとどまっている。学校、家以外の第3の居場所の提供も重要であるが、子どもにとっての日々を過ごす住環境も当然保障されなければならない。

5　子育て世帯における所得保障制度の課題

　以上、関連する諸施策それぞれについて見てきた。山野が本章の最後で指摘するように、それぞれの施策への利用につなげる仕組みづくりが必要である。

　2018年10月、改正生活困窮者自立支援法では、第一に、学習支援だけにとどまらず、広く生活・学習支援事業に拡大された。第二に、改正法第8条では、（利用勧奨）として、都道府県等は、福祉、就労、教育、税務、住宅その他のその所掌事務に関する業務の遂行にあたって、生活困窮者を把握したときは、当該生活困窮者に対し、この法律に基づく事業の利用及び給付金の受給の勧奨その他適切な措置を講ずる努力義務が定められた。

　子どもだけではなく、世帯全体の様々な税務、住宅等の部局に関連する生活困窮のサインを早期にキャッチし、子どもの貧困対策と連携をして施策の利用につなげるような仕組みの構築が自治体レベルで求められている。また、そのためには、国レベルにおいて、税制度の見直し、経済給付の充実など、自治体施策の前提となる財政支援が必要不可欠である。

▶注

1　生活保護利用者で各市町村が把握している人数である。生活保護利用世帯の生徒については、就学援助法補助対象（学用品費・通学費、修学旅行費）から生活保護により給付されている費目（学用品費・通学費）が除かれるため、就学援助対象者の補助対象者はその一部である。

2　2017年3月時点で、学校給食において選択制を採っている大阪府内自治体は、次の11自治体である（富田林市、河内長野市、枚方市、吹田市、羽曳野市、茨木市、守口市、豊中市、摂津市、八尾市、堺市）。東大阪市、泉大津市については、今後の実施予定は未定となっている（大阪府教育庁教育振興室保健体育科資料）。

3　生活保護基準以下の所得を得ている世帯のうち、実際に生活保護を利用している世帯の

割合。

▶文献

阿部彩（2014）『子どもの貧困Ⅱ——解決策を考える』岩波書店
鳶咲子（2013）『子どもの貧困と教育機会の不平等』明石書店
松本伊智朗（2013）「教育は子どもの貧困の切り札か？」『貧困研究』Vol.11
文部科学省初等中等教育局修学支援プロジェクトチーム（2019）「就学援助実施状況等調査結果」2019年3月
嵯峨嘉子（2017）「生活保護制度における子ども・家族」関川芳孝・山中京子・中谷奈津子編著『教育福祉学の挑戦』せせらぎ出版
嵯峨嘉子・伊藤嘉余子・若林身歌ほか（2018）「子どもと食生活をめぐる現状と課題——子どもの貧困の観点から」『社会問題研究』67〔146〕（125〜132頁）
嵯峨嘉子・山野則子・所道彦・駒田安紀・小林智之（2018）「大阪府『子どもの生活に関する実態調査』から見える子どもの貧困——生活保護利用の有無に着目して」『貧困研究』Vol.20（78〜88頁）

Ⅲ 調査・施策・評価が循環する設計

1 国の貧困政策への動き

　第1章で国の動きの経緯を述べてきた。「子どもの貧困対策の推進に関する法律」や「子供の貧困対策の大綱」成立後、施策の実施状況や対策の効果等を検証し、子どもの貧困対策について検討を行うための仕組みとして、2015年8月「子どもの貧困対策会議」（政府内）において「子供の貧困対策に関する有識者会議」の設置が決定され、2016年7月から開催されてきた。ここでは、この5年後の見直しの時期に、大阪の実態調査が果たしてきた役割を考察し、今後の方向性を検討したい。

1-1 本調査で明らかになったことから大綱の内容の検討[1]

　大綱の作りこみを確認すると、子供の貧困対策に関する基本的な方針として、1）貧困の世代間連鎖の解消と積極的な人材育成を目指す、2）第一に子供に視点を置いて、切れ目のない施策の実施等に配慮する、3）子供の貧困の実態を踏まえて対策を推進する、4）子供の貧困に関する指標を設定し、その改善に向けて取り組む、ことが記載され、5）以降は教育の支援、生活の支援、保護者の就労支援、経済的支援の4つの支援の方向性が示されている。そして、官公民の連携等によって子供の貧困対策を国民運動として展開し、積極的な広報・啓発活動等によって国民の幅広い理解と協力を得ることにより、国民運動として展開していく必要があること、と当面今後5年間の重点施策を掲げ、中長期的な課題も視野に入れて継続的に取り組むことが触れられている。この当面の5年が2019年であった。

　そして、指標が挙げられ、その指標は生活保護世帯の高校進学率・高校中退率・大学進学率や就職率、児童養護施設の進学率・就職率、ひとり親家庭の就園率・進学率・就職率、スクールソーシャルワーカー（SSWer）やスクールカウンセラー（SC）の配置率、就学援助制度の周知率、奨学金貸与の承認率、ひとり親家庭の親の就業率、子供の貧困率などが挙げられている。その後、指標

の改善に向けた当面の重点施策の4つの具体案が示されている。

　この内容から、基本方針のゴールは、貧困の世代間連鎖の解消と人材育成、子どもを中心にした切れ目のない施策である。

　1点目の貧困の世代間連鎖の解消と人材育成の目標の達成をはかる指標としては、例えば今回の大阪共同調査の結果のように困窮度によってどんな進路に進みたいか、進んだのかにおける差がなくなること、困窮度によって学力、遅刻、体験、体調不良に差がなくなること、などをポイントとして挙げられるだろう。また自治体レベルでは、取り組みの結果には、何をしたかのプロセスとの関連も必要である。漠然と進学率が上がったといっても時代背景か対策の成果かはわからない。例えば、学習支援や子ども食堂を利用した子どもが学力向上したのか、意欲が高まったのかなどをはかる必要がある。

　2点目の切れ目のない施策のことでいうと、幼保小中高校など成長に伴って進む校種による差が起きないことがイメージされるが、それだけではない。今回の調査で明らかにしてきたように、等価可処分所得の中央値の50％ライン以下であっても就学援助や児童扶養手当など未受給世帯が10％から15％ほどあったように、必要であるのに支援を受けることができていない層が存在していることが明確になった。これは、この調査を行ったからこそ、明らかになったことで、この点を示してきたことの意義は大きいと考える。

　アウトカム指標としては、幼保小中高校のつなぎ会議の開催数とそれによってつながったケース数、割合を入れるなどの視点も必要である。すべての子どもから遅刻や忘れ物など気になることを洗い出し振り分けるスクリーニングからチーム会議に挙げた数やその割合を示し、それが15％から30％を占めることが検討されるようになることが目標値となる（貧困ライン以下の約15％の層だけではなく、今回の調査からEUの採択した中央値の60％ラインで引いた困窮度Ⅱの層の大変さも表れたことから、おおむね30％の層ととらえることができる）。そして、本来はそこから何等かに資源につながった数や割合も示すことで、対策が十分に届いているかどうか、みることができる。

　現状、把握の仕方は集計している子ども食堂や学習支援に何人来ているか、だけの数値であり、本来の目的である必要な子どもが来ることができているか、切れ目なく届けられているかはわからない。どの子どもが必要な子どもであるかがわかるのは、すべての子どもを把握している機関であり、乳幼児期は保健

センター、就学後は学校となる。保健センターはスクリーニングを行って次につなぐ役割として機能している。しかし、学齢児になるとどこもその機能を担っていない。学校というすべての子どもが毎日出向く場所で、この機能を持たせることができないか。また、それが可能になったうえで、必要な子どもがわかり、1人で留守番になる自宅に帰るのではなく、即座に支援の場に行くことができるためには、学校という場がプラットフォームとなり、教室の隣の部屋で子ども食堂や学習支援の場があり実施されている、というようなことが子どもたちをいかに救うことができるか、今回の調査は明らかにした。

これらを実現するには、思い切ったシステム導入や支援の提供方法を変えなければならない。つまりすべての子どもが把握できるところにおけるシステム導入と支援展開が重要になる。だから学校プラットフォームなのである。「学校」を「教師」ととらえる人が多く、まずは誤解を十分払拭することが必要であろう。そして以下に述べるが、教育と福祉の連携という狭い意味では決してない。こういった具体的な方策が見えてくる調査結果であった。

重点施策については、そもそもの並び方も、貧困対策であるにもかかわらず、経済支援が一番前に出てこないのは、違和感があり、まず経済の支えがあって、教育や就労になるのではないか。子供の貧困対策に関する有識者会議において、議論を投げかけてきたが、自治体格差問題を改善する方策を盛り込む必要がある。この例を大阪共同調査のその後として触れる。

1-2　国、広域自治体、市区町村自治体の役割の明確化

生まれ育った地域によって差が生まれないように、各区市町村が足並みそろえて動けるように、広域自治体の責任を明確化する必要も高い。例えば、大阪府は大阪共同調査を始めるにあたって第1章で述べたように各市町村に向けて説明会を重ね、交付金を使用しやすいように段取りし、調査を実施できるように共同実施を進め、牽引している。さらに、貧困対策を展開させるために、また施策展開をはかるために事例学習会などを実施し、施策の展開も牽引してきている。1つのモデルとして紹介してきたニュースレター（山野 2018）から、抜粋して説明する。

大阪府は、子どもの生活実態調査の結果から、国の「地域子どもの未来応援交付金」（国2分の1、大阪府2分の1）を活用し、2017年秋から門真市において

モデル事業に取り組み始めた。筆者も調査をしただけではなく、アドバイザーとして、ほかにも3名の研究者が加わって、引き続き関わることになった。大阪府、門真市、地域、研究者の試行錯誤の検討が始まった。まず研究者も入って大阪府と門真市の教育委員会や家庭児童相談担当部局、政策担当部局それぞれトップも入った合同会合を持ち、根幹のイメージづくりを始めた。他の自治体も同様であるが、それぞれの立場の違いから葛藤があり、なかなかスムーズには進まないのが当然である。子どもの最善の利益のために、あきらめずに取り組んでいく中心者、そして当該自治体内・広域自治体含めたバックアップ体制、が鍵である。

　その後、地域住民の参画、意識改革のための講演会、住民の応援団員募集のための研修会が複数回開催された。そして、実働部隊として、中学校区ごとに関係者会議（メンバー：行政の担当者、この事業で採用されたコーディネイター、推進員、SSWer、研究者）を毎月開催し、地域の発見や見守り、学校と連携した早期発見、早期対応に取り組んでいくことになった。結果は明確に言える段階ではないが、応援団員が約1200名集まり、人口の1％以上となったことは大きい。日ごろの気になる子どもの発見、気軽に声かけ活動が始まり、地域発で居場所支援などが生まれることになった。葛藤を抱えながら、確実に地域や各関係機関の主体的な動きが生まれている。

　この取り組みを始めた2017年度後期から、第1章で紹介してきたが、大阪府では「子どもの未来応援ネットワークモデル事業取組事例研究会」と題して共有の場を設け、この取り組みを門真市だけのものにせずに、大阪府内全体で共有することを行っている。これが重要である。門真市の報告会だけに済ませずに、ワークショップ形式で共通課題（自治体内の他部局との連携や個人情報の課題など）を共有し、障壁を超えるための工夫を共有する、自治体を超えて、この力を蓄える取り組みを行っている。

　そもそも広域自治体を牽引する責任は国にある。こうした国、広域自治体、市区町村自治体と各行政の役割を明確に記すことも必要ではないか。それに伴う予算配分なども検討するべきである。

2　大阪調査との関連：沖縄の事業評価から

　ここで沖縄県に着目する。沖縄を取り上げる理由は、最も先進して子どもの生活実態調査を行っていること、さらに事業評価も行っていること、そして筆者が関わっていることの3点からである。そして、子どもの貧困調査をテーマにしている本著において、その重要性を補足することができると考えたからである。上記1-1であげた、指標とすべき、施策実施による困窮度ごとの変化など貴重なデータを出すことができている。

　沖縄県は、全国で最も早く「子どもの生活実態調査」（小中学生）を2015年に実施し、2018年度に他ではまだ例のない2回目を実施している。さらに内閣府沖縄振興局の支援を受け、2016年度から毎年子どもの貧困対策（生活困窮家庭に対する支援員の派遣と居場所事業）の事業評価を実施している[2]。ここでは、その報告書（沖縄県／大阪府立大学 2019a; 2019b）から明らかになった、継続調査や事業評価の意義として、4点あげる。

2-1　地域差、経済格差による違い

　沖縄県は、大阪共同調査と比較することを前提に、2018年度2つの調査を行った（対象は、大阪が小5と中2、沖縄が小1、小5、中2）。明らかになったのは、地域差と経済格差が、明確かつ膨大であることである。前年の世帯収入の合計額の最大値の範囲であるが、2016年度大阪の小中学生調査では小5が全体の13.3％、中2が全体の12.3％を占める「500万〜600万円」、2018年度沖縄の小中学生調査では全体の17.2％を占める「200万〜300万円」、沖縄の居場所調査（対象は焦点化されていない自由参加型）では全体の17.6％を占める「150万〜200万円」、沖縄の支援員調査（対象は困窮世帯に焦点化）では全体の22.2％を占める「100万〜150万円未満」であった。物価の違い等あり（本来、そのために等価可処分所得を用いるが、沖縄県は県の等価可処分所得は示されていない）、単純には言えないが、地域差の激しさと500万円にも及ぶ経済格差の大きさがわかる。さらに最大値の占める割合から、都会ではばらつきがあることが予想できるが、地方ではばらつきが少なく、厳しい世帯が多く存在する状況が想像できる。

2-2　ターゲットにどのくらい届いたか

　世帯収入では、支援員調査の収入が最も低い結果になっていることは、子どもの貧困対策の施策としてきちんと対象に届けることができていると評価できる点でもある。国の責任で、公費で行う以上、こうして目的に沿って、抵抗感を超えて、きちんとターゲットに届けられているかの確認を行うべきである。スティグマになるという議論も存在するが、明らかにすることが前提で、スティグマにならないような工夫をどうするかの議論をすべきであろう。

　ターゲットに届いているのか、さらに詳細に追求してみる。大阪共同調査において全体の17.7％が「就学援助費を受けている」と回答したのに対し、沖縄県は小中学生調査の結果から20.7％との回答であり高かった。先述した収入の違いをみるとそれは当然であろう。困窮度別になると、大阪共同調査において、困窮度Ⅰにおける就学援助を受けていない層が、14.6％（大阪府立大学 2017）、沖縄調査では、困窮層（国の等価可処分所得122万円以下の層）において、就学援助を受けていない層が小5で46.6％、中2で38.1％（沖縄県／大阪府立大学 2019a）となっている。これを見ると、沖縄は受給可能であるのに受けていない可能性が高く、ターゲットに届いている確率が高いとは決して言えない。ただ生活困窮層として支援員受給層を捉えた場合の調査を考えると、支援員調査では、就学援助費を「受けている」と回答したのは65.3％、「受けたことはない」が12.2％であった（沖縄県／大阪府立大学 2019b）。いずれにしろ、支援の必要な世帯にいかに届けるかは大きな課題であると言えよう。

　方策としての支援員がどうだったかについての評価調査（沖縄県／大阪府立大学 2019b）をみると、支援員から教育に関して支援を受けたのは、343名の回答中219名（63.8％）であり、そのうち101名（46.1％）が「就学援助の手続き」を挙げている。つまり支援員を活用している人の概ね3分の1が就学援助の手続きを受けるに至った、つながったととらえことができる。また、生活保護についても「受けている」と回答したのは343名中80名（23.3％）、支援員から「生活保護の手続き」の支援を受けたと挙げたのは27名と、支援員の支援による貢献が見て取れる。反面、沖縄子どもの生活実態調査（小中学生）において、困窮層の約30.0％が「そのような（支援員）サービスを知らない」と回答しており、必要な層に支援が行き届いていない現状がみてとれる。思い切っ

2-3　アウトリーチの有効性

　就学援助、生活保護いずれも申請主義に立脚した手続きであるため、本人が申請対象なのかどうかわからないケースも少なからずある。支援を要するところに支援が行き届くために、家庭訪問し丁寧に寄り添いながら、手続きの情報や方法をサポートすることなど支援者側からの積極的な働きかけは施策として有効であることが沖縄の支援員調査から言えよう。

　切れ目のない支援という点において、今後は、支援制度を充実させていくだけでなく、こうした必要な家庭にどうやって支援を届けるかというアウトリーチのための施策をセットで検討していく必要がある。アウトリーチには単に支援を受けるという受け身なものではなく、自主的な持続可能な取り組みを日常的に生みだし、家庭にとって変化のきっかけになるような仕掛けづくりの検討が必要であろう。

2-4　居場所支援の意義

　居場所の事業評価について、居場所調査（沖縄県／大阪府立大学 2019b）から抜粋する。すべてにおいて勉強時間が増加しており、進路希望も専門学校・大学の割合が増加している。ソーシャルサポートや自己効力感も増加している。同様に、居場所の利用頻度が高い群ほど「そう思う」と回答する割合が高い。居場所に来る前と現在を比較すると、多くの項目で利用頻度が高い群ほどすべてにおいて「そう思う」の割合が増加している。これらの結果から、居場所は子どもの教育環境、生活環境、社会環境に効果があったと言えよう。

　次に経済的階層による違い、困窮層ではどうか詳細を見てみると、家庭での学習について「まったくしない」の割合は、居場所に来る前は16.1％であったが、現在は6.9％まで減少している。また、同じく困窮層における学習時間だが、「1時間以上、2時間より少ない」の割合は来る前の15.2％から現在は22.1％まで増加している。こうした変化は非困窮層よりも大きいことから、居場所が学習時間の増加にもたらす効果は困窮層ほど高いことが示唆される。

　ただ、学校の勉強について「よくわかる」と回答する割合は、困窮層よりも非困窮層において10.0ポイント程度高い。利用前後ではいずれの層において

も10.0ポイント程度高くなっている。将来の進学希望は、いずれの層も「大学」と回答する割合が増加しているが、特に非困窮層において増加した割合が大きい（困窮層：20.2％⇒26.4％、非困窮層：26.9％⇒39.2％）。

　これらより、居場所の利用は特に困窮層において学習時間の増加をもたらし、経済状況によらず学習理解度を向上させる効果をもっていると言える。しかし、学習の結果を伴うかどうかというと、すでに学力は個人の努力（勉強時間）ではなく社会階層によって差がみられるという点が明らかになっており（お茶の水女子大学 2015：大阪府立大学 2017）、同様であるととれる。将来の進学希望については経済状況による差が拡大する結論となっている。これは、子ども自身の自己効力感や学習への気持ちが高くなり勉強時間も長くなったとしても、将来についての希望を高く持てていない。経済格差が学歴格差を生むという大きな壁を、居場所だけではなかなか越えられないことが明らかになったと言える。もう一歩踏み込んだ対策、すでに実施している自治体もある例だが、居場所プラスワン（希望職業として医者が候補にあがるように居場所で医者の話を聞くこととセットする、絵本作りなどとセットするなど）の取り組み、将来の夢や希望が広がる取り組みをセットする必要性が示唆される。

3　総合的考察：改善すべきは何か

　以上、今までの議論から、子どもの施策を検討するときに、まず今回の大阪共同調査分析結果から、そして補足的に沖縄の2回目の結果と事業評価からポイントとなる点を挙げ、そのうえで、そもそも改善すべき柱は何なのかについて述べて結ぶこととする。

3-1　施策ポイント

　まずは給付型の経済的支援の充実と必要な世帯に届ける施策である。例えば、母子世帯や所得税非課税世帯への訪問支援サービスによる寄り添い支援や地域によっては車の所持を認める生活保護制度の改正、市民税のデータから就学援助制度の給付通知の発送、医療費の現物給付や500円均一化などとその受給年齢の低年齢化などである。

親の労働面では、母子家庭の採用に企業にインテンシブを与える母子家庭等優先正規雇用、母子家庭等の技能訓練の無償化、フレックスタイム制、子の看護休暇の充実、年次有給休暇の取得促進、パート従業員の定期健康診断を事業主が負担することの普及啓発等、多様な働き方が可能となる職場環境の整備などの工夫が必要であり、雇用・労働担当課との連携が必須である。海外の事例のように親にとっても身近で行きやすい学校という場で就労支援を行ったり、子どもの身近なところで親が訓練を受けたりするなど、親と子どもを長時間離さないような工夫も必要である。

　住宅支援については、子育て層の親には家賃を減額するなどの方策である。また空き家をうまく活用した施策展開である。学校を廃校にせずに逆に廃校になりそうな学校の近くに家賃の安い住宅地を開拓する、そのことで大量の転入を導いた例なども紹介されている。

　予防的視点で、最も厳しかった施設入所の子どもの実態、10代の出産などにならないように、上記の経済、労働の親支援、学校教育における性に関する教育、病院において10代は無料とする妊娠検査や相談、性教育、これらを熱心な病院だけが実施するのではなく保険点数化し、どこの婦人科、産婦人科でもできるように導入が必要である。

　これらの可能性に対して親も子も早期にキャッチするために、保健部門でのスクリーニングのみならず、学校におけるスクリーニング（文科省 2017；山野 2018）の本格的な導入である。前章までの結果から、遅刻などをキャッチすることで様々な課題の早期改善の可能性がある。この数値は学校では必ず把握していることからキャッチできるシステムを作成することは不可能ではない。

　そして予防として社会資源をしっかり有効に活用し、子どもを資源につなぐことである。これはすでに学校プラットフォームの提案として出版している（山野 2018）。親も歩いて行ける身近な、そして地域に信頼のある学校という場において、子ども食堂や学習支援、親の就労支援、など多様なサービスを展開することでサービスが可視化され、アクセスしやすくなることが期待される。これは沖縄の事業評価の成果例でも示したように、つながっていない例が多数あるがゆえに特別な場所での支援と違って、つながる可能性が見込める。教師が行うわけではない。教育面でいうならば、すべての子どもたちへの教育に、勉強だけでなく、社会的な手続きや社会資源を教える、伝える教育を行う必要

がある。親に問題意識が低いとすれば、子ども本人に力をつけるべきであろう。

3-2　改善すべき柱

　日本国憲法第25条において、「すべて国民は、健康で文化的な最低限度の生活を営む権利を有する」と規定されている。3-1で述べたように、その最低限度の生活の保障と同時平行で、価値や文化の視点へのアプローチが本気で必要な時期にきている。改善すべき点として、恥の文化の払拭、自己責任論の廃止、教育の支援の意義、対症療法ではなく根本的課題解決の視点、持続可能な循環方策、そのための評価の視点の導入、を提案したい。

①恥の文化の払拭

　まずは恥の文化の課題である。施策案は様々に考えられるが、そもそも大きく改革が必要なのは、価値観や文化ではないか。日本人に文化様式として根本的に存在する「恥の文化」が変わらないかぎり、いくら立派な施策を決定しても大勢に変化が起きない。政府は国民運動を起こし世論を作ろうとしているが、年に数回という小手先のことではなく、文化観を根本的に変えるような制度改革が必要である。例えば、「子ども食堂」という名前は貧困対策で出されていて、「子どもが来ない、かわいそうだから名前をやめてほしい」という声、「子どもを選別するような取り組みは避けるべきだから食事支援、学習支援双方とも選別しない」などの議論がある。もちろんスティグマを生むような扱いを決してしてはならない。しかし、必要な子どもや家庭に支援が届かないと意味がない。この矛盾あることをやってのけるには、「かわいそう」という発想がそもそも恥の文化であると認識し、その根本から脱却しなければ前には進まない。

②自己責任論の撤廃

　残念ながら、この背景に自己責任論が横たわっている。地域のつながりが希薄化している現代社会は、障害を抱えるのと同様に経済的課題を抱えること自体が生きづらい社会である。多様性を尊重し、バリアフリーである社会を目指すように、経済的課題を捉えることはできないだろうか。経済的課題は、障害と違って、どこか自己責任論が背景に存在しているのではないか。子どもの世界では、お金がないことだけが問題なのではなく、お金がないことで買っても

らえない自転車、友達が皆当たり前に持っているものを持てないことを「恥ずかしいこと」と捉え、本人は「言えない」社会であることが問題なのである。子どもとして当たり前に「しんどい」と言えること、言われたほうも差別するのではなく、子どもなら助け合うこと、大人なら誰もが当たり前に支援策につなぐことができる社会になるには、自己責任論を撤廃しなければならない。

③教育の支援の意義

　困っている人を見れば助け合う、自分でどうしたら傷つかないか相手を慮って考える、また自転車がないことを友達にどう話せばいいか考える、何を助けてほしいかきちんと言語化する、これらは、「教育」が担っているのではないか。まさに貧困対策の大綱において、違和感を持たれながらも「教育の支援」が初めに出される意義であろう。

「教育の支援」とは決して、特別な子どもを福祉的支援や制度につなぐだけの話ではない。すべての子どもたちをどのような視点で育成し、人格形成を築くのかが重要である。その基本原則は、2019年子どもの貧困対策の推進に関する法律の一部改正時に目的に追加された「児童の権利に関する条約の精神にのっとり」である。子どもたちには意見表明権＝聴いてもらう権利（許斐2002）があり、当たり前に「自転車がないこと」を「言っていいんだ」という教育、それを受け入れてくれる社会を形成するための教育が必要である。

　人格形成には、学校教育にかぎらず、社会教育を含む生涯学習の視点が存在し、教育の支援に含むことが必要である。大綱にある子供の貧困対策に関する基本的な方針として、一番に「貧困の世代間連鎖の解消と積極的な人材育成を目指す」とある。

　子どもたちは子ども食堂に名前がどうであろうと楽しいから行く、スタッフが気にかけてくれているから行く、こういった斜めの社会関係を作っていくことが重要なのではないだろうか。これは大人から見れば、社会教育、生涯学習の視点である。ボランティアに頼るという発想ではなく、人生100年時代の生涯学ぶ姿勢を推奨している現在、また少子高齢化が進み、このままでは廃校になる学校のみならず消滅する自治体の増加が予想されている現在、周りの大人、地域社会が、子どもの貧困、子どもの健やかな育ちを他人ごとでなく自身のことと考え、子どもたちと共に過ごす社会をどう形成していくのか、その覚悟を

大人もしなければ、あいまいなままごまかした世界に、子どもを連れて行くことにならないだろうか。

④対症療法ではなく根本的課題解決の視点

　これらは、対症療法ではなく根本的課題解決の視点でもある。大人の覚悟でいうと、例えば、ブレア首相が打ち出した貧困撲滅の施策である。エクステンディッド・スクール（拡大学校）、早期教育、データの一元化や効果を明確にする方法など多くのことを手掛けた。こういった制度改革には当然現場の反対や葛藤があり容易ではなかったと想像できる。それでもするしかなかったほど、大変な状況であったことは間違いがないが、日本においても、いじめ、少年事件、児童虐待と悲惨な事件による死亡例が増加し、何とか動き出さなければならない切羽詰まったところまできているのではないか。取り組んでいく覚悟が本当に必要なところまできているのではないのだろうか。

　その覚悟とは、再分配の仕組みづくりのみならず、施策でもって①や②で示した恥の文化の壁、他の方法を取り入れにくい学校文化の壁（山野 2018）を超える施策を導入する覚悟でもあろう。それに関わる大人、専門職の覚悟がいるであろう。例えば、先に示したスクリーニングや学校プラットフォームなどは抵抗感が根強い。しかし、きちんとしたデータから気になる児童がキャッチされ支援が展開される仕組みができない以上、事件を防ぐことができないというレベルではなく、事件発生に説明もできない、その段階である。スクリーニング機能がある乳幼児でさえも事件は防ぎきれないのであるから、その前段階の説明できるレベルまでは、最低限保障すべきであろう。また地域や教師に今までの恥の文化や学校文化などの価値観によって抵抗される学校プラットフォーム案は、1つの方法にすぎないが、抵抗となる価値観を払拭させる施策が求められる時期まできているのではないか。どこか今までの方法を守り、新しくそこまですることに抵抗が生まれ、自己責任論の背景もよぎる。

　背景にある根強い自己責任論について理論的に打ち破る学界の議論展開も必要であろう。また市民へのレクチャーとして公民館の講座、自治会の会合、学校等様々なところで社会学習すべき課題であり、まさに社会教育と児童福祉、学校教育が手を結び、ともに取り組むべきである。

⑤持続可能な循環方策

つまり、問題を取り出して非日常で付け焼刃で対処するのではなく、地域や社会が内発的に動き出すような持続可能で循環する方策を生み出すことである。それが地域での互恵関係となり、結局スティグマの除去、恥の文化や自己責任論の除去に有効であろう。

家庭で担えない部分を代替的に社会や地域で担うことを考慮し、例えば将来の希望が持てるような取り組みを地域と協働して、居場所や学校にセットする。そして絶えず支援されるとともに自分たちが支援に回る体験をするような仕組みが考えられないだろうか。海外で実施されている学校という場における子ども食堂（朝食サービス）などの取り組みは、自然に支援者と支援受給者が集える場になり無理なく循環することが可能になっている。

⑥評価の視点の導入

一定、効果が確かで明らかなものとしても提示できた今、子どもの貧困調査として、残された課題をあげる。①事業評価を必須化すべきである。例えば沖縄における居場所による子ども自身の変化、親や生活の変化は見られたが、親が抱える経済的な課題や学歴課題などを乗り越えることができる要因は何か検討を行うことである。さらに②持続可能な事業として定着していくための仕掛けとしての事業展開とその評価、③子どもの生活の改善にどのような施策や取り組みがどう影響するのかに関する評価、が考えられる。

①についてはすでに要所で触れてきた。②について、持続可能な仕組みづくりに向けて、官民合同の組織を構成することが望ましい。さらに、合同会議体を関係機関の代表者から成る代表者会議、実務担当者から成る実務者会議といった形で構成することにより、さらに効果的な支援策の検討や情報共有を図ることができる。また、地域や様々なアクター（企業や行政、地域など）の参画により、支援ネットワークの広がりや支援者同士の資質向上も期待でき、当事者や支援者も含む主体的な育成グループが醸成されることが地域を活性化させ、貧困やひいては児童虐待などの予防につながる。行政はこのような持続可能な仕組みづくりを促すための施策を主体的に実施する必要がある。

③については、今回の大阪共同調査や沖縄事業評価などにより貧困に影響を与える要因が明らかになったため、子どもの生活の改善にどのような施策や取

り組みがどう影響するのかについてもプロセスに対するアウトカムを表すプログラム評価の視点で今後確認していくことが必要ではないかと考える。

▶注
1 出版の期日の都合で触れることができなかったが、2019年11月29日に新たに出された大綱は、様々な点で本調査結果が活かされた。
2 「2018年度子どもの生活実態調査（小中学生版）」、2017年度からの沖縄県の貧困対策の母子支援と居場所事業がどうだったかの調査を大阪府立大学山野研究室にて受託している。本著において、沖縄県の公表データを使用している。

▶文献
大阪府立大学（2017）『大阪府子どもの生活に関する実態調査』
沖縄県・大阪府立大学（2019a）『平成30年度沖縄県小中学生調査報告書』
沖縄県・大阪府立大学（2019b）『平成30年度沖縄子供の貧困緊急対策事業アンケート調査報告書』
国立大学法人お茶の水女子大学（2015）『平成25年度全国学力・学習状況調査（きめ細かい調査）の結果を活用した学力に影響を与える要因分析に関する調査研究』
文部科学省（2017）「児童生徒の教育相談の充実について〜学校の教育力を高める組織的な教育相談体制づくり〜（報告）」 https://www.pref.shimane.lg.jp/izumo_kyoiku/index.data/jidouseitonokyouikusoudannjyuujitu.pdf（2019.10.06）
山野則子（2018）『学校プラットフォーム――教育・福祉、そして地域の協働で子どもの貧困に立ち向かう』有斐閣

●●●おわりに●●●

　内閣府子どもの貧困対策に関する検討会構成員（2014年度）、引き続き、子供の貧困対策に関する有識者会議構成員（2016年度〜）を拝命したこの間に、ちょうど大阪の貧困対策のことを議論し始め、2016年度大阪の子どもの生活実態調査の委託を受けた。大阪府と相談しながら進めてきたが、大阪府内13自治体からの委託を受けて実施することになり、全体会議と個別に各自治体と進めることを同時並行しながら、子どもの生活実態調査を実施することは、ここに書ききれないほどの苦労があった。

　そもそも子ども家庭福祉の立場は、すべての子どもからみると、厳しい状況にある子どもが対象となりがちであり、すべての子どもの実態を把握する機会は少ない。そのような中で今回のような機会をいただいたことに、大阪府ほか各自治体に心から感謝を申し上げたい。何よりご回答いただいた方々に心から感謝したい。

　この大規模調査が実現したのも、当時の大阪府の担当であった白波瀬雅彦課長、柿本博之課長補佐、尾﨑暁子総括主査の判断力、構想力、そしてマネジメント力によるものであった。そして、この仕事は、背景に全体を率いておられた酒井隆行部長がいらっしゃらなければ、果たせなかったであろう。素晴らしい、中枢のチームワークであった。また本件は、各自治体の政策関係の部署（あるいは福祉関係）がおおむね窓口であったが、各自治体において市民向けの説明や学校配布、学校回収など各自治体内の調整に大変な苦労をされた。本学で行った一括した説明会や懇談会に出席され、大元の大阪府子どもの貧困対策策定部会にも何度も複数名で参加された（結果、6名ほどの委員による委員会に傍聴者が100名近い状況となった）。心から感謝申し上げる。

　これらの複数の自治体と契約を結び、事務処理を進め、この調査研究への実現をもたらした本学の当時の研究推進課日高伴紀補佐、若松宮子専門役、中瀬古智子氏には、契約前から報告書の完成まで言葉では言い尽くせないほど大変お世話になった。経理担当、人事、支援室その他様々な部署の職員にお世話になった。

また、膨大な数の印刷を短い期日で無理をしてくださった(有)扶桑印刷の関谷一雄社長、(株)春日の井上大阪支店長のご尽力があってこそ達成できた。心から感謝したい。そして当時の研究室の事務スタッフであった萩原直枝氏、佐藤愛弥子氏、西岡洋子氏、同じく当時の研究室の研究員スタッフであった(ほぼ全員が本著の執筆者でもある)駒田安紀氏、小林智之氏、山下剛徳氏、野々村真希氏(ヒアリング調査担当)、まさに誰一人としていらっしゃらなければできなかった仕事である。1人1人のクオリティが非常に高く、最高のメンバーで実施できたことを感謝とともに、生涯忘れることはない。特に特認助教として在籍くださった駒田氏の丁寧で緻密さがなければ成り立たなかった。当時大学院生だった酒井滋子氏ほか院生や学生は1人1人名前を挙げることができないほど多くの学生が興味を持ち協力して下さったことに感謝したい。その後、様々な角度でご協力いただいた林萍萍氏、野田鈴子氏に心から感謝申しあげる。各方面において研究の下支えをしていただいていることに感謝したい。

　一言でいうと、まさに様々な研究者と自治体、大学事務、学生の「様々な協働」があってこその委託事業であった。

　執筆者である大阪市立大学所道彦氏、大阪府立大学嵯峨嘉子氏に大阪府子どもの貧困対策部会委員も含め本調査研究に長く、ともに歩いてくださったことを心から感謝したい。最後に、明石書店の深澤孝之様には本当に長くかかった私たちの作業に根気よく付き合い、膨大なフォローもしていただき、本当にありがたく感謝している。

　国は、子どもの貧困調査として、これから全国調査を実施しようとしている。市町村自治体の計画策定が努力義務になったことから、各自治体で調査実施を検討されるであろう。子どもの貧困に関する調査、調査に基づく計画、施策実施、その評価という流れを作れるかどうか、まさにこの領域では始まったばかりである。是非、多くの方に興味を持っていただき、ともに子どもの最善の利益のために、それぞれの立場で可能な実施や実践を検討し、取り組んでいただきたいと願っている。

2019年11月

大阪府立大学　山野　則子

●執筆者略歴（執筆順、【　】は担当）

所　道彦（ところ・みちひこ）【第2章・第4章Ⅰ・終章Ⅱ】
大阪公立大学大学院生活科学研究科教授。専門は社会政策学、社会福祉学。主な著作に『社会福祉学』（共著、有斐閣、2011年）、『福祉国家と家族政策』（単著、法律文化社、2012年）、「イギリス：子どもの貧困対策の到達点」埋橋孝文・矢野裕俊編著『子どもの貧困／不利／困難を考えるⅠ──理論的アプローチと各国の取組み』（ミネルヴァ書房、2015年）、「子どもの貧困に社会的に取り組む──イギリスから学ぶ日本の課題」『教育と医学』No.765（2017年）など。

小林智之（こばやし・ともゆき）【第2章・第6章Ⅱ・第7章Ⅱ】
日本学術振興会特別研究員PD（福島県立医科大学医学部）、大阪公立大学スクールソーシャルワーク評価支援研究所客員研究員。博士（心理学）。専門は社会心理学。主な論文に「メタステレオタイプと集団相互依存観が外集団に対する反応に及ぼす影響」『心理学研究』86巻5号（2015年）、「Social identity threats following the Fukushima nuclear accident and its influence on psychological distress」『International Journal of Disaster Risk Reduction』37巻（2019年）など。

嵯峨嘉子（さが・よしこ）【第4章Ⅱ・第5章Ⅰ・終章Ⅰ】
大阪公立大学大学院現代システム科学研究科准教授。専門は公的扶助論、社会福祉学。主な著作に「大阪府『子どもの生活に関する実態調査』から見える子どもの貧困──生活保護利用の有無に着目して」『貧困研究』Vol.20（共著、2018年）など。

山下剛徳（やました・よしのり）【第5章Ⅲ】
大阪公立大学スクールソーシャルワーク評価支援研究所客員研究員。博士（人間・環境学）。専門はデータサイエンス。共同論文に「大阪府子どもの生活に関する実態調査」（大阪府立大学、2017年）、「沖縄県小中学校調査報告書」（沖縄県／受託　大阪府立大学　山野則子研究室、2019年）など。

酒井滋子（さかい・しげこ）【第5章Ⅲ】
桃山学院大学国際センター・関西国際大学現代社会学部非常勤講師。大阪公立大学スクールソーシャルワーク評価支援研究所客員研究員。専門は日本語教育、多文化共生（外国につながる子どもの教育・福祉）。論文に「地域で共に暮らす『生活者としての外国人』」『研究紀要』第19輯（兵庫県人権啓発協会、2018年）など。

駒田安紀（こまだ・あき）【第6章Ⅰ】
大阪公立大学大学院現代システム科学研究科・神戸学院大学現代社会学部非常勤講師。博士（人間・環境学）、専門社会調査士、社会福祉士。専門は医療社会学、社会調査、社会福祉学。主な著作に「アトピーの病因をめぐる言説——朝日新聞記事の分析より」『日本保健医療行動科学会雑誌』32巻1号（2017年）、『エビデンスに基づく効果的なスクールソーシャルワーク——現場で使える教育行政との協働プログラム』（共著、明石書店、2015年）など。

●編著者紹介 (【 】は担当)

山野則子（やまの・のりこ）【第1章・第3章・第5章Ⅱ・第7章Ⅰ・終章Ⅲ】
大阪公立大学現代システム科学研究科教授、スクールソーシャルワーク評価支援研究所所長。博士（人間福祉）。日本子ども家庭福祉学会副会長、日本社会福祉学会理事、厚生労働省社会保障審議会児童部会委員、内閣府子どもの貧困対策検討会議構成員（2014年）、子供の貧困対策に関する有識者会議構成員（2015年〜）、文部科学省第9期中央教育審議会本委員などを歴任。主な著作に『学校プラットフォーム』（単著、有斐閣、2018年）、『エビデンスに基づく効果的なスクールソーシャルワーク』（編著、明石書店、2015年）、『子ども家庭福祉の世界』（編著、有斐閣、2015年）、『子ども虐待を防ぐ市町村ネットワークとソーシャルワーク』（単著、明石書店、2009年）など。

子どもの貧困調査
―― 子どもの生活に関する実態調査から見えてきたもの

2019年12月25日　初版第1刷発行
2022年7月30日　初版第3刷発行

編著者　山野則子
発行者　大江道雅
発行所　株式会社　明石書店
〒101-0021　東京都千代田区外神田6-9-5
　　　電　話　03（5818）1171
　　　ＦＡＸ　03（5818）1174
　　　振　替　00100-7-24505
　　　http://www.akashi.co.jp
装丁　明石書店デザイン室
印刷・製本　モリモト印刷株式会社

（定価はカバーに表示してあります）　ISBN978-4-7503-4947-3

JCOPY　〈出版者著作権管理機構　委託出版物〉
本書の無断複製は著作権法上での例外を除き禁じられています。複製される場合は、そのつど事前に、出版者著作権管理機構（電話 03-5244-5088、FAX 03-5244-5089、e-mail: info@jcopy.or.jp）の許諾を得てください。

エビデンスに基づく効果的なスクールソーシャルワーク
現場で使える教育行政との協働プログラム

山野則子 編著

■A5判／並製／244頁 ◎2600円

スクールソーシャルワーカーの活動をより実効性のあるものにするために、はじめて実証的研究の成果を取り入れた本書は、学校（教職員）だけでなく教育委員会の関与・連携について取り上げた点で意義が大きい。子ども、学校、地域を守るために協働する専門職必携。

●内容構成●

序 章 研究概要とプログラム評価
第1部
　第1章 スクールソーシャルワークが求められる背景と意義
　第2章 家庭と学校の現状
　第3章 スクールソーシャルワーク研究の動向
第2部 効果的プログラムモデルの開発
　第4章 プログラム理論：効果的なスクールソーシャルワーク事業プログラムの作成――仮モデル
　第5章 全国調査によるプログラムの検証
第3部 効果的プログラムモデルの改善・形成
　第6章 実践家参画型ワークショップの方法によるプログラム再構築――修正モデル
　第7章 効果的なスクールソーシャルワーク事業プログラムの完成――完成モデル
　第8章 総合考察――エビデンスに基づく実践とその評価

スクールソーシャルワークハンドブック
実践・政策・研究

キャロル・リッペイ・マサット ほか 編著
山野則子 監修

■B5判／上製／640頁 ◎20000円

米国で長くスクールソーシャルワークのための不朽の教科書と評価されてきた基本図書。エビデンスに基づく実践だけでなく、学校組織や政策との関連、マクロ実践まで豊富な事例と内容から論じ、これからのソーシャルワークの実践と教育には欠かせない必読書である。

●内容構成●

第1部 スクールソーシャルワークの歴史と全体像
第2部 スクールソーシャルワーク実践の政策的背景
第3部 スクールソーシャルワークにおけるアセスメントと実践に基づく研究
第4部 政策実践
第5部 ティア1（段階1）の介入
第6部 ティア2（段階2）の介入
第7部 ティア3（段階3）の介入

〈価格は本体価格です〉

子どもアドボカシーと当事者参画のモヤモヤとこれから
子どもの「声」を大切にする社会ってどんなこと？
栄留里美、長瀬正子、永野咲著
◎2200円

学校という場の可能性を追究する11の物語
学校社会学のことはじめ
金澤ますみ、長瀬正子、山中徹二編著
◎2200円

すき間の子ども、すき間の支援
一人ひとりの「語り」と経験の可視化
村上靖彦編著
◎2400円

子ども虐待 保護から早期支援への転換
児童家庭ソーシャルワーカーの質的向上をめざして
アイリーン・ムンロー著 増沢高監訳 小川紫保子訳
◎2800円

子ども虐待事例から学ぶ統合的アプローチ
ホロニカル・アプローチによる心理社会的支援
千賀則史、定森恭司著
◎2800円

イギリスの子ども虐待防止とセーフガーディング
学校と福祉・医療のワーキングトゥギャザー
岡本正子、中山あおい、二井仁美、椎名篤子編著
◎2800円

現代イギリスの児童虐待防止とソーシャルワーク
新労働党政権下の子ども社会投資・児童社会サービス改革・虐待死亡事件を検証する
田邉泰美著
◎6300円

子どもの性的問題行動に対する治療介入
保護者と取り組むバウンダリー・プロジェクトによる支援の実際
エリアナ・ギル著、ジェニファー・ショウ著 高岸幸弘監訳 井出智博、上村宏樹訳
◎2700円

子ども家庭支援の包括的アセスメント
要保護・要支援・社会的養護児童の適切な支援のために
増沢高著
◎2400円

ソーシャルペダゴジーから考える施設養育の新たな挑戦
マーク・スミス、レオン・フルチャー、ピーター・ドラン著 楢原真也監訳
◎2500円

児童相談所改革と協働の道のり
子どもの権利を中心とした福岡市モデル
藤林武史編著
◎2400円

児童相談所一時保護所の子どもと支援
子どもへのケアから行政評価まで
和田一郎編著
◎2800円

児童福祉司研修テキスト　児童相談所職員向け
金子恵美編集代表、佐竹要平、安部計彦、藤岡孝志、増沢高、宮島清編
◎2500円

要保護児童対策調整機関専門職研修テキスト　基礎自治体職員向け
金子恵美編集代表、佐竹要平、安部計彦、藤岡孝志、増沢高、宮島清編
◎2500円

子ども家庭の理解と支援
要保護児童対策地域協議会における民生委員、児童委員、自治体職員のみなさんに伝えたいこと
川畑隆著
◎2200円

子どもの虐待防止・法的実務マニュアル【第7版】
日本弁護士連合会子どもの権利委員会編
◎3200円

〈価格は本体価格です〉

子ども食堂をつくろう！ 人がつながる地域の居場所づくり
NPO法人豊島子どもWAKUWAKUネットワーク編著 ◎1400円

子どもの貧困と教育の無償化 学校現場の実態と財源問題
中村文夫著 ◎2700円

子どもの貧困と公教育 義務教育無償化・教育機会の平等に向けて
中村文夫著 ◎2800円

子どもの貧困対策と教育支援 より良い政策・連携・協働のために
末冨芳編著 ◎2600円

子どもの貧困と教育機会の不平等 就学援助・学校給食・母子家庭をめぐって
鳫咲子著 ◎1800円

社会的困難を生きる若者と学習支援 リテラシーを育む基礎教育の保障に向けて
岩槻知也編著 ◎2800円

子どもの貧困と地域の連携・協働 〈学校とのつながり〉から考える支援
吉住隆弘・川口洋誉・鈴木晶子編著 ◎2700円

シングル女性の貧困 非正規職女性の仕事・暮らしと社会的支援
小杉礼子、鈴木晶子、野依智子、横浜市男女共同参画推進協会編著 ◎2500円

子ども虐待を防ぐ市町村ネットワークとソーシャルワーク グラウンデッドセオリーアプローチによるマネジメント実践理論の構築
山野則子著 ◎3500円

ダイレクト・ソーシャルワーク ハンドブック 対人支援の理論と技術
ディーン・H・ヘプワース、ロナルド・H・ルーニーほか著 武田信子監修 山野則子、渋谷昌史、平野直己ほか監訳 ◎25000円

ソーシャルワーク 人々をエンパワメントする専門職
ブレンダ・デュボイ、カーラ・K・マイリー著 北島英治監訳 ◎20000円

子ども虐待とスクールソーシャルワーク チーム学校を基盤とする「育む環境」の創造
西野緑著 ◎3500円

学校現場で役立つ「問題解決型ケース会議」活用ハンドブック チームで子どもの問題に取り組むために
馬場幸子編著 ◎2200円

学校に居場所カフェをつくろう！ 生きづらさを抱える高校生への寄り添い型支援
居場所カフェ立ち上げプロジェクト編著 ◎1800円

新版 学校現場で役立つ子ども虐待対応の手引き 不登校・ネグレクトから学校教育と児童福祉法の連携を考える
保坂亨著 ◎2800円

学校を長期欠席する子どもたち 子どもと親への対応から専門機関との連携まで
玉井邦夫著 ◎2400円

〈価格は本体価格です〉

シリーズ 学力格差 【全4巻】

志水宏吉【シリーズ監修】
◎A5判／上製／◎各巻 2,800円

第1巻〈統計編〉
日本と世界の学力格差
国内・国際学力調査の統計分析から
川口俊明 編著

第2巻〈家庭編〉
学力を支える家族と子育て戦略
就学前後における大都市圏での追跡調査
伊佐夏実 編著

第3巻〈学校編〉
学力格差に向き合う学校
経年調査からみえてきた学力変化とその要因
若槻健、知念渉 編著

第4巻〈国際編〉
世界のしんどい学校
東アジアとヨーロッパにみる学力格差是正の取り組み
ハヤシザキ カズヒコ、園山大祐、シム チュン・キャット 編著

〈価格は本体価格です〉